Heidi Maria & Martin Kuhnle

Mittlerer Schwarzwald

Wandern für die Seele

20 Wohlfühlwege

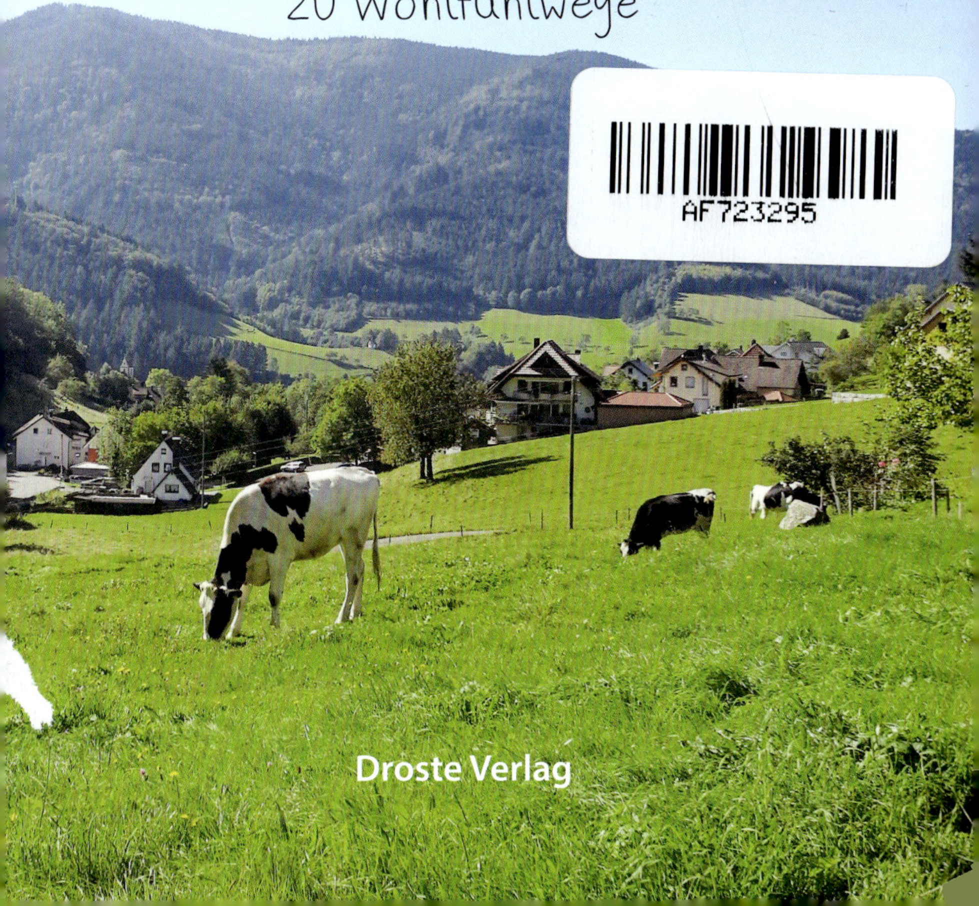

Droste Verlag

ALLE WANDERUNGEN AUF EINEN BLICK

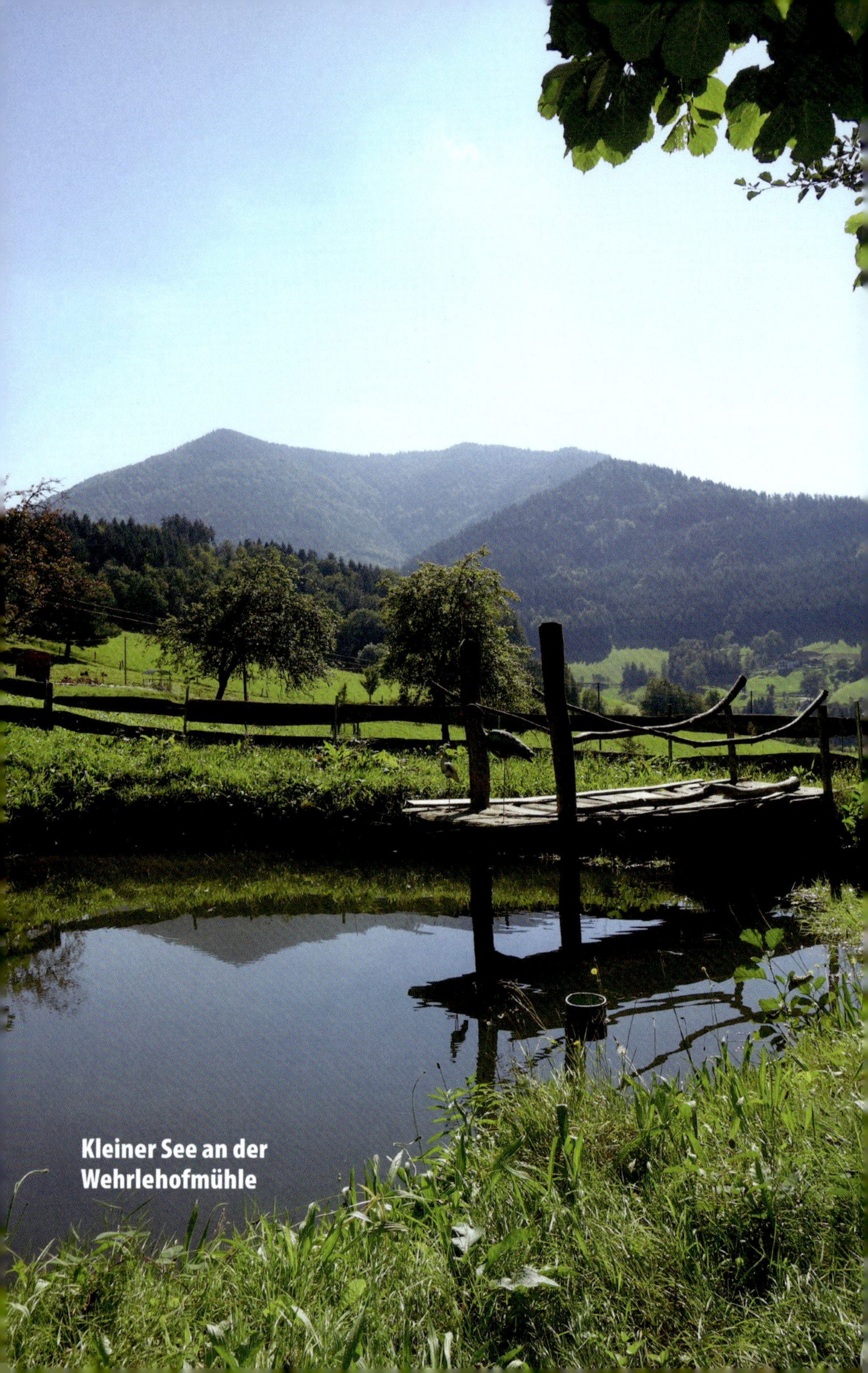

Kleiner See an der Wehrlehofmühle

Liebe Seelenwanderer,

fernab von Stress und Hektik die Seele baumeln lassen, Körper, Geist und Seele in Einklang bringen. Einfach mal den Alltag vergessen und Kraft tanken: Wenn Sie das tun wollen, sind Sie in der Landschaft des Mittleren Schwarzwalds richtig, quasi im Herzen des Schwarzwalds. Die 20 Wanderungen in unserem Buch führen zu den schönsten Plätzen dieser bezaubernden Gegend.

Der Schwarzwald liegt im Südwesten Baden-Württembergs. Die Prospekte und Internetseiten der Tourismusanbieter werben mit aussichtsreichen Gipfeln, tiefgrünen Tälern, mit kristallklaren Bergwildbächen, nostalgischen Mühlen und obendrein mit Gaumengenüssen – und das ist keine Übertreibung! Denn dies alles finden Sie tatsächlich in der populären Urlaubs- und Wanderregion. Sie erkunden Saumpfade und betreiben Waldbaden inmitten einer himmlischen Natur – Wandern mit allen Sinnen!

Als Autorenteam sind wir bereits seit vielen Jahren im Schwarzwald unterwegs und haben dort schon ungezählte Stunden verbracht. So ist dieses Wanderbuch für uns ein absolutes Herzensprojekt. Die ausgesuchten Touren entführen Sie zu einzigartigen Kraftplätzen, bei denen man mit den wohltuenden Energien der Natur in Berührung kommen kann.

Viel Spaß im Herzen des Schwarzwalds!

Heidi Maria & Martin Kuhnle

NATUR-INFO

KULTUR-INFO

TOUREN-/EVENT-INFO

GENUSS-INFO

Der Orientierung im Wegenetz des Schwarzwalds dienen Standortpfosten mit Blechschildern, auf denen der Name des jeweiligen Standorts, die nächsten Standorte mit Kilometerangabe und die Rautenmarkierungen der aktuellen Wege vermerkt sind (Info: www.scharzwaldverein.de)

* 7,4 Kilometer
* 250 Höhenmeter
* 3 Stunden
* Rundweg

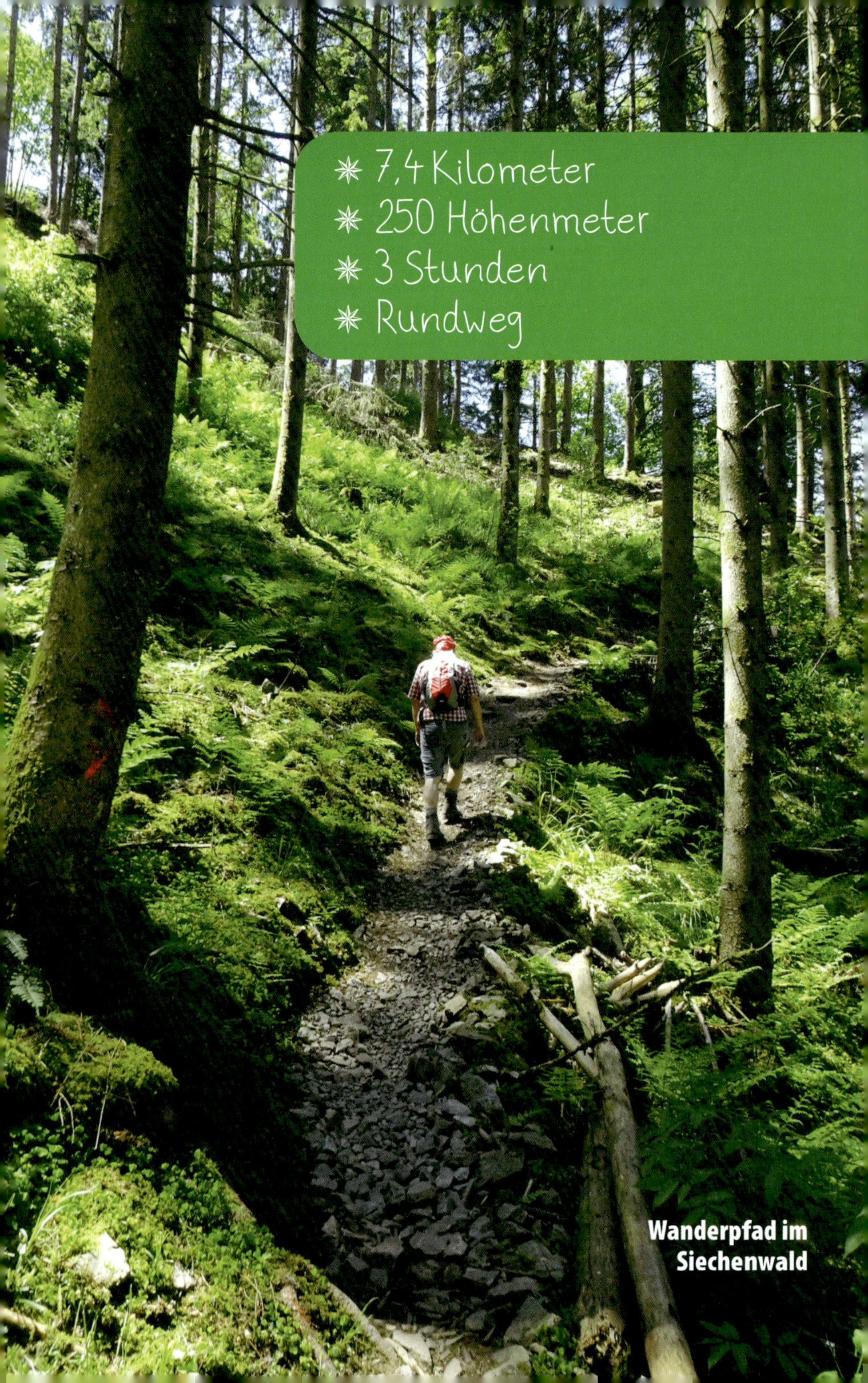

Wanderpfad im Siechenwald

Bei den Hexen

Über dem Kinzigtal bei Wolfach

Wir starten unsere Tour auf dem **Genießerpfad Wolfacher Schlossblick** am **Bahnhof von Wolfach**. Von hier aus folgen wir der Bahnhofstraße in Richtung Zentrum und überqueren vor dem Raiffeisenmarkt das einspurige Bahngleis. Gleich dahinter nimmt uns ein schattiger Waldpfad auf. Bereits nach kurzer Zeit lassen wir den städtischen Trubel hinter uns und tauchen tief ein in die wilde Natur. Im Anstieg wenden wir uns, der Markierung des **Genießerpfads** folgend, scharf rechts und wandern weiter sanft in die Höhe. Bald wird der Weg breiter. Rechts und links bewundern wir eine urwüchsige Pflanzenwelt. Es dauert nicht mehr lange, dann erreichen wir das **Wolfacher Wildgehege** ❶. Der **Reuterbergweg** leitet uns entlang des Zaunes nach links. Immer höher steigen wir hinauf

> !
>
> *Genießerpfade sind Premiumwanderwege in hoher Qualität und mit eigenem Logo ausgeschildert. Sie verlaufen auf dem 24.000 Kilometer umfassenden Wegenetz des Schwarzwaldvereins, das seinerseits mit verschiedenfarbigen Rauten gekennzeichnet ist.*

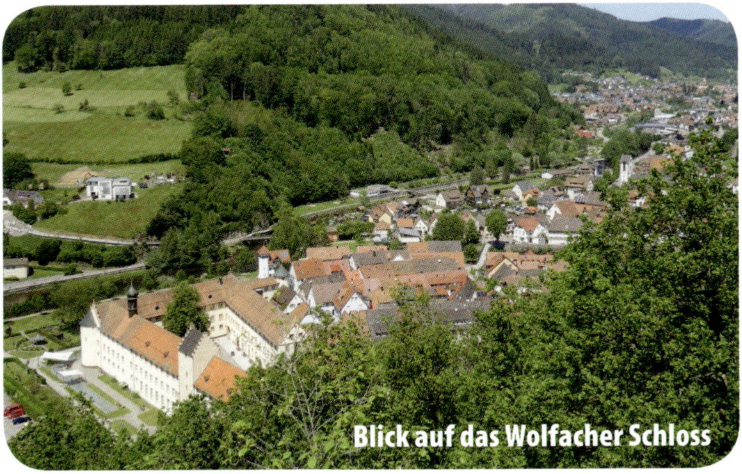

Blick auf das Wolfacher Schloss

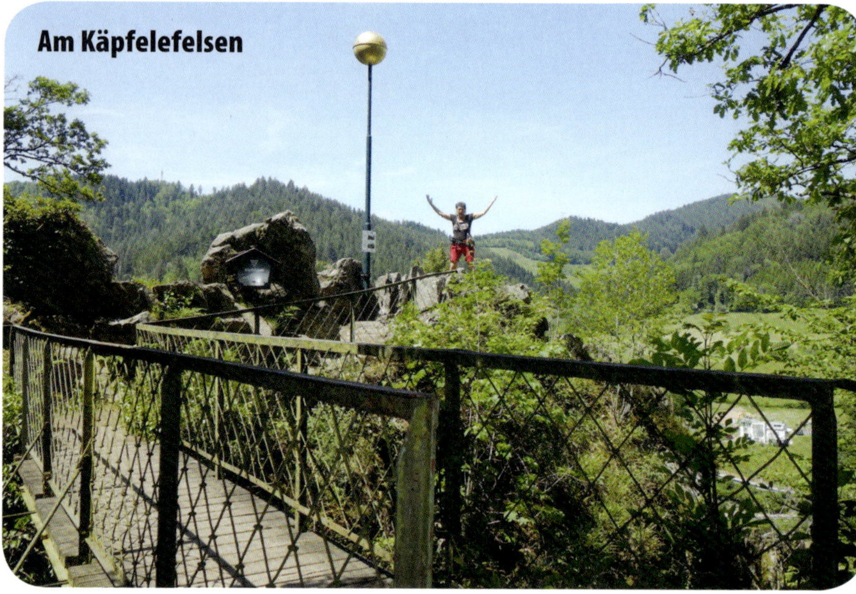

und lassen Tritt für Tritt unsere Alltagssorgen drunten im Tal. Im Mischwald gelangen wir zu dem **Käpflefelsen** ❷. Ein kurzer Stichweg führt uns zu einem Aussichtsplatz. Dort bietet sich uns ein herrlicher Blick auf Wolfach mit seinem Schloss, das wir später noch passieren werden. Wir verschnaufen kurz, um neue Kraft für den weiteren Weg zu tanken. Gleich sticht uns eine goldene Kugel ins Auge, die am Felsen angebracht ist. Sie erinnert an die touristische Erschließung der Umgebung durch den Verschönerungsverein im 19. Jahrhundert und soll für Heimatliebe und lobenswerten Bürgersinn stehen.

Nach diesem lohnenden kurzen Abstecher wandern wir wieder dem Hauptweg zu und treffen bereits nach wenigen Schritten auf eine weitere **Aussichtskanzel**, diesmal mit einer geschwungenen **Himmelsliege**. Weiter führt der Pfad überaus romantisch durch den Wald zum sogenannten **Gesundheits-Brünnele** ❸. Das Plätschern des Wassers beruhigt, an heißen Tagen lädt

Für die Seele

Wir nehmen eine kleine Auszeit und wandern zum Berghexenlandeplatz, einem fantastischen Ort, um Kraft und Energie zu tanken.

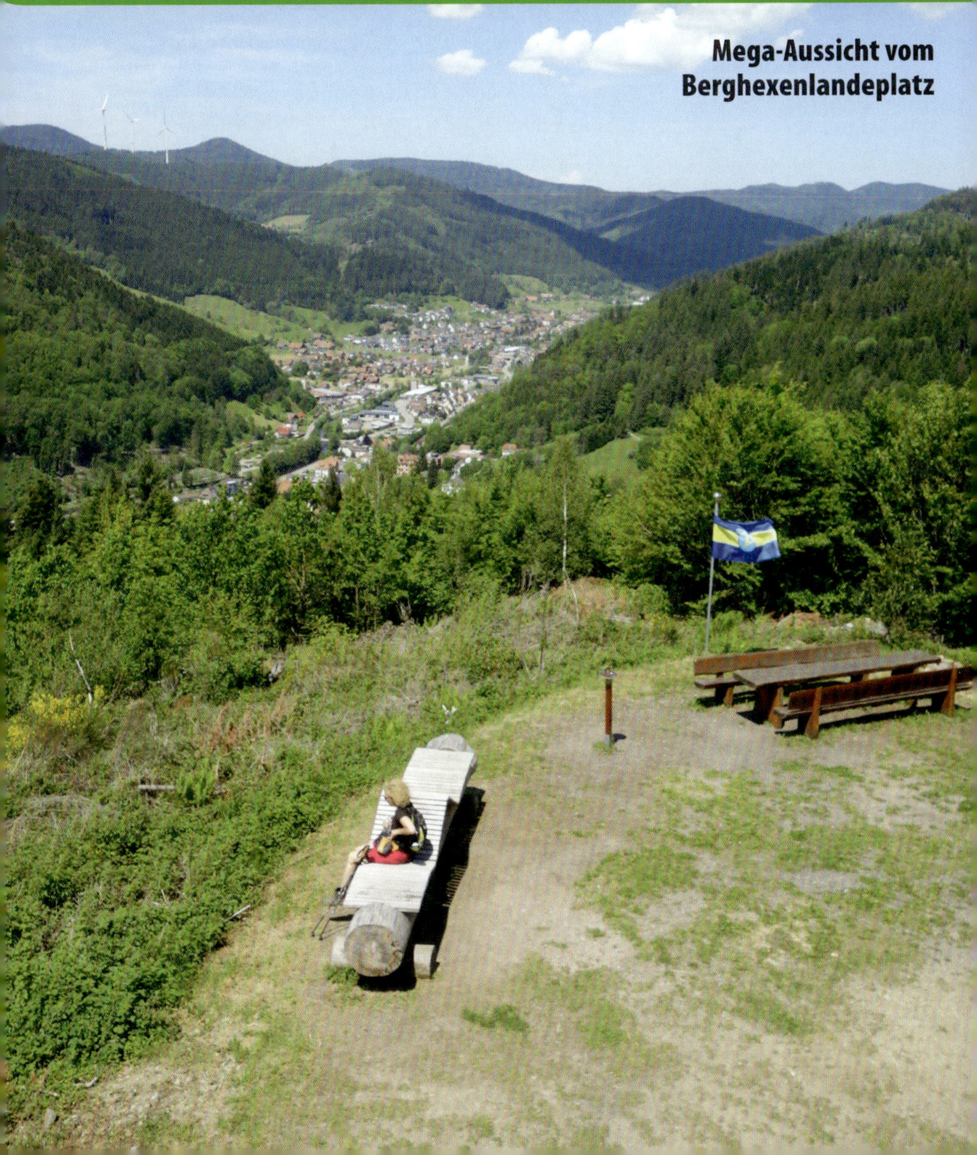

Mega-Aussicht vom Berghexenlandeplatz

Der außergewöhnliche Name Berghexenlandeplatz geht auf eine Damenriege des Turnvereins zurück, die einst regelmäßig hierherkam, um für ihre Alpenwanderungen zu trainieren. Diese Frauen wurden von den Einheimischen liebevoll »Berghexen« genannt.

es zu einer erfrischenden Abkühlung ein. Liebevoll bemalte Steine mit positiven Affirmationen liegen dekorativ neben dem Brunnen.

Kurz danach wenden wir uns rechts und folgen erfrischt und entspannt einem Forstweg, der nach 400 Metern in einen traumhaft schönen Wald-Wiesen-Weg einmündet. Wir genießen die Atmosphäre des Waldes und seine vielen unterschiedlichen Geräusche – Vogelgezwitscher, Knacken von Ästen, das leichte Rauschen der Tannenzweige und Blätter. Erdige und holzige Düfte steigen in unsere Nasen.

Plötzlich verwandelt sich der Wald-Wiesen-Weg in einen schmalen Bergpfad, der uns rasch an Höhe gewinnen lässt. Oben angekommen, wandern wir zweimal nach links und erreichen eine weitere Himmelsliege. Diese bietet sich jetzt für eine kleine, gemütliche Auszeit geradezu an. Die friedliche Stille schwappt förmlich zu uns über. Am Himmel beobachten wir vorüberziehende Wolken, das entspannt nicht nur den

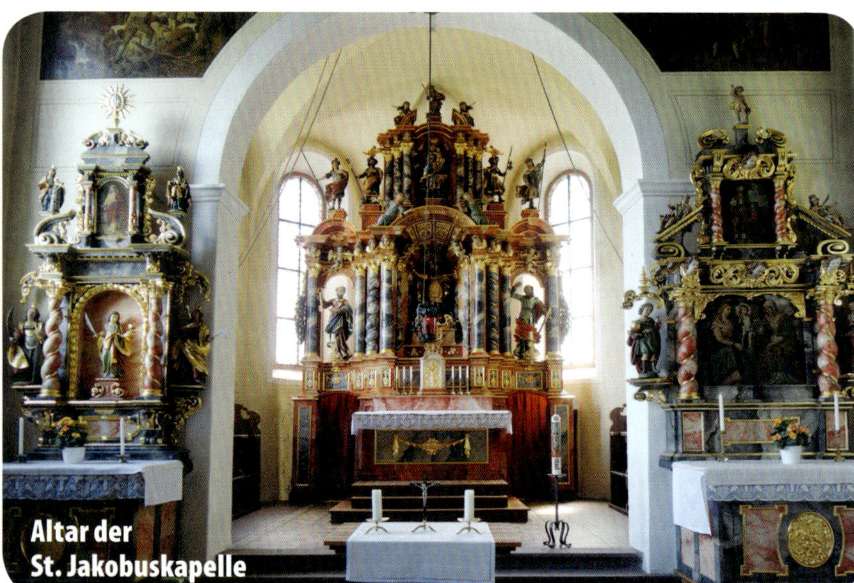

Altar der St. Jakobuskapelle

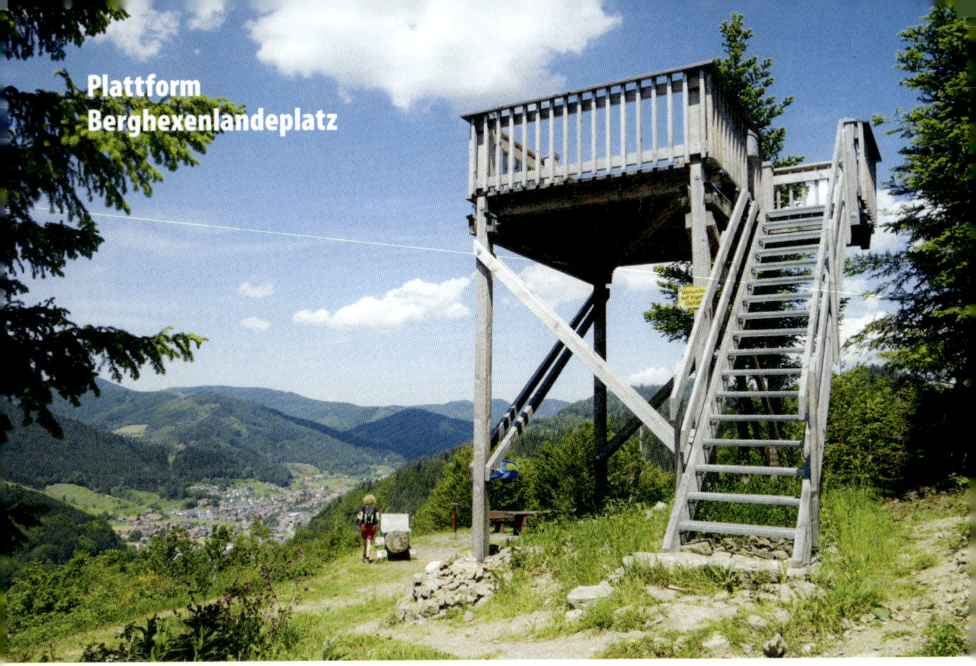

Geist, sondern auch unsere Beine. Aus der Vogelperspektive blicken wir abermals hinab auf Wolfach und ins schöne Kinzigtal.

Nach einigen Minuten setzen wir unsere Wanderung ausgeruht fort. Der breite Waldweg schlängelt sich weiter bergwärts. Der **Obere Siechenwaldweg** leitet dann nach rechts weiter. Achtung, aufgepasst! Hier bitte nicht den Linksabzweig zum **Berghexenlandeplatz** verpassen. Wenn wir Glück haben, entdecken wir vielleicht im dichten Unterholz eine kleine Berghexe, wer weiß? Der lauschige und wurzelige Waldpfad hält so manche Überraschung für uns parat. Wenn wir kurz innehalten und in Richtung der Baumwipfel schauen, dann entdecken wir vielleicht ein vorüberhuschendes Eichhörnchen, einen Buntspecht oder sogar einen Kuckuck. Beim Erreichen des **Berghexenlandeplatzes** ❹ können wir über 17 Stufen zu einer hölzernen Aussichtsplattform aufsteigen. Hui – sogar ein Hexenbesen steht dort bereit!

Nach diesem grandiosen Aussichtspunkt aufs Tal und die gegenüberliegenden Berge wenden wir uns weg von der Hangkante und passieren bald einen

*Der **Franzosenfelsen** hat seinen Namen daher, dass angeblich einst französische Soldaten den frei stehenden Felsen ins Tal stürzen wollten, dabei jedoch scheiterten. Ein Kreuz schmückt den Felsen seit 1884.*

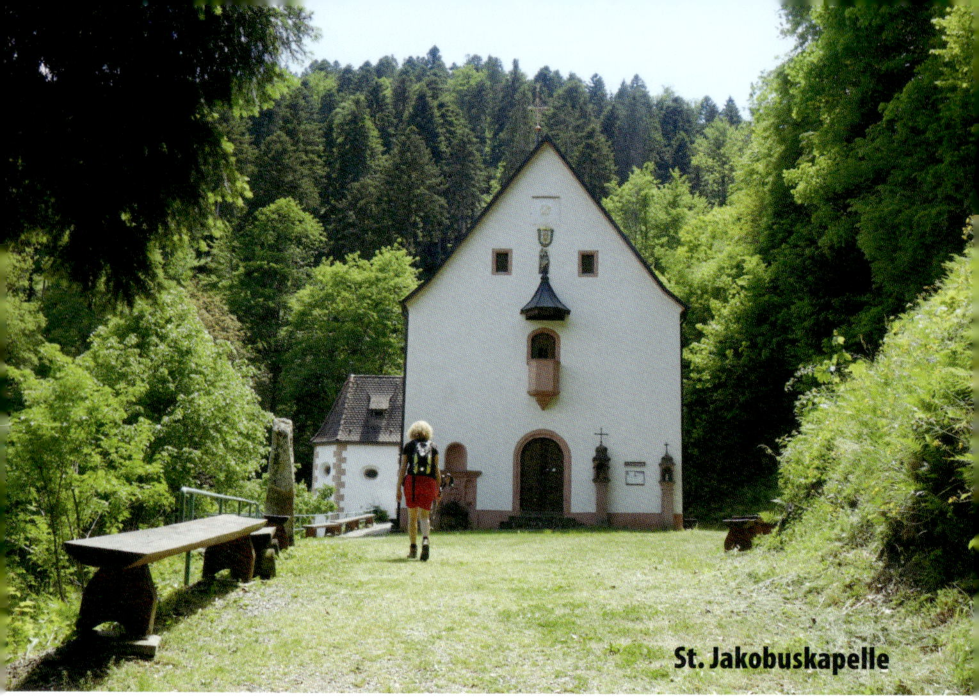

St. Jakobuskapelle

mächtigen Kamin – der Dunst- und Abgasabzug eines unter uns verlaufenden Straßentunnels. Anschließend führt unser Weg links hinab zum **Pavillon am Reuterberg ❺**, wo wir ein wenig stehen bleiben und die Aussicht auf uns wirken lassen.

Rechts des hölzernen Ausgucks geht's hinter einem Forstweg weiter zum **Felsenwegle**. Auf dem wunderbaren Pfad, der teilweise aus dem Felsen gehauen wurde, aber komfortabel zu begehen ist, können wir die Wandererseele so richtig baumeln lassen. Nicht nur Farne, Gräser und mit Moos bewachsene Felsen zieren unseren Weg, nein, auch Spinnweben, Wildkräuter und seltene Pflanzen gibt es zu entdecken. Es wirkt fast märchenhaft und ist einfach schön. Während das Läuten der Wolfacher Kirchenglocken zu uns heraufdringt, genießen wir den felsigen Weg, der unsere Füße sanft massiert und für ein angenehm wohliges Gefühl in den Beinen sorgt. Bald gelangen wir zur **Kapelle St. Jakobus ❻**, einem uralten Wallfahrtskirchlein mit höchst sehenswerter barocker Innenausstattung. Hier können wir uns an einem Brunnen kurz erfrischen, und wer möchte, findet in der Kirche innere Einkehr. So viel Zeit sollte man sich auf jeden Fall nehmen!

Mit dem Gotteshaus im Rücken folgen wir dem Pfad mit der **Jakobsmuschel** durch einen Wald in Richtung Wolfach hinab. Dabei passieren wir den **Franzosenfelsen 7**, früher Rappenfelsen genannt.

Bald verlässt uns der Jakobusweg und wir folgen einem weichen Saumpfad leicht abwärts durch den Wald. Wir saugen nochmals tief die herrliche Naturenergie in uns auf, von der wir in den kommenden Tagen noch zehren dürfen.

Nach einem Wasser-Hochbehälter geht's im Zickzack und über Stufen hinab, vorbei am 1893 erbauten Schulhaus. So gelangen wir zur Wolfacher **Hauptstraße**, die mit ihren zahlreichen Straßencafés, Restaurants und einer Eisdiele den genussvollen Wanderausklang einläutet.

Nach ausgiebigem Flanieren und einer wohlverdienten Einkehr folgen wir dem Verlauf der Wasserkandel und können im Kneipp-Becken unsere müden

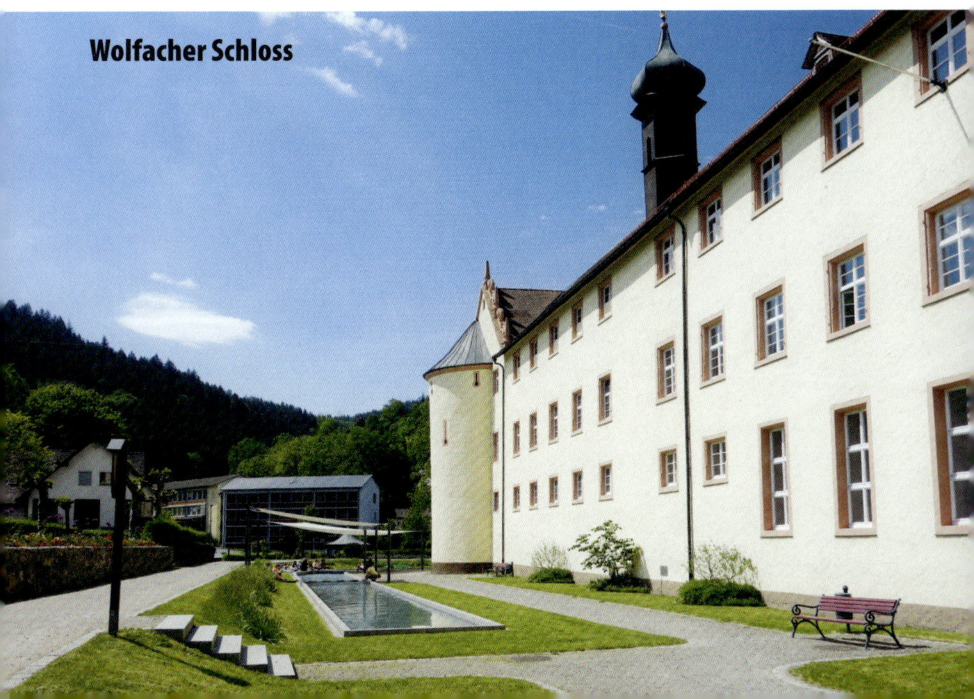

Wolfacher Schloss

Auszeittour 1

In Wolfach ist die Glasmanufaktur Dorotheenhütte, die letzte aktive Mundblashütte im Schwarzwald, einen Besuch wert. Hier kann man täglich von 10 bis 15 Uhr den Glasmachern und Glasschleifern bei der Arbeit zuschauen.

Füße abkühlen. Wir kommen zum **Schloss Wolfach** ❽, auch Fürstenbergisches Schloss genannt, mit seiner langen Fassade. Es ist eines der größten Schlösser Mittelbadens und geht vermutlich auf die Zeit um 1180 zurück. Heute wird es als Behördensitz genutzt: Finanzamt, Polizeiposten, Amtsgericht, Notariat und Außenstellen des Landratsamts sind darin untergebracht.

Wir durchschreiten den Torbogen und bewundern im Vorbeigehen den Schlossgarten. Dem Straßenverlauf folgend kommen wir direkt zum **Bahnhof**, unserem heutigen Ausgangspunkt, zurück. Den Abschluss des Tages bildet heute nicht die Natur, sondern die Kultur: Wir besuchen die **Glasmanufaktur Dorotheenhütte** ❾, die ein Stück die Kinzig abwärts auf der anderen Seite des Flusses im Glashüttenweg liegt.

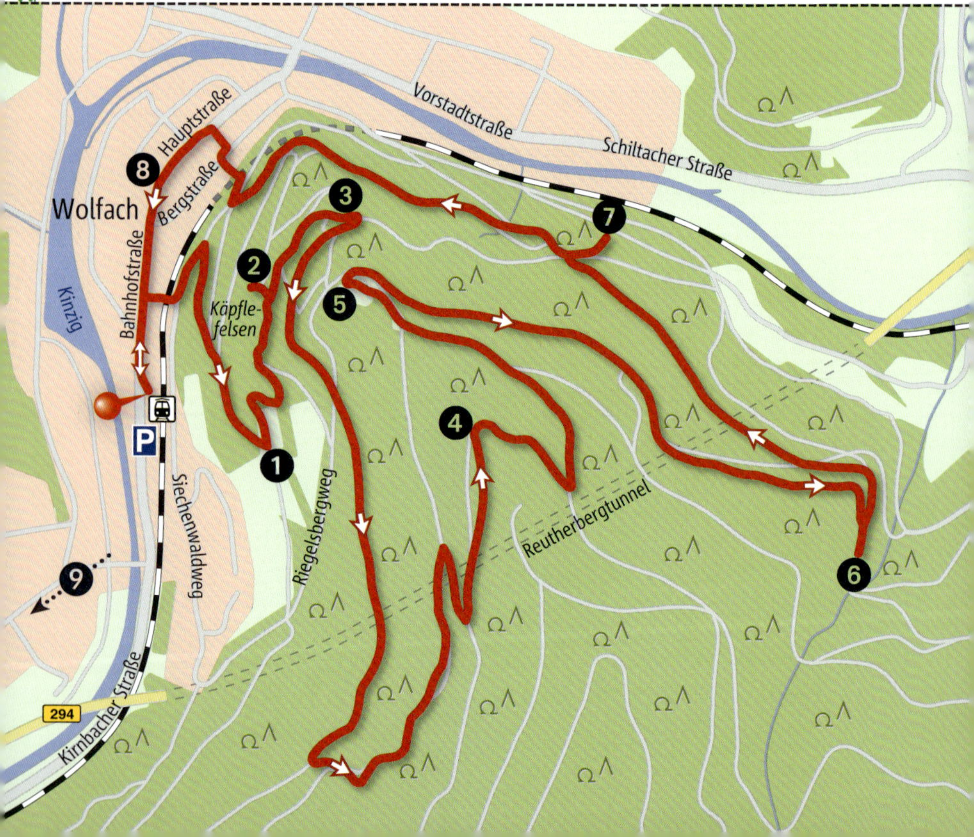

Entspannung ✱✱✱✱✱
Genuss ✱✱✱✱✱
Romantik ✱✱✱✱✱

WIE & WANN:
Vorwiegend Waldwege, teils weiche, teils wurzelige, insgesamt gut begehbare Waldpfade; beste Wanderzeit April bis November

HIN & WEG:
Auto: P+R-Parkplatz (P2) am Wolfacher Bahnhof (gebührenfrei), Bahnhofstraße, 77709 Wolfach (GPS: 48.296177, 8.221664)
ÖPNV: Von Offenburg oder Freudenstadt Hbf RB 20 bis Wolfach

ESSEN & ENTSPANNEN:
In der Wolfacher Hauptstraße viele Einkehrmöglichkeiten, vom Straßencafé über die Eisdiele bis zum Restaurant

ENTDECKEN & ERLEBEN:
Wolfacher Wildgehege ❶
Käpflefelsen, Aussichtspunkt ❷
Gesundheits-Brünnele ❸
Berghexenlandeplatz ❹
Pavillon am Reuterberg ❺
Kapelle St. Jakobus ❻
Franzosenfelsen ❼
Schloss Wolfach ❽
Dorotheenhütte ❾ Glashüttenweg 4, 77709 Wolfach, Tel. (0 78 34) 83 98 0, www.dorotheenhuette.info

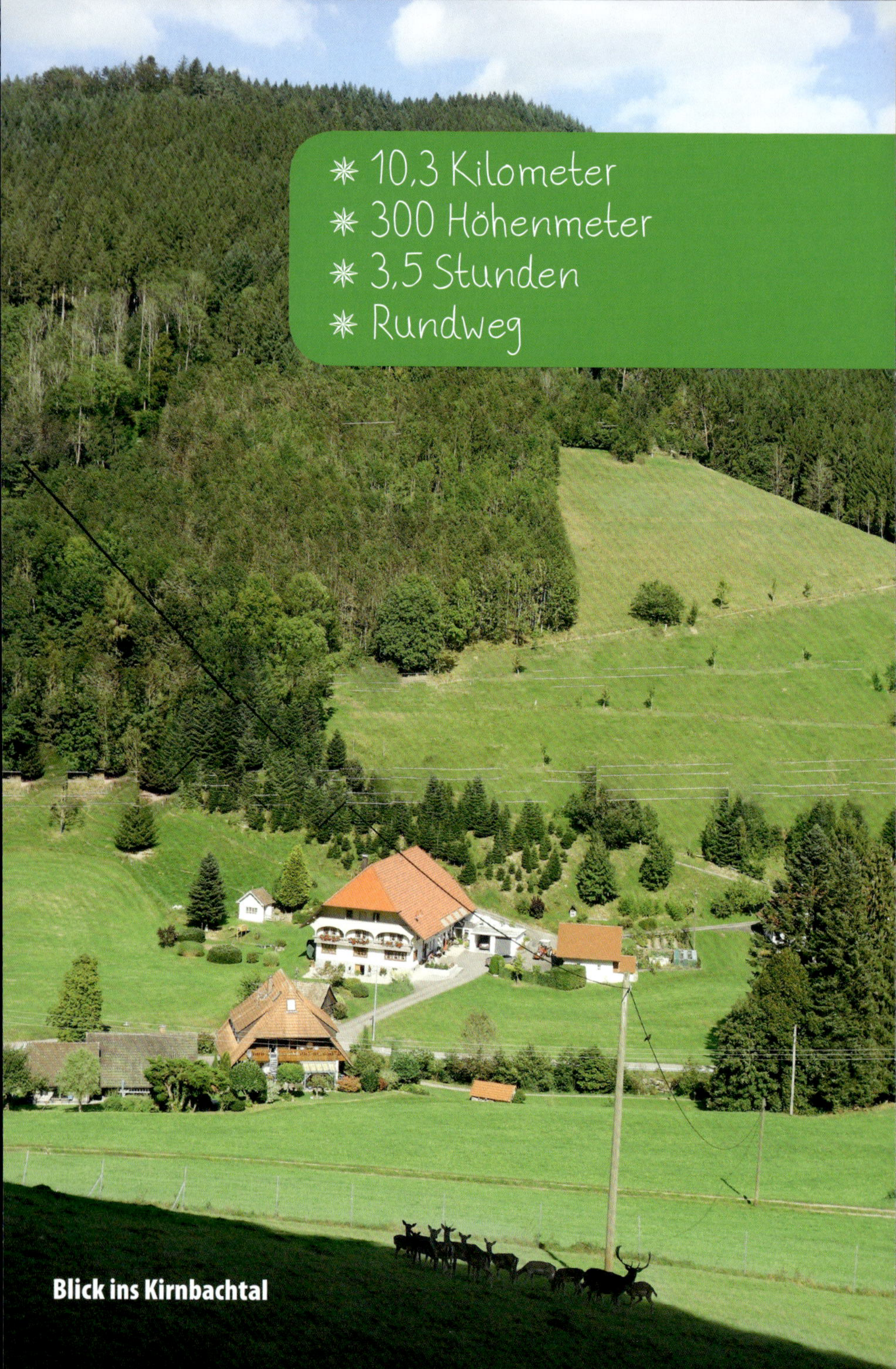

* 10,3 Kilometer
* 300 Höhenmeter
* 3,5 Stunden
* Rundweg

Blick ins Kirnbachtal

Tal und Höhen

Der Kirnbachtaler Bollenhut-Weg

Endlich geht's wieder los, endlich wieder den Alltag zu Hause lassen! Motiviert und voller Vorfreude starten wir unseren Wandertag, der mit einigen Highlights aufwarten wird.

Der offizielle Startpunkt unseres Wegs, des Bollenhut-Wegs, liegt im Kinzigtal. Da aber dort die Parkmöglichkeiten etwas begrenzt sind, entscheiden wir uns für einen alternativen Einstiegspunkt. Wir parken deshalb in Vor Kirnbach, kurz nach dem Sportplatz links auf einem großen Wanderparkplatz. Jetzt kann es losgehen.

Der Bollenhut ist das Wahr- und Markenzeichen des Schwarzwalds. Er wird bei traditionellen Festen von Frauen getragen. Unterschiedliche Farben zeigen den Status an, ob verheiratet oder nicht.

Bepackt mit unseren Wanderutensilien überqueren wir die Talstraße sowie den Kirnbach. Diesem quirligen Bach folgen wir auf dem **Bollenhut-Talwegle**

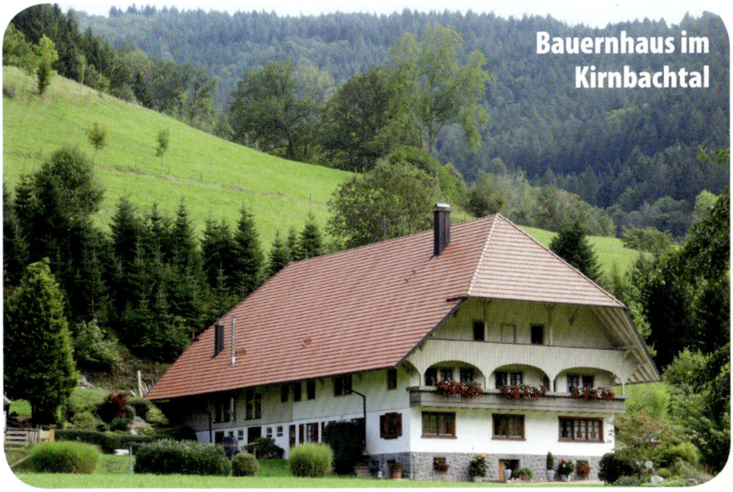

Bauernhaus im Kirnbachtal

ins liebliche Tal hinein. Das Talwegle wird auch **Karl-Wöhrle-Weg** genannt. Besagter Wöhrle (1935 – 2011) hatte sich in seiner Gemeinde sehr verdient gemacht und den Bollenhut-Weg mit ins Leben gerufen. Zu seinen Ehren wurde der Weg vor einigen Jahren nach ihm benannt. Herrliche Schwarzwaldhäuser säumen die Strecke, und Tafeln erklären uns viel über den Bollenhut sowie Tradition und Brauchtum der Region. Begleitet vom Plätschern des Bächleins gelangen wir zu den Häusern von **Untertal** und weiter bis nach **Kirnbach-Winterberg**. Taleinwärts wandern wir weiter. Alte Bauernhöfe bewachen links und rechts unseren Weg, auf den Bergkuppen bestätigen die dunklen Tannen das alte Schwarzwaldklischee.

Am Bollenhut-Weg gibt es im Tal viele kleine, liebevolle Details zu entdecken. Besonders nett sind die hölzernen Figuren mit Bollenhüten, in die man dekorativ den eigenen Kopf reinstecken und durchgucken kann.

Ohne größere Anstrengung erreichen wir bald **Kirnbach-Dorf** und wechseln dort zweimal die Uferseite. Der Wasserlauf des Bachs wirkt beruhigend auf unsere Nerven. Bald schon gelangen wir völlig entspannt zur **Jockeleshofmühle** ❶. Eine Picknickbank bietet

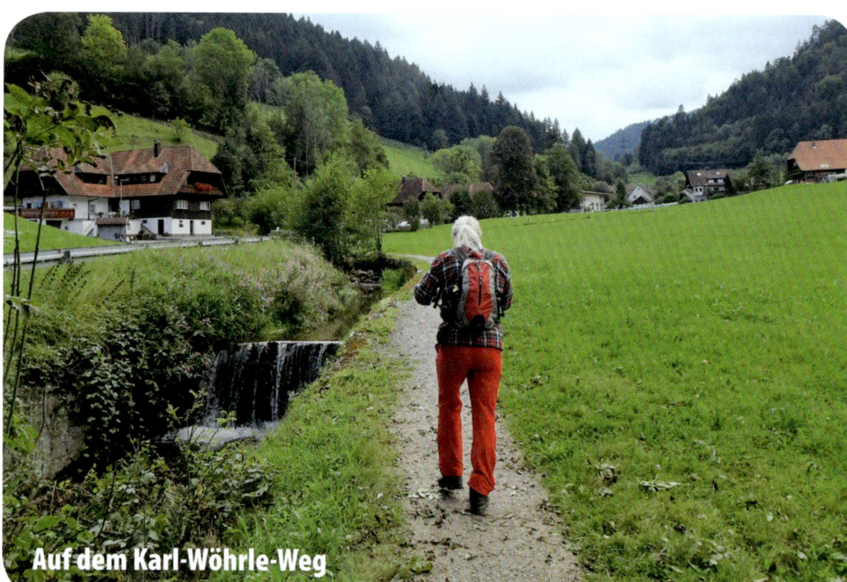

Auf dem Karl-Wöhrle-Weg

Für die Seele

In der traumhaft schönen Landschaft des Mittelschwarzwalds werden wir eins mit der Natur, erleben das Wasserrauschen im Tal und Weitblicke von den Höhen.

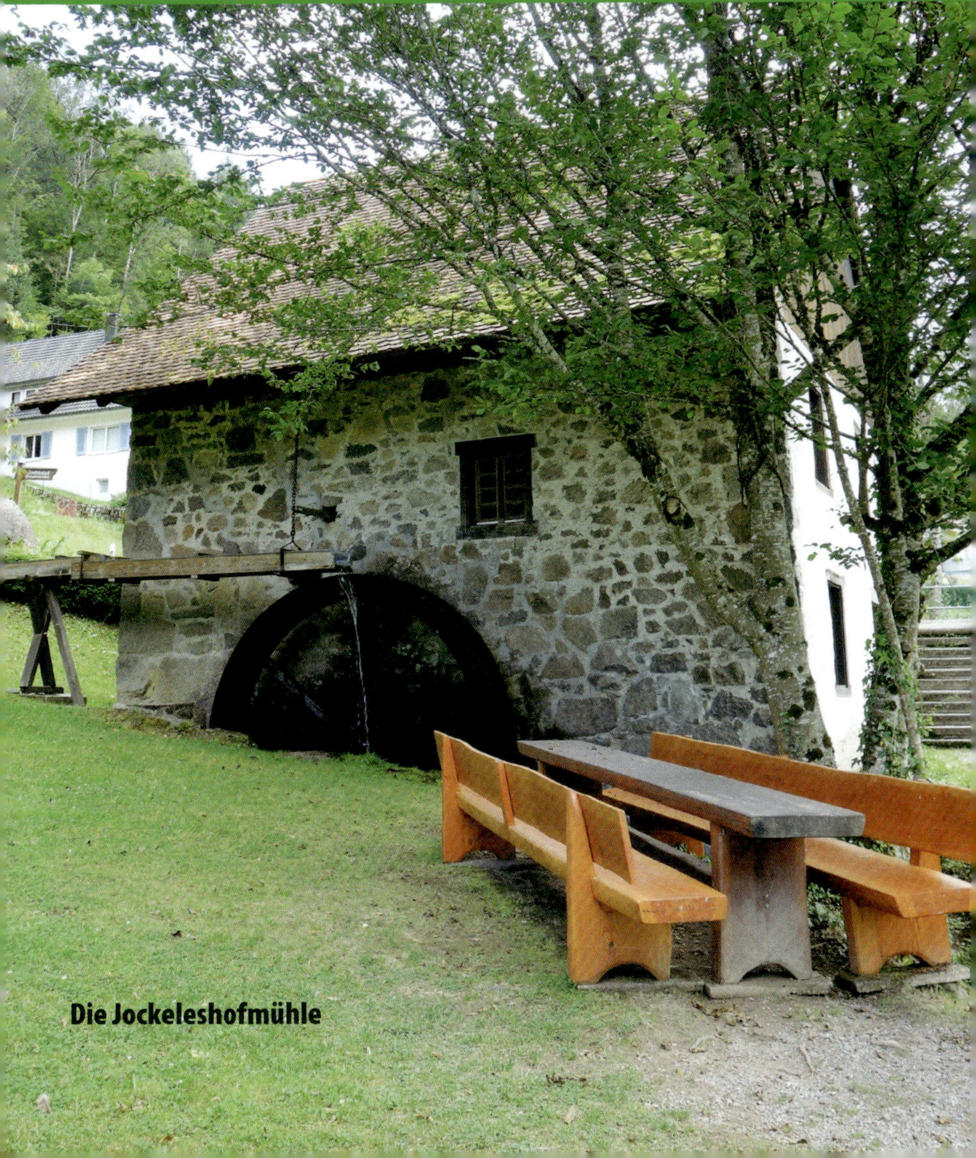

Die Jockeleshofmühle

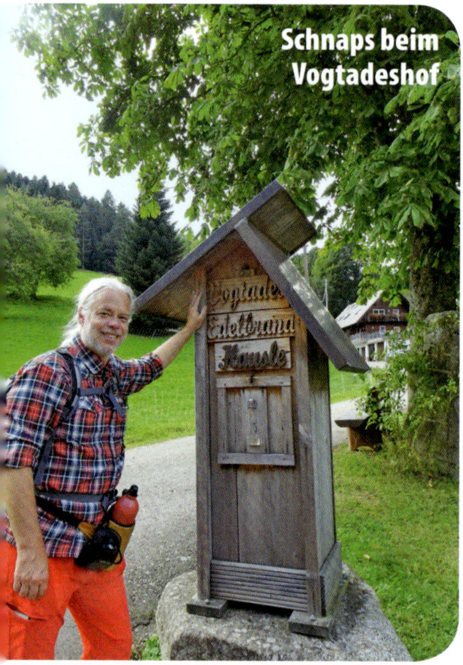

Schnaps beim Vogtadeshof

sich zur Rast an. Die Mühle, bereits im Jahr 1715 als Getreidemühle erbaut, ist bis heute voll funktionsfähig und gehört zum nebenan gelegenen Jockeleshof. Besichtigungen und Vorführung für Gruppen sind möglich.

Im weiteren Wegverlauf erreichen wir beim **Martinsbrünnele** die nächste Sitzgruppe. Hier kann man sich nicht nur mit Wasser erfrischen, ein Holzfass mit Feuerwasser bietet auch eine Erfrischung der anderen Art an, gegen einen kleinen Obolus. Der Karl-Wöhrle-Weg leitet nun durch einen kleinen Wald und kurz darauf wieder durch besiedeltes Gebiet. Für grob geschätzt 40 Meter gehen wir entlang einer Teerstraße, bis unser Wanderweg wieder nach rechts abzweigt. Kurze Zeit später passieren wir den stattlich anmutenden **Vogtadeshof ❷** und könnten dort aus einem eigens dafür montierten Schränkchen erneut Hochprozentiges aus hauseigener Produktion verkosten. Als wir kurz darauf das **Jakobsbrünnele** passieren, ist es nicht mehr weit bis zum **Gasthof Sonne ❸**. Dieses Traditionsgasthaus existiert bereits seit 1834. Unsere Wandertour führt uns weiter bis zur Kirche **St. Nikolaus ❹**, die mit ihrer goldenen Spitze bereits von Weitem sichtbar ist.

1861 wurde die heutige ***Kirche St. Nikolaus*** *im Kirnbachtal erbaut. Das Kirchenfenster hinter dem Altar stellt die Auferstehung Christi dar; gegenüber der Kanzel wird der Evangelist Johannes gezeigt. Zu seinen Füßen sind die Stifterfiguren, ein Trachtenpaar, zu sehen.*

Vor dem **Alten Rathaus ❺** biegen wir rechts ab. Dort gibt es ein Café, in dem man hausgemachte Kuchen oder auch Deftiges erhält. Sollte geschlossen sein, kann man sich an einem Vesperschrank, gefüllt mit kleinen Snacks und gekühlten Getränken, gegen eine Spende erfrischen.

So treten wir gestärkt den Rückweg an. Wir folgen der Markierung des **Bollenhut-Winterberg-Wegs**, der uns zunächst kontinuierlich an Höhe gewinnen lässt.

Frische Bergluft weht uns um die Nase, mit jedem Schritt wird die Aussicht eindrucksvoller. Eine **Himmelsliege** bietet sich förmlich zur vielversprechenden Rast an. Wir verweilen etwas und erfreuen uns am weiten Blick über die Dächer des Orts und zur Kirche. Als wir uns endlich wieder aufraffen können weiterzugehen, folgen wir dem **Weißbrunnenweg** geradeaus in den Pfarrwald und bleiben jetzt beständig auf dem breiten Weg, der sich munter zur **Kreuzung Weißbrunnen** hinaufschlängelt. Dort halten wir uns rechts. Ein eindrucksvolles Aussichtsfenster auf die umliegenden Waldhänge öffnet sich. Schnell zücken wir den Fotoapparat und halten das schöne Motiv für die Ewigkeit fest, bevor wir uns einige Meter später entscheiden, einen kleinen Abstecher zu dem 300 Meter entfernten **Aussichtspunkt Florianshütte** (458 m) ❻ zu gehen. Ein Stichweg leitet uns dorthin. Er führt zunächst über einen Waldpfad und mündet dann in einen herrlichen Wiesenhang. Allein bis hierher hat sich dieser Abstecher schon gelohnt. Bei der Hütte angekommen, ma-

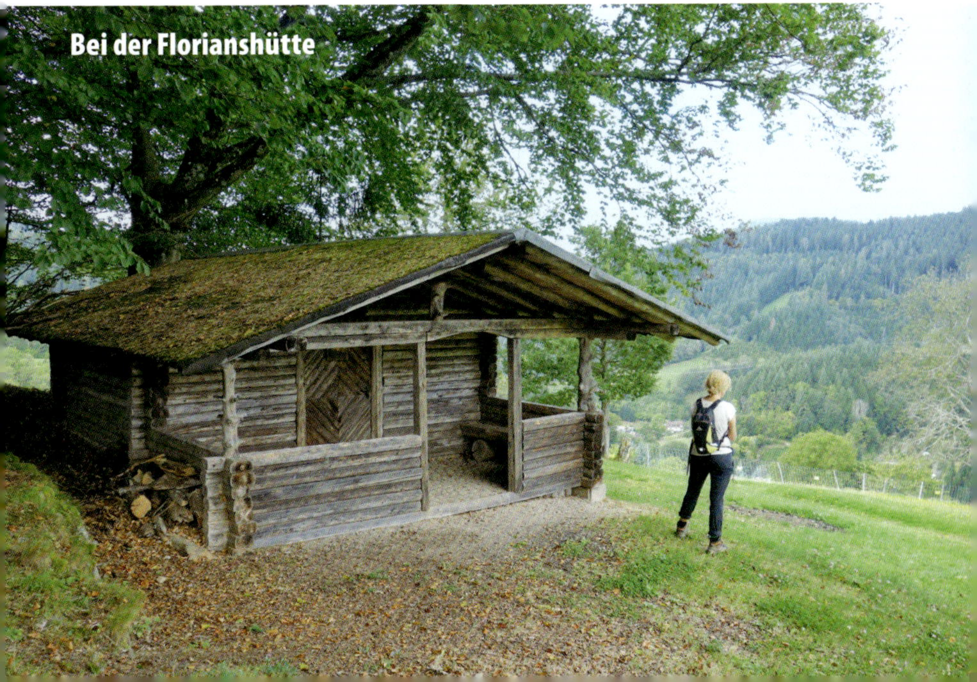

Bei der Florianshütte

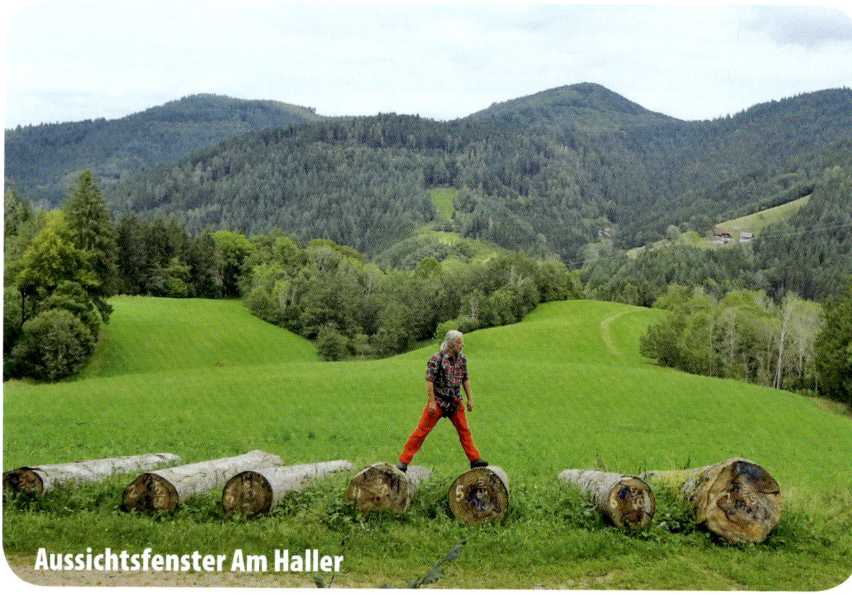
Aussichtsfenster Am Haller

chen wir erst einmal eine kurze Verschnaufpause und genießen den tollen Rundumblick auf das grüne Tal und die gegenüberliegenden Waldhänge.

Zurück auf unserem Hauptweg, geht's weiter durch den Schatten spendenden Wald, der sich **Am Haller** (463 m) erneut zu einer beeindruckenden Aussicht öffnet. **Am Berg** biegen wir links hinauf, bis uns ein steiler Pfad nach rechts zur **Oberen Ecke** führt. Weiter gehen wir entlang eines groß angelegten **Wildgeheges** ❼, von dem aus wir weit über eine Lichtung schauen können. Dabei fällt unser Blick auf das stolze Rotwild.

Als wir wieder in den Forst gelangen, nimmt uns ein knorriger Pfad auf und bringt uns zur **Unteren Ecke**. Wir bleiben weiter auf unserer Route, während der Blick immer wieder ins liebliche Kirnbachtal schweift. Bei einem Rechtsabzweig wandern wir steil hinab und folgen alsbald einem Pfad nach links. Hoch über Untertal wandern wir auf einem wurzeligen Waldwegle und setzen auf einem Holzsteg über einen

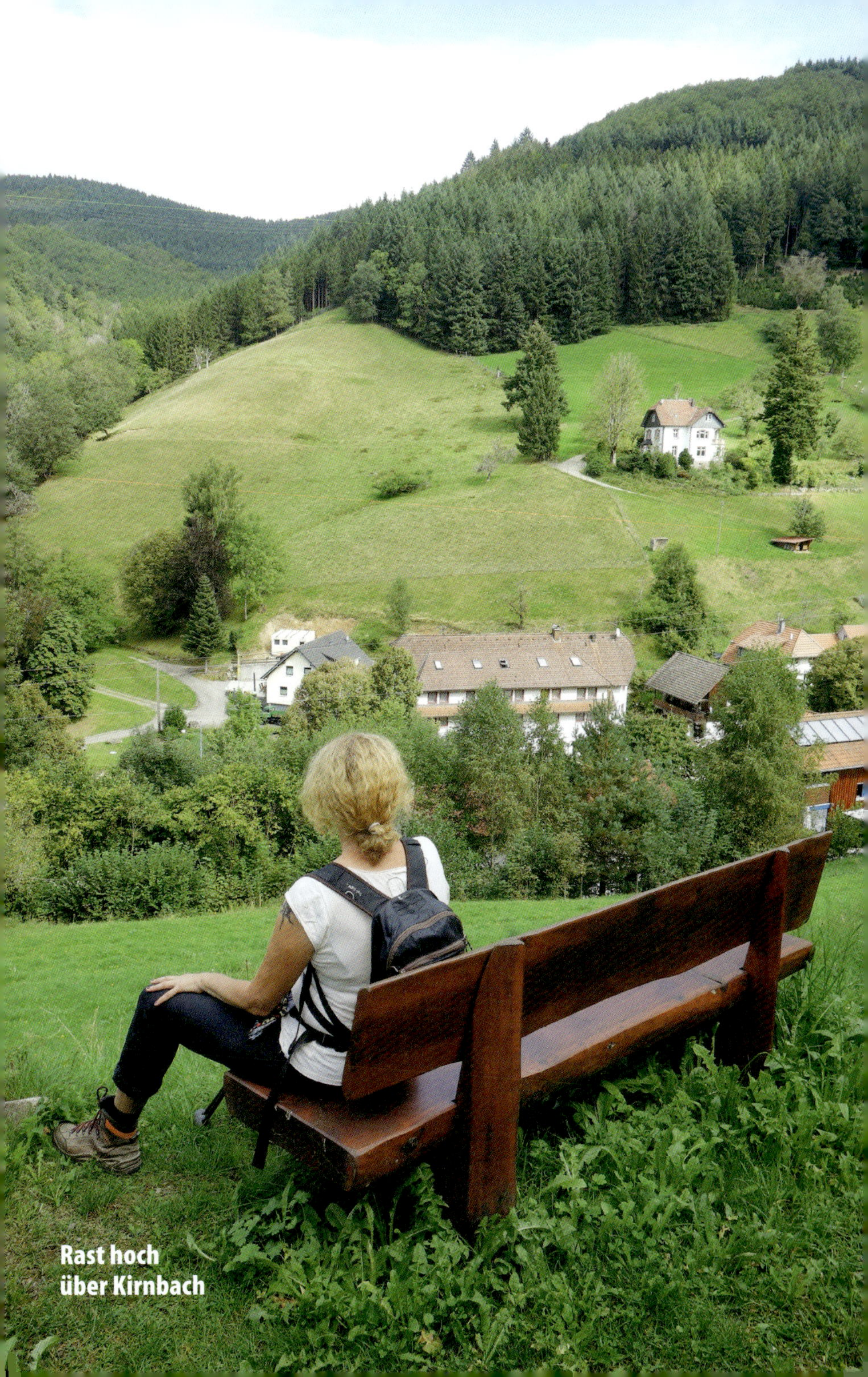
Rast hoch
über Kirnbach

sprudeligen Wildbach. Unterhalb des Waldrandes gehen wir abermals an einem Gehege vorbei und genießen den Ausblick, der sich uns von diesem Panoramaweg bietet.

Als unser Pfad den Baumensteinweg kreuzt, leitet uns der **Hansjakobweg** hinab ins Tal zum **Unterwöhrlehof**. Von hier aus gehen wir entlang des **Kirnbachs**, wandern zum **Sportplatz** und erreichen kurze Zeit später mühelos unseren Parkplatz, allerdings nicht ohne vorher noch ein erfrischendes Fußbad im eiskalten Kirnbach zu nehmen.

Den aussichtsreichen Wandertag beschließen wir wenige Hundert Meter vom Ausgangspunkt entfernt im **Kirnbacher Hof** 8. Das Restaurant bietet eine exzellente Küche, was wir uns zum Abschluss nicht entgehen lassen.

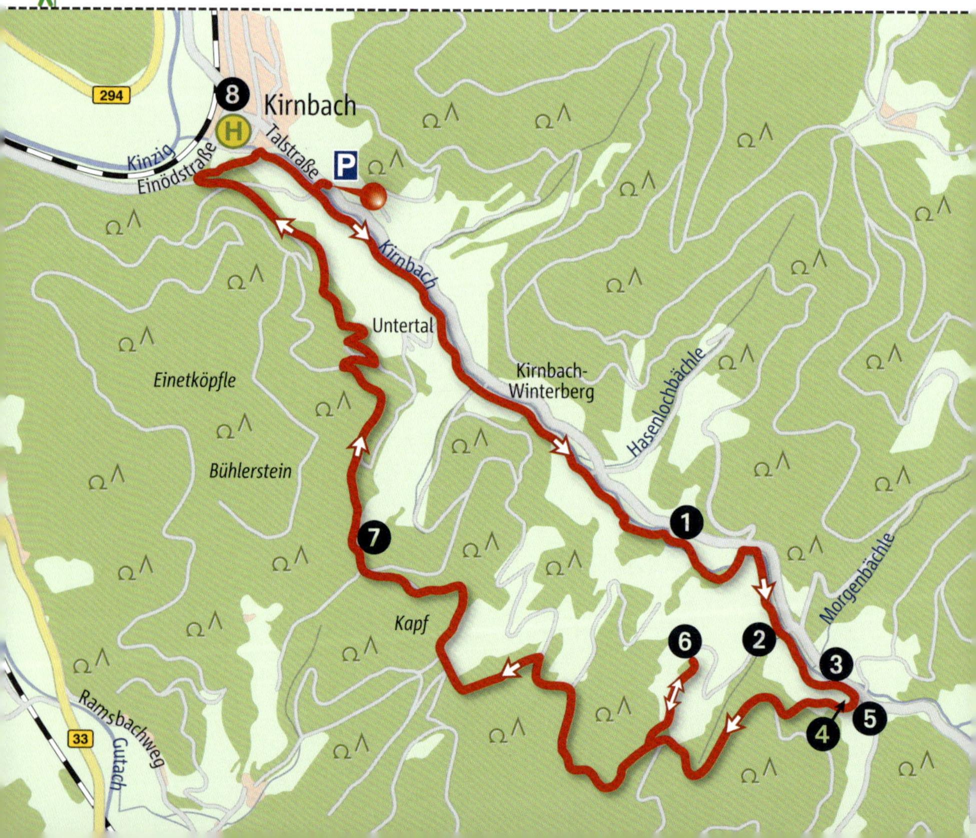

Entspannung ★★★★☆
Genuss ★★★★★
Romantik ★★★★☆

WIE & WANN:
Talweg einfach zu begehen und sogar kinderwagentauglich; für den (ebenfalls unproblematischen) Rückweg Wanderschuhe empfehlenswert; beste Zeit Mitte April bis Mitte November

HIN & WEG:
Auto: Wanderparkplatz Johann-Georg-Hildbrand-Straße, 77709 Wolfach (GPS: 48.278375, 8.220170)
ÖPNV: Von Offenburg oder Wolfach Bf Bus 7160 bis Wolfach Kirnbach; oder von Hausach oder Triberg Bus 7150 bis Wolfach Kirnbach; zu Fuß 10 Min. zum Ausgangspunkt über Talstraße

ESSEN & ENTSPANNEN:
Vogtadeshof ❷ Talstraße 98, 77709 Wolfach-Kirnbach, Tel. (0 78 34) 61 45, www.vogtadeshof.de
Gasthof Sonne ❸ Talstraße 103, 77709 Wolfach-Kirnbach, Tel. (0 78 34) 8 68 67 0, www.sonne-kirnbach.de
Altes Rathaus Kirnbach (Café/Vesperschrank) ❺ Talstraße 113, 77709 Wolfach-Kirnbach, www.kirnbach.de/altes-rathaus
Kirnbacher Hof ❽ Untere Bahnhofstraße 6, 77709 Wolfach-Kirnbach, Tel. (0 78 34) 61 11, www.kirnbacher-hof.de

ENTDECKEN & ERLEBEN:
Jockeleshofmühle ❶ Talstraße 80, 77709 Wolfach-Kirnbach, Tel. (0 78 34) 83 53 50
Kirche St. Nikolaus ❹
Aussichtspunkt Florianshütte ❻
Wildgehege ❼

* 10,5 Kilometer
* 310 Höhenmeter
* 3 Stunden
* Rundweg

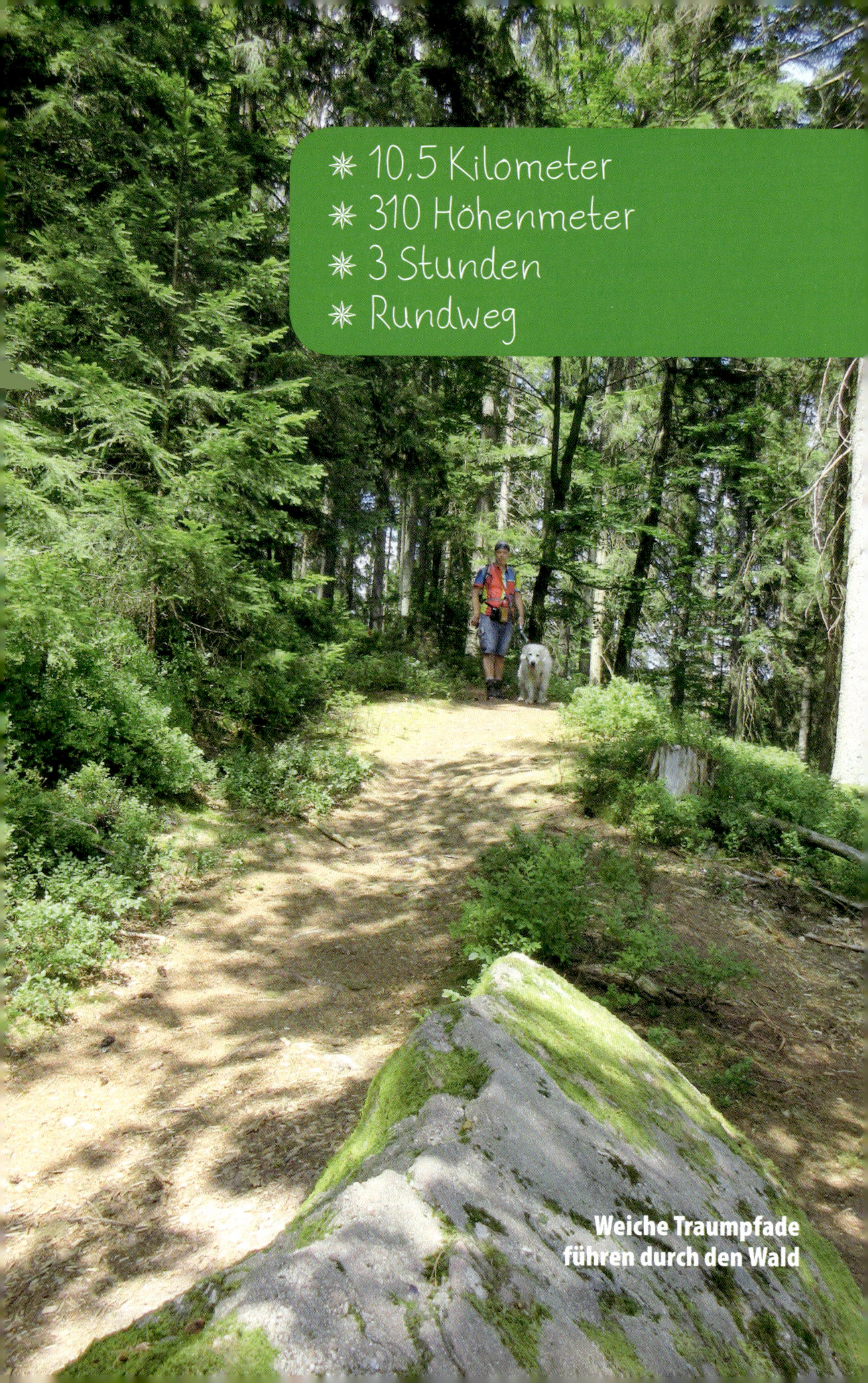

Weiche Traumpfade führen durch den Wald

Am Herz der Natur

Auerhahnweg Tennenbronn

Heute wollen wir uns erneut eine kleine Auszeit gönnen und haben uns vorgenommen, die AugenBlick-Runde beziehungsweise den Genießerpfad Auerhahnweg bei Schramberg-Tennenbronn zu erwandern. Beide Routen führen auf dem ersten Streckenabschnitt parallel durch den Mittelschwarzwald.

Wir fahren von Schramberg in Richtung Südwesten hinauf nach Tennenbronn und folgen dort für 1,7 Kilometer der Affentälestraße zum **Wanderparkplatz Remsbach** beim Ortsausgang und dem Ferienpark.

Am großen Wanderparkplatz orientieren wir uns zunächst und studieren genau die Übersichtstafel über das weitläufige Wandergebiet. Dann gehen wir ein kurzes Stück in Richtung **Tennenbronn** zurück und wenden uns gleich nach ein paar Schritten linksseitig dem **Buchenweg** zu. Dort zweigt bereits nach wenigen Metern links ein Pfad ab, der uns kurz darauf an einem landwirtschaftlichen Anwesen vorbeileitet. Wir entdecken die Markierungen des **Genießerpfads Auerhahnweg** sowie die der **AugenBlick-Runde** und folgen dem Weg halb links in einen Nadelwald. Danach erfreuen wir uns an dem Ausblick über die weitläufige Talmulde, in die sich, von hier aus unsichtbar, die Stadt Schramberg duckt. Der weite Blick beflügelt uns und verliert sich am fernen Horizont in der Schwäbischen Alb.

Am **Naturpark AugenBlick** können wir von einer **Sitzgruppe** ❶ bei einer Panoramatafel besonders schön die Aussicht genießen. Der Platz entpuppt sich als wahre Kraftoase. Bei dem Wegweiser **Purpen** biegen wir halb links in ein relativ kleines Waldstück ab

> !
>
> *Entlang des **Genießerpfads Auerhahnweg** informieren zahlreiche Stationen über Leben und Verhalten des Auerhahns, des größten europäischen Hühnervogels. Auf dem abwechslungsreichen Wanderweg wechseln Waldabschnitte munter mit offenen landwirtschaftlich genutzten Flächen.*

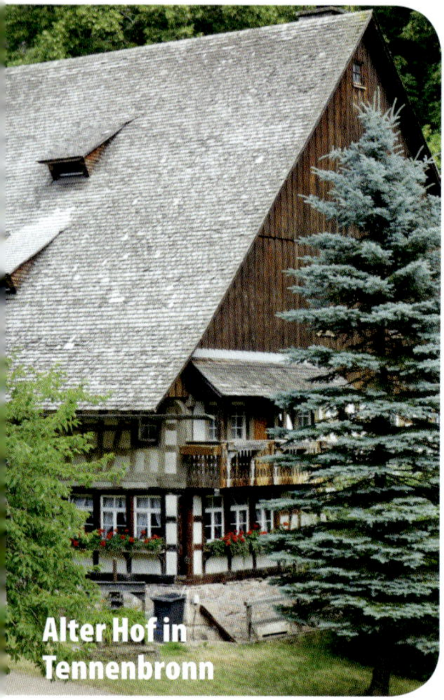

Alter Hof in Tennenbronn

und wandern im Anschluss geradeaus zu dem Asphaltweg nach **Purpenmoos** ❷. Schwarzwald-Idylle pur – mit innerer Zufriedenheit wandern wir weiter, nach dem Haus mit der Nummer 150 geht es abermals in den Wald. Im Sommer laden zahlreiche Heidelbeerbüsche zum Pflücken des »blauen Goldes« ein. Wir passieren den Standort **Auf der Ecke** und biegen nach dem Waldstück nach links ab. Entspannt folgen wir weiter dem weichen Waldweglein und genießen die herrliche Stille um uns herum, bis wir zur sogenannten **Ecke** gelangen und einen Fahrweg kreuzen. Unsere Markierung leitet uns an einem alten Grenzstein vorbei, worauf wir den famosen **Sulzbachblick** ❸ erreichen. Die Landschaft glänzt in unzähligen feinen Abstufungen von Grün, vom kraftvollen Farbton der Wiesen bis zum fast schwarzen der Tannen. Ein genialer Platz zum Wohlfühlen und Relaxen. Nach dieser kleinen Ruhepause wandern wir entlang einer saftig grünen Wiese nach links und queren beim Standort **Überm Vogtandres** abermals einen Fahrweg.

Halb links führt unsere Tour weiter zum Wegweiserpfosten **Beim Schnapsbrenner**.

Halt, stopp – AugenBlick mal – war da nicht ganz deutlich der Balzgesang eines Auerhahns zu hören? Wir schreiten scharf links hinab und treffen auf einen Asphaltweg, bei dem wir rechts versetzt zum **Auerhahn-Balzplatz** ❹ hinüberwandern. Jetzt erst wird uns klar: Der Ruf des Auerhahns war nicht original, denn der Vogel ruft an dieser Station des Auerhahnwegs auf Knopfdruck! Auf einer hölzernen, geschwungen geformten Himmelsliege können wir für ein paar Minuten verweilen und die Auszeit so richtig genießen.

Dann gehen wir hinab in eine Mulde zu einem bäuerlichen Anwesen und wenden uns davor nach

Von März bis Anfang Mai findet die »Balz« der Auerhühner statt – ein eindrucksvolles Paarungsvorspiel. Die Hähne treffen sich dazu auf den sogenannten Balzplätzen, beginnen bereits in der Morgendämmerung mit ihrem charakteristischen Gesang und messen ihre Kräfte.

Für die Seele

Auf den Spuren des Auerhahns leiten uns verwunschene Wald- und Wiesenpfade.

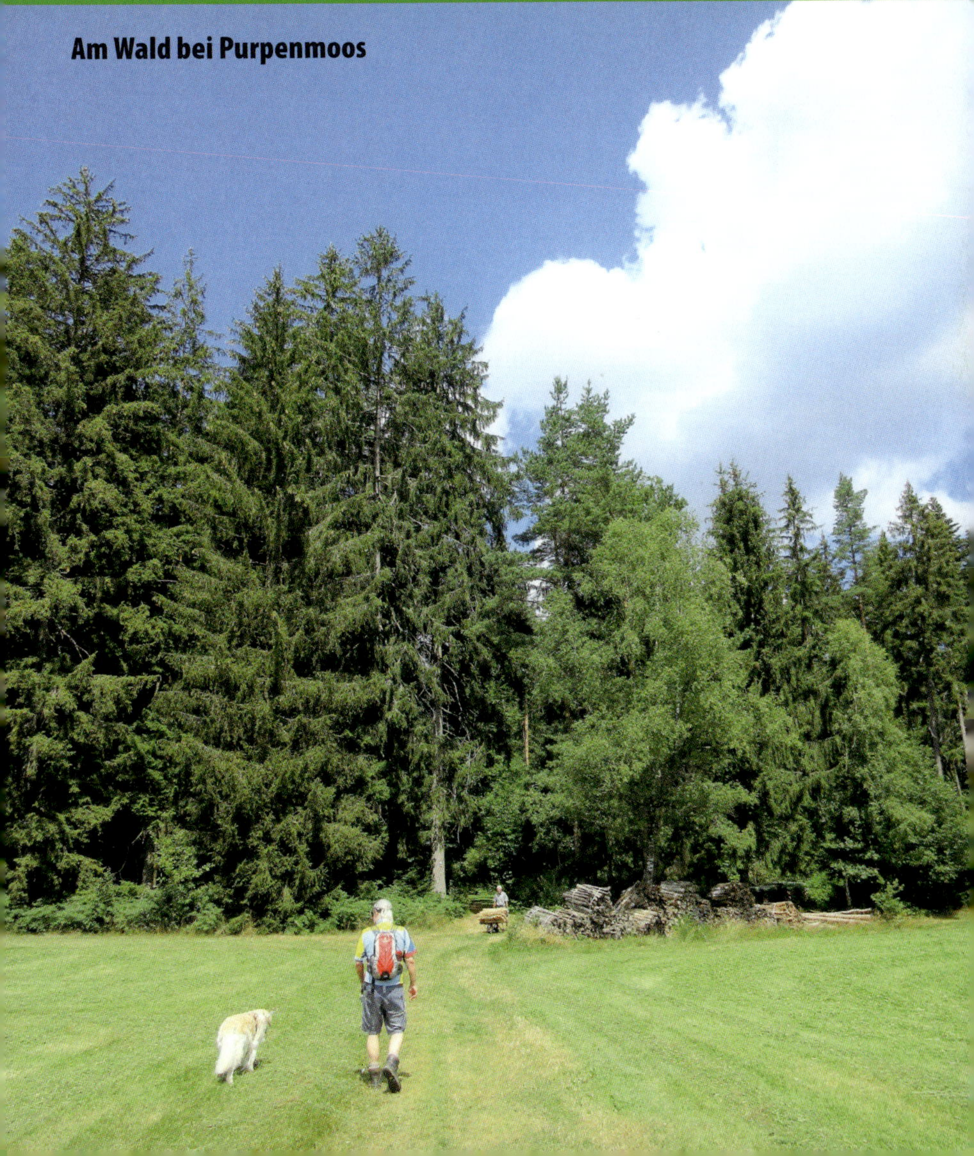

Am Wald bei Purpenmoos

rechts einem Waldweg zu. Bald erreichen wir den kleinen, hübschen Ort **Unterfalken**. Der **Unterfalkenhof** ⑤ bietet mit seiner Getränkestation Erfrischungen für durstige Wanderer an, das kommt uns jetzt gelegen. Rasch leert sich unsere Flasche Apfelschorle, dann wandern wir der Sonne entgegen leicht abwärts.

In einem Wald queren wir ein lauschiges Bächlein, bis wir zu der Weggabelung **Abzweig Klausenhof** gelangen. Jetzt haben wir die Qual der Wahl, denn hier trennen sich unsere beiden Wege. Nach links zweigt die circa 3 Kilometer kürzere AugenBlick-Runde ab. Sie würde uns zum Klausenhof und über offene Wiesenflächen und Äcker mit relativ geringer Steigung zur Remsbachhöhe führen. Durch den Ferienpark gelangt man von dort zum Parkplatz zurück.

Wir fühlen uns jedoch heute noch topfit und freuen uns auf weitere Highlights. So entscheiden wir uns für den längeren **Genießerpfad Auerhahnweg** und orientieren uns halb rechts. Unsere Markierung leitet uns

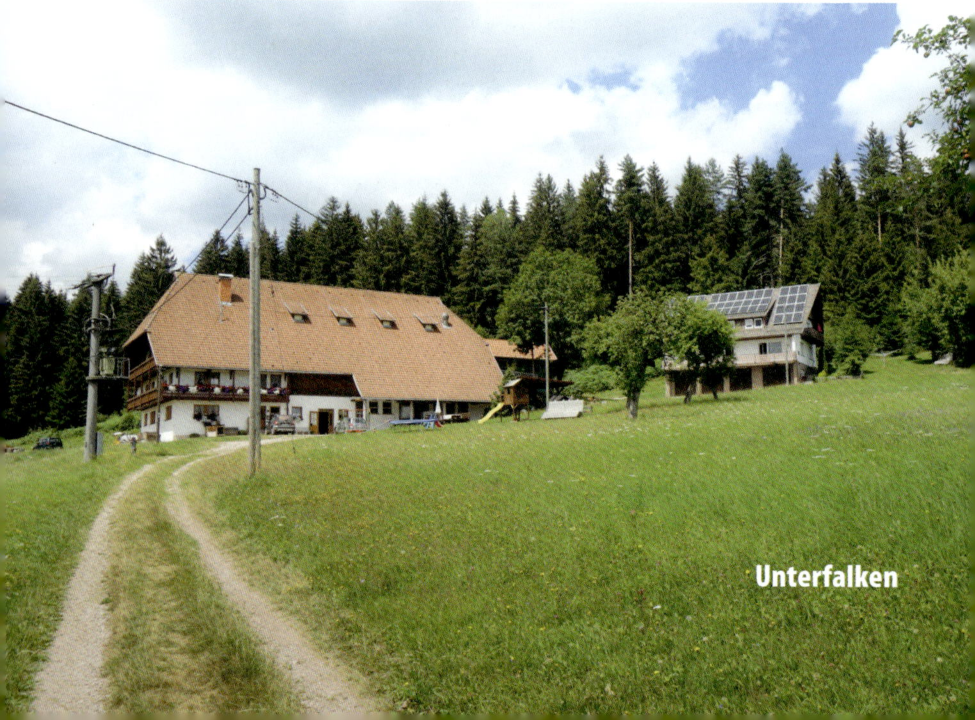

Unterfalken

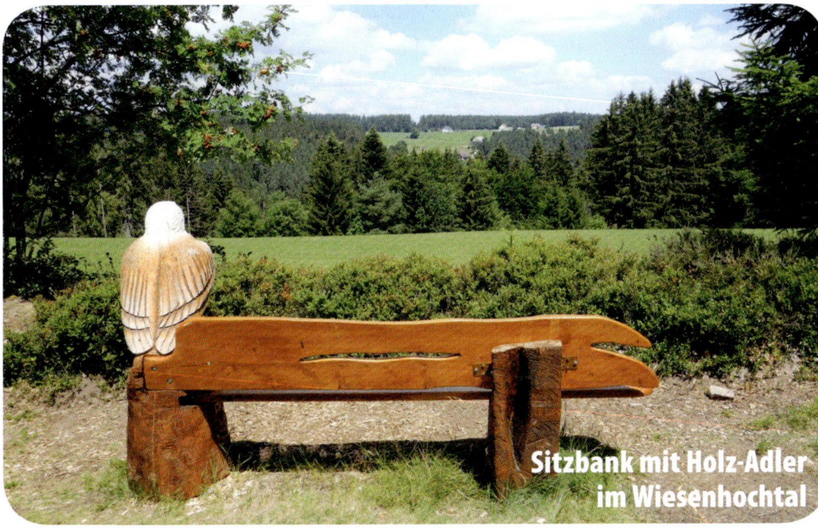
Sitzbank mit Holz-Adler im Wiesenhochtal

ins Tal hinab. Beim Gewässer einer **Fischzucht** führt der Wanderweg zur rechten Talseite des Eichbachtals. Etwa 2 Gehminuten später müssen wir darauf achten, einen rechts abzweigenden Bergpfad nicht zu verpassen. Der Anstieg ist zu Beginn etwas mühsam, flacht jedoch kurz hinter einem querenden Forstweg wieder ab. Bei einem breiten Weg angekommen, gehen wir nach links. Immer wieder bedienen wir uns an den zahllosen Heidelbeerbüschen, die uns den Marsch im wahrsten Sinne des Wortes versüßen.

Die Markierung führt uns entlang einer Hecke durch Felder. Bald entdecken wir eine wunderschöne Sitzbank mit liebevollen Schnitzereien, die uns zu einer spontanen Wanderrast einlädt. Einige Minuten genießen wir die Ruhe, die uns hier umgibt. Eine gewisse Portion Zufriedenheit macht sich in uns breit, jetzt sind wir ganz in unserer Mitte angekommen.

Leichten Fußes gehen wir weiter, bis uns eine alte Steinmauer im traumhaften Wiesenhochtal den Weg zum **Waldsportplatz** weist. Von hier aus geht's weiter zu einem tief ausgewaschenen Hohlweg, der hinab zum

Beim Auerhahn Schlafplatz

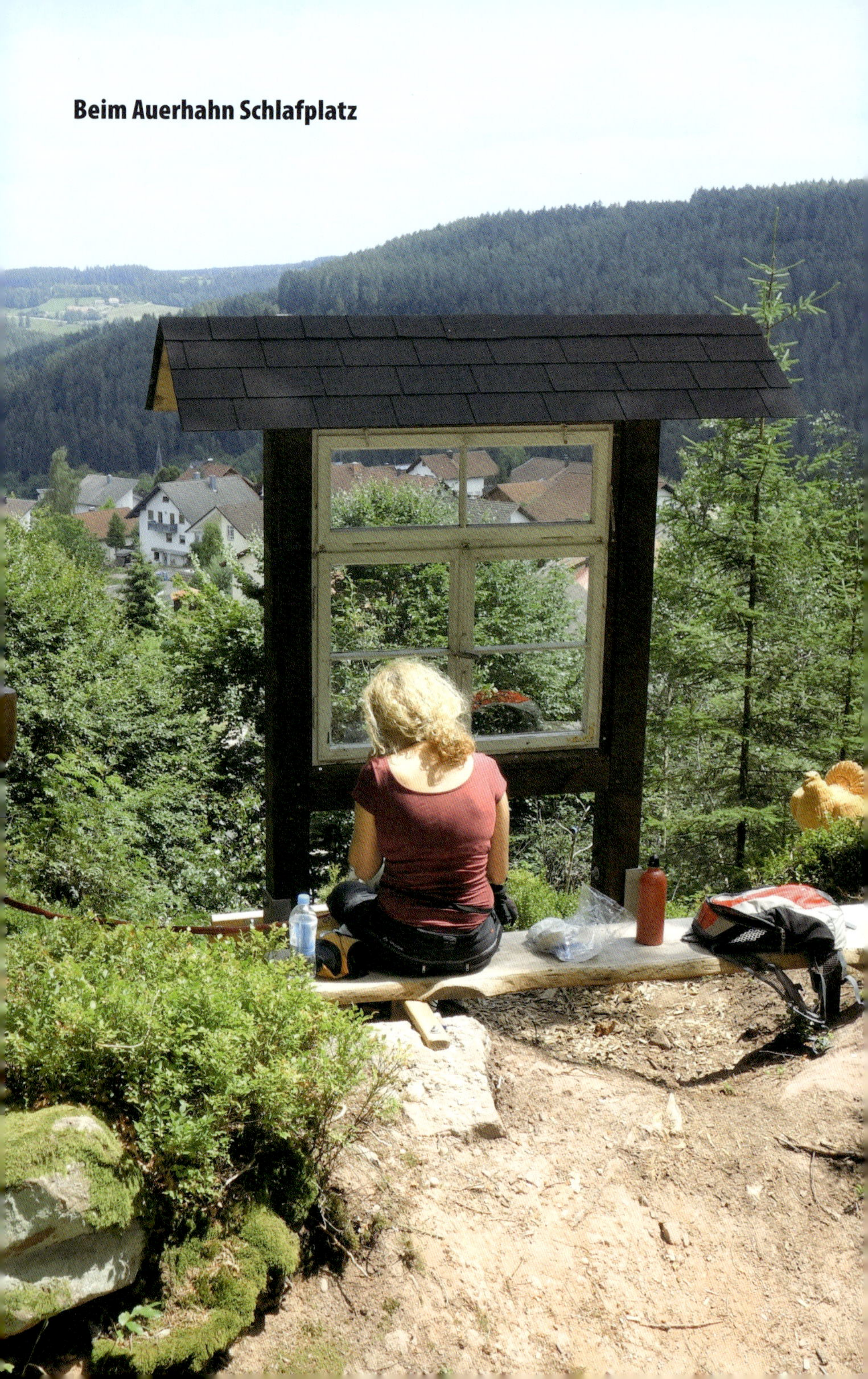

Auerhahn-Schlafplatz **6** führt. Ein liebevoll gestalteter Wanderrastplatz erwartet uns. In erhabener Aussichtslage blicken wir durch ein Fernrohr sowie einen Fensterrahmen zu dem Ort Tennenbronn. Ein hölzerner Auerhahn scheint zu beobachten, wie wir unser mitgebrachtes Rucksackvesper verzehren. Es schmeckt an diesem schönen Platz gleich doppelt gut.

Frisch gestärkt folgen wir in Serpentinen einem steilen Bergpfad hinab bis in den **Talgrund des quirligen Eichbachs** **7**. Neben dem plätschernden Wildbach gehen wir rechts und lauschen dem Klang der Tennenbronner Kirchturmglocken, die sich ganz sanft in die »Wassermusik« des Bachs mischen.

Am Ortsrand angekommen, biegen wir am **Eichbachbrückle** (665 m) links in den Wald ab. Der Anstieg führt durch den Pfarrwald hinauf zu den hübsch gelegenen Häusern von **Sommermoos** (748 m). Auf dem folgenden Waldweg passieren wir eine **Wassertretstelle**, bei der wir unsere müden Füße abkühlen können. Doch es wartet noch ein weiteres Highlight auf uns, denn wir erblicken von erhöhter Hanglage

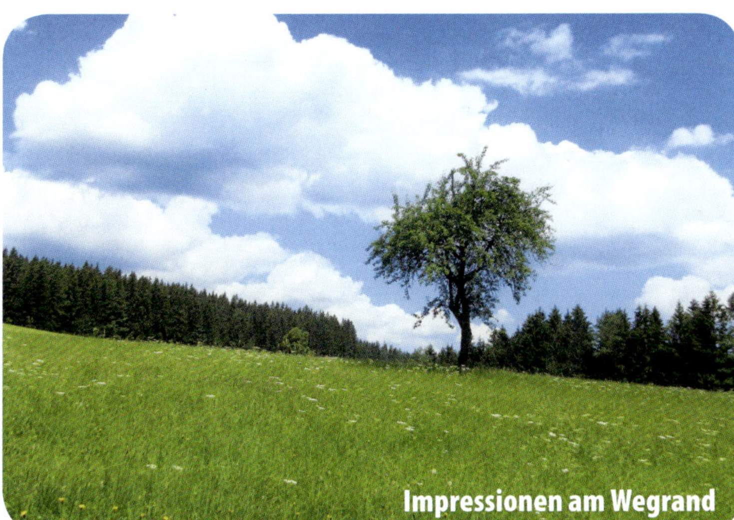

Impressionen am Wegrand

Das Freibad Tennenbronn bietet neben mehreren Becken und Rutsche auch großzügig gestaltete, terrassenförmige Liegestufen.

das **Freibad Tennenbronn** ⑧, das unter uns liegt. Wie gut, dass wir unsere Badesachen griffbereit im Auto liegen haben!

Wir folgen dem als winterliche **Rodelbahn** ausgeschilderten Weg, der uns flugs zum nahe gelegenen **Parkplatz** bringt. Jetzt noch schnell die Rucksäcke ins Auto und die Badesachen geschnappt, dann nichts wie ab ins kühle Nass des Freibads. Diese Entspannung haben wir uns heute wahrlich verdient.

Das Wandern und Baden hat uns ziemlich hungrig gemacht. Deshalb beschließen wir, der nahen **Schwarzwaldstube Tennenbronn** ⑨ einen Besuch abzustatten. Schnitzel und Steaks in mehreren Variationen gibt es auf der Speisekarte und auch zünftiges Vesper. Danach lassen wir den gelungenen Ausflug bei einem Stückchen Kuchen ausklingen.

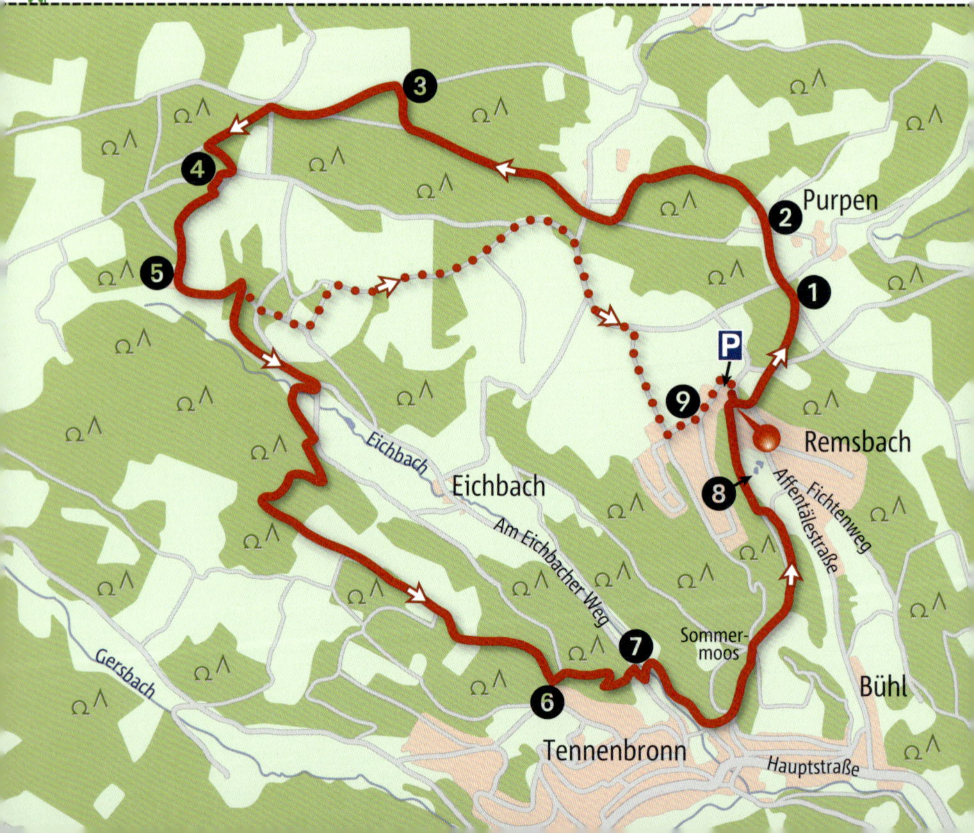

Entspannung ✱✱✱✱✱
Genuss ✱✱✱✱✱
Romantik ✱✱✱✱✱

WIE & WANN:
In der ersten Hälfte sanft, im zweiten Teil etwas anspruchsvoller; beste Zeit Mai bis Oktober. Die AugenBlick-Runde ist um knapp 3 km kürzer und hat nur 100 m Höhenunterschied.

HIN & WEG:
Auto: Wanderparkplatz Remsbach beim Ferienpark Tennenbronn, 78144 Schramberg (GPS: 48.204672, 8.353757)
ÖPNV: Ab St. Georgen Bf Mo.–Fr. Busverbindungen nach Tennenbronn, z. T. Umsteigen erforderlich; Sa., So. mit AST 9055 – Voranmeldung mindestens 60 Min. vorher unter Tel. (0 18 06) 77 72 72 – bis Tennenbronn, Haltestelle Oberer Remsbach

ESSEN & ENTSPANNEN:
Unterfalkenhof (Getränkestation) ❺ Unterfalken 202, 78144 Schramberg-Tennenbronn, Tel. (0 77 29) 3 86, www.unterfalkenhof.de
Schwarzwaldstube Tennenbronn ❾ Falkenweg 24, 78144 Schramberg-Tennenbronn, Tel. (0 77 29) 15 00, www.schwarzwaldstube-tennenbronn.de
Mehrere Gasthäuser in Tennenbronn

ENTDECKEN & ERLEBEN:
Sitzgruppe am Naturpark AugenBlick (Aussichtspunkt) ❶
Purpenmoos ❷
Sulzbachblick ❸
Auerhahn-Balzplatz ❹
Auerhahn-Schlafplatz ❻
Eichbachtal ❼
Freibad Tennenbronn ❽ Remsbach 159/2, 78144 Schramberg-Tennenbronn, Tel. (0 77 29) 5 44

* 11,7 Kilometer
* 320 Höhenmeter
* 4 Stunden
* Rundweg

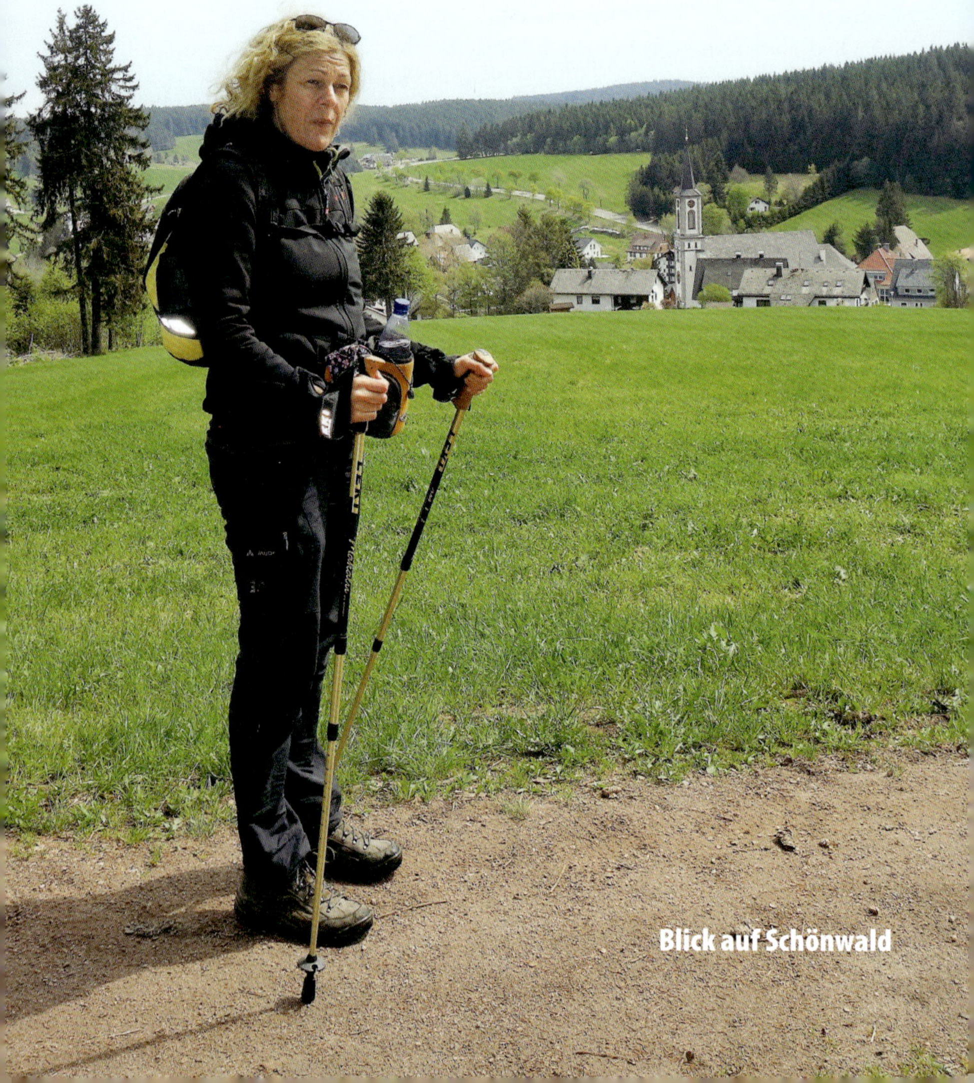

Blick auf Schönwald

Rundum gesund

Heilklima-Steig bei Schönwald

Heute steht der **Genießerpfad Heilklima-Steig** auf unserem Programm. Ausgangspunkt ist der heilklimatische Kurort Schönwald im Schwarzwald an der Bundesstraße 500 zwischen Furtwangen und Triberg. Er glänzt nicht nur mit einer außerordentlich guten Luftqualität, die ständig kontrolliert wird. Das besondere Heil- und Reizklima in der Höhenlage stärkt das Immunsystem und bringt Entspannung für Körper, Geist und Seele. Unsere Atmungsorgane profitieren von der kristallklaren Bergluft.

Schon früher wussten Ausflügler und Kurgäste die gute Luft auf den Höhen bei Schönwald zu schätzen. Sie kamen extra deshalb aus den Städten angereist. »Luftschnapper« und »Sommerfrischler«, so wurden sie von den Einheimischen liebevoll genannt.

Die Wanderung startet bei der **katholischen Pfarrkirche** in Schönwald in unmittelbarer Nachbarschaft der **Tourist-Info** auf sage und schreibe 1000 Höhenmetern. Gleich nachdem wir angekommen sind, atmen wir mehrmals tief durch, füllen unsere Lungen mit der guten Luft und fühlen, wie der Alltagsstress sich rasch

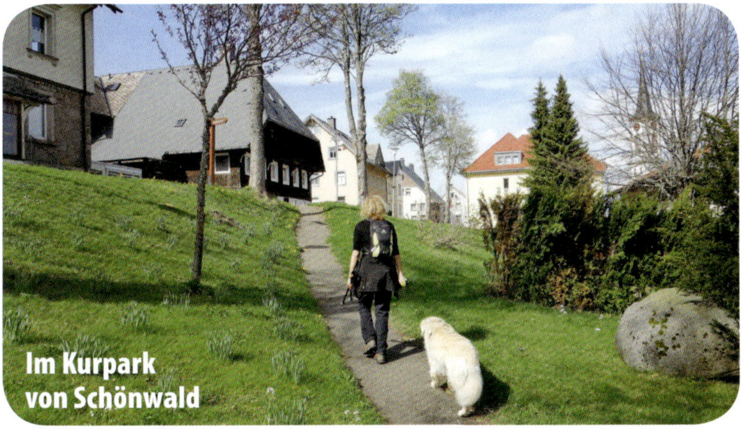

Im Kurpark von Schönwald

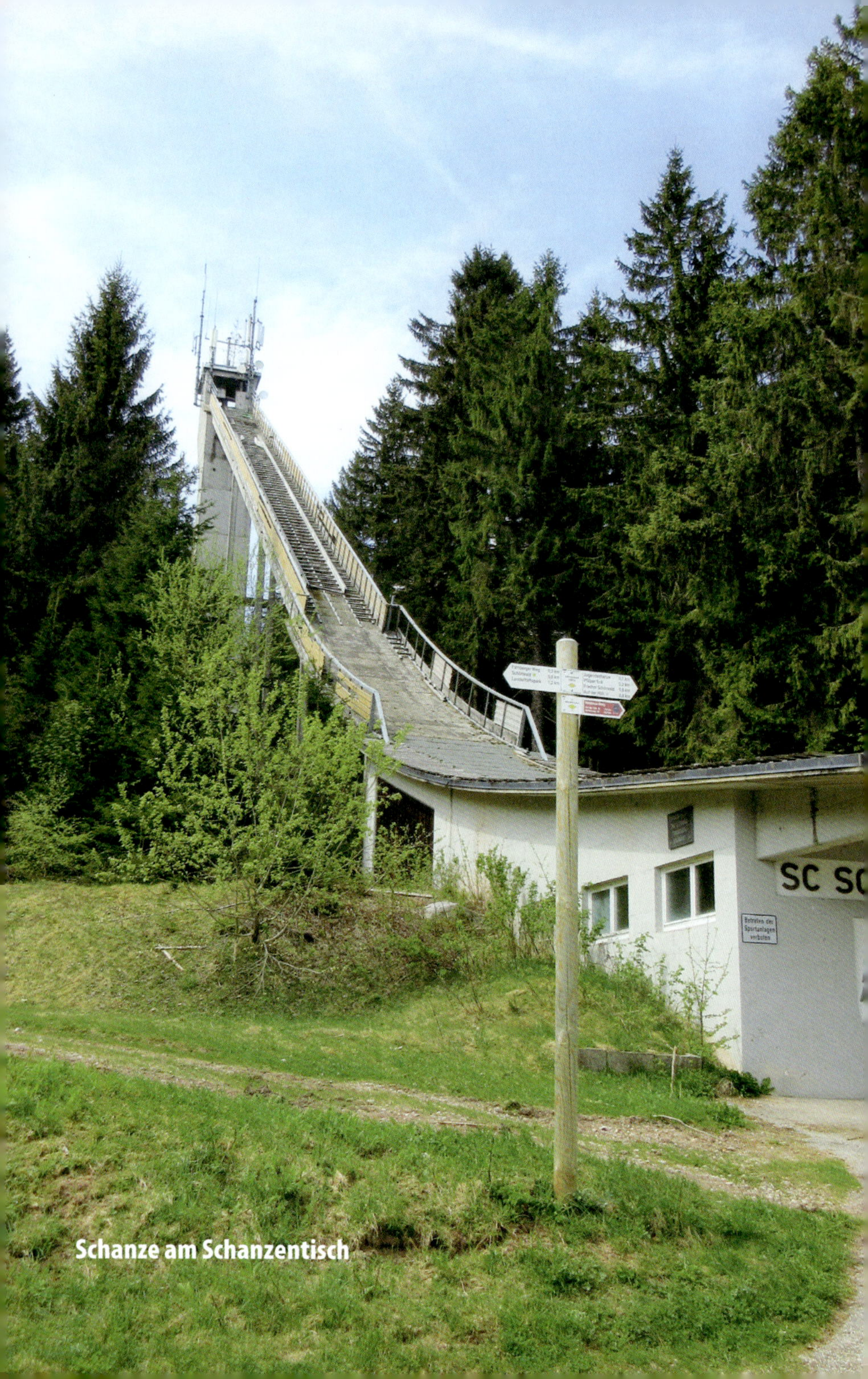

Schanze am Schanzentisch

Für die Seele

Auf weichen Waldpfaden und in sauberer Schwarzwaldluft vergessen wir das Alltagsgetriebe und bewegen uns fast ständig oberhalb der 1000 Meter-Marke.

in nichts auflöst. Mit gestärkter Brust steigen wir einige Stufen hinauf zum Rathaus und folgen dort dem **Johannes-Kepler-Weg** nach rechts. Es dauert nicht lange, dann leitet uns die Beschilderung **Heilklima-Steig** einen Wiesenpfad halb rechts hinab. Am querenden **Josefsweg** halten wir uns links und verlassen wenig später schon den Ort. Im angrenzenden Waldstück wandern wir auf einem naturbelassenen Pfad und biegen beim **Steinweiher** scharf links zur Halde hinauf. Dort gehen wir rechts und wandern entlang des Waldrands. Auf dem **Landpostberg** (1043 m) schreiten wir links hinüber zur **Heilklima-Schaukel** ❶. Gern nutzen wir die Möglichkeit zu einer kleinen Auszeit auf dieser entspannenden Konstruktion. Wir erkennen sogar wieder die Kirchturmspitze von Schönwald.

Die kleine Pause hat gutgetan. Wir gehen rechts einem Waldpfad zu und kreuzen nach einem Rechtsknick einen Forstweg.

Kurze Zeit darauf gelangen wir zur **Adlerschanze** ❷ des SC Schönwald. Wenn man unten vor dem Schanzentisch steht, verspürt man selbst von hier aus und mitten im Sommer, welchen Mut es benötigt, von ganz oben mit voller Geschwindigkeit »ins Nichts« zu springen. Respekt!

Mächtig beeindruckt schreiten wir wieder in den Wald und folgen dem Weg so lange weiter, bis die Markierung uns scharf nach links schickt. Wir gehen auf den Schanzenturm zu, halten uns aber davor rechts. Es folgt ein Waldstück. Die klare Luft tut unseren Lungen gut, der Name »Heilklima-Steig« verspricht wahrlich

*Die **Adlerschanze** gehört zu den wenigen Schanzen, die sich in Club-Eigentum befinden. Die jetzige Schanze ist bereits die vierte in Schönwald und wurde 1981 nach den Regeln der FIS umgebaut. 154 Stufen führen zum Anlaufturm. Der Höhenunterschied beträgt 105 Meter.*

nicht zu viel. Wir folgen dem Genießerpfad samt der **gelben Rautenmarkierung** zum Waldaustritt **Auf der Höh ❸**. Bei schönem Wetter lohnt es sich, hier eine kleine Auszeit zu nehmen, denn am sonnenverwöhnten Waldrand laden bequeme Himmelsliegen zum Relaxen ein.

Nach der kurzen Pause führt der Weg neben dem Forst nach rechts weiter, bis uns ein verwunschener Pfad halb rechts in das Nadelgehölz leitet. Wir lieben solche mystisch wirkenden Pfade! Aber bei alldem müssen wir auch darauf achten, keine Abzweige zu verpassen, und legen unser Augenmerk auf die Markierung an den Bäumen. Bei der **Schutzhütte** im Hinteren Straßwald wandern wir halb links weiter und gelangen zum Standort **Kaltenbach Nord**, wo wir nach links abbiegen. Mit der **blauen Raute** im Blick wandern wir beim Wegweiser **Kaltenbach Süd** nach rechts zum Pfad und folgen anschließend wieder der **gelben Raute**.

Aufgepasst, denn bei dem folgenden längeren Abstieg gilt es den Linksabzweig nicht zu übersehen, der

Schwarzwaldlandschaft bei Schönwald

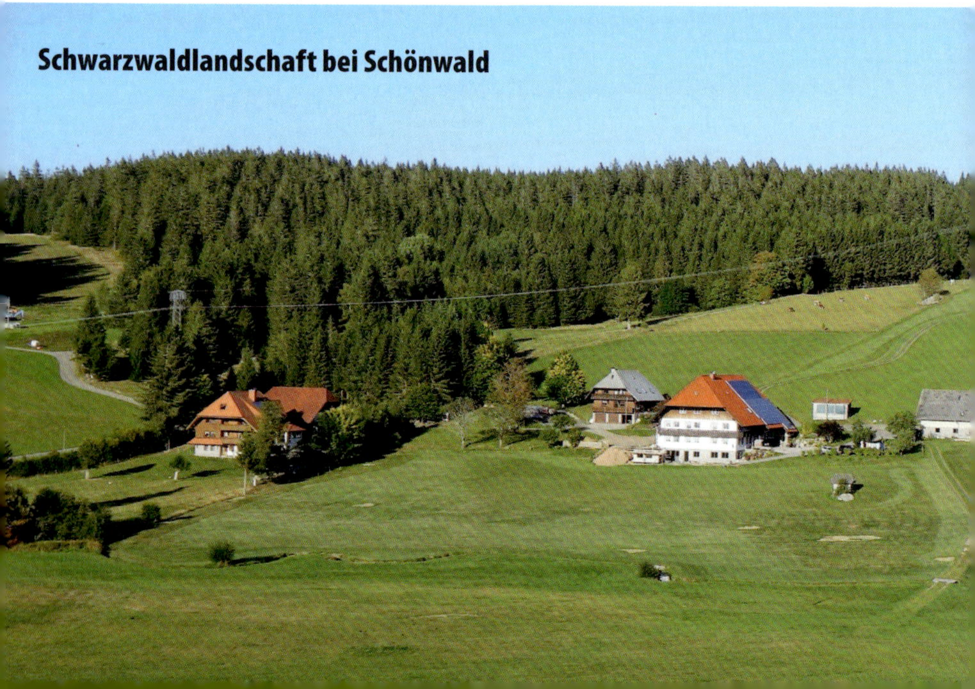

uns erneut zu **Himmelsliegen** bringt. Spontan entschließen wir uns zu einer kleinen Achtsamkeitsübung. Wir legen uns auf die Liege, lenken den Blick in Richtung Himmel, hören bewusst in die Stille und beobachten, wie sich lustige Wolkenformationen bilden und wieder auflösen. Wir vernehmen dezent das Rauschen der Blätter im Wind. Auch das Summen der Bienen und Vogelgesang dringen gedämpft an unser Ohr. Jetzt sind wir völlig im Einklang mit der Natur. Ganz und gar entspannt. Und das innerhalb weniger Minuten. Einfach sagenhaft, was man mit so einer kleinen gezielten Übung alles erreichen kann.

Entspannt führt uns die Tour zum Klinikgelände auf der **Katharinenhöhe** ❹, das wir aber rechts liegen lassen.

Beim Waldaustritt schweift unser Blick über die Häuser von Schönwald. Wir wandern hinab und biegen unten an der weitläufigen Himmelswiese nach rechts ab. Ein kurzer **Abstecher** führt zum traumhaft gelegenen **Reinerweiher** ❺, der sich als wahrer Kraft-

*Die **Katharinenhöhe** ist eine Rehabilitationsklinik für körperliche und psychische Krankheitsfolgen, die sich das Motto gegeben hat: »Wieder aufleben!«*

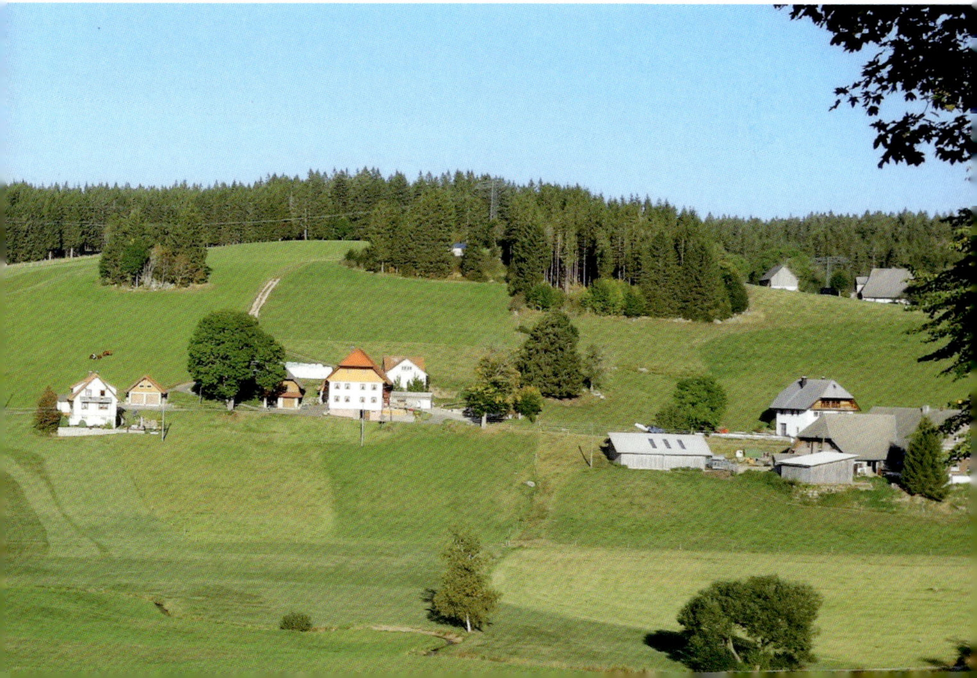

ort entpuppt. Danach folgen wir wieder dem breiten Weg und treffen erneut auf das Klinikgelände. Davor biegen wir jedoch links ab, gelangen zu einem Fahrweg und folgen der Markierung. Dann gehen wir links und überschreiten fast eben einen herrlichen Höhenrücken, von dem wir einen beidseitigen Ausblick auf den Mittleren und Südlichen Schwarzwald genießen dürfen. Den Platz hier nennt man übrigens »Neue Welt«.

Der Heilklima-Steig bringt uns nach **Escheck**, wo ein einladendes Gasthaus auf uns wartet: Die Wirtsleute des Höhengasthofs **Löwen Patisserie** **6** sorgen bestens für das leibliche Wohl der hungrig gewordenen Wanderer.

An dem Gasthof ist meist reger Verkehr, denn er liegt direkt an der Bundesstraße 500. Jenseits der viel befahrenen Verkehrsader achten wir wieder auf die Beschilderung und setzen unsere Wanderung in Richtung Südosten fort. Ein traumhaft schöner Wanderpfad führt uns entlang einer duftenden Wiese. Alsbald tauchen wir wieder in den Wald ein und queren ab dem **Hippen** drei schmale Fahrwege. Der weiche Waldboden wirkt wie Balsam unter unseren Sohlen. Eigentlich sollte man hier die Schuhe ausziehen, damit zu all den gesundheitlichen Wirkungen der Luft und des Heilklimas noch die des Barfußlaufens kommen. Der direkte Bodenkontakt stärkt, so sagt man, das Herz-Kreislauf-System, ebenso profitiere das gesamte Immunsystem davon – dieser Weg ist ein wahrer Gesundbrunnen!

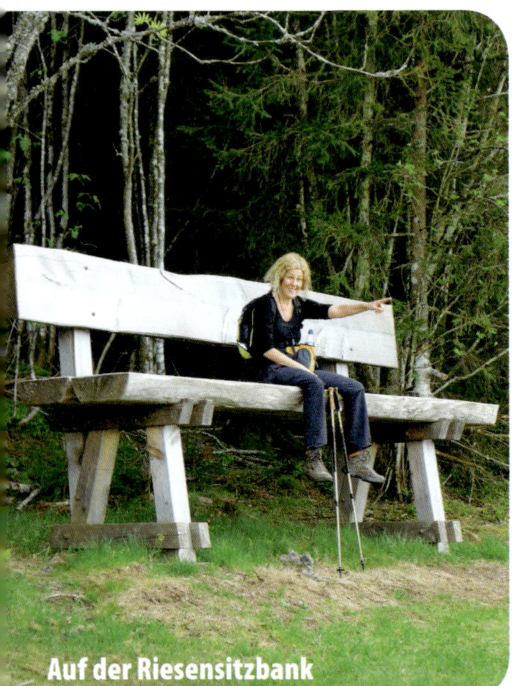
Auf der Riesensitzbank

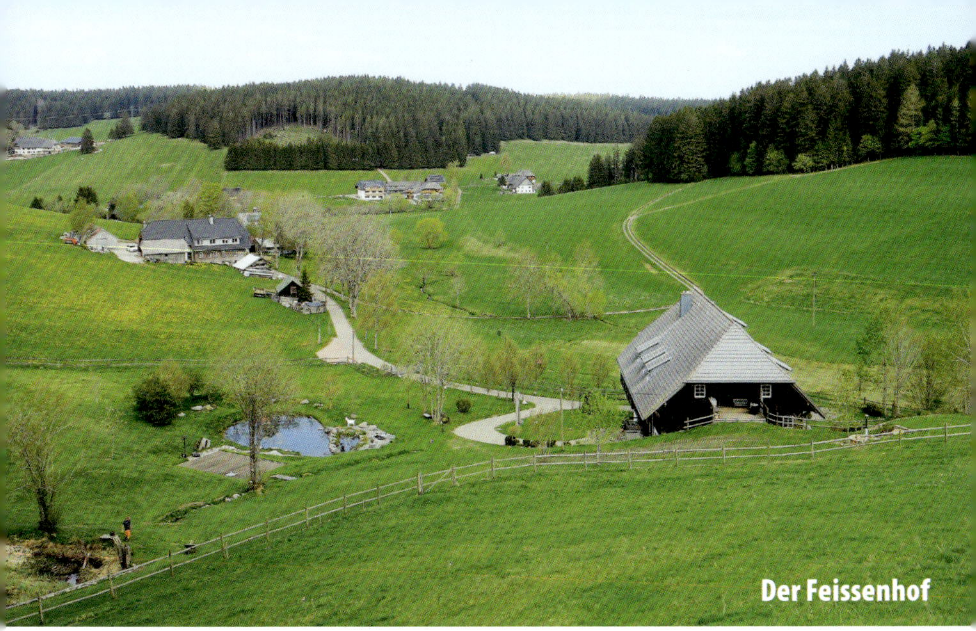

Der Feissenhof

Am Ende des Waldes passieren wir ein beinahe paradiesisches Anwesen und schreiten in das friedlich wirkende **Baslertal** ❼. Weiter wandeln wir auf dem Traumpfad, der uns zu einem Brunnen und zwei glasklaren Schwarzwaldbächen leitet.

Vor dem beeindruckenden **Feissenhof** ❽ steigt unser Weg nach links steil bergwärts und leitet über eine weiche Wiesenspur wieder zur B 500. Umsichtig setzen wir über die Fahrbahn und betreten den gegenüberliegenden Wald.

Die angenehme Kühle erfrischt an einem warmen Sommertag ungemein. Wir folgen einem Forstweg nach rechts und gelangen bald auf die aussichtsreiche **Ochsenhöhe** (1010 m) ❾. Von hier schweift unser Blick erneut auf das 2400-Seelen-Dorf Schönwald. Als wir links entlang des Waldrandes wandern, entdecken wir plötzlich eine Riesensitzbank, die mächtig den Weg ziert. Tolle Konstruktion. Natürlich zücken wir gleich unsere Kamera, das muss für die Ewigkeit festgehalten werden. Schon durch die Linse erkennen wir, wie klein wir im Vergleich zur Bank erscheinen. Eine spontane Erkenntnis ereilt uns: Wie klein ist doch der Mensch im Vergleich zur Natur!

Der Genießerpfad folgt nun dem sogenannten **Wirteweg**, den die Schönwälder Gastronomen schon vor mehr als 100 Jahren für ihre Gäste angelegt haben. Vor dem **Dobel-Skilift** biegen wir nach rechts ab und gehen auf einem Schotterweg talwärts, so lange, bis die Markierung links zur **Wassertretstelle** zeigt. Wer mag, kann hier kneippen und damit noch einmal etwas für sein Immunsystem tun. Kurz vor Ende unserer Tour kommen wir noch am **Naturfreibad Schönwald ⑩** vorbei. Dann gelangen wir direkt in die **Ludwig-van-Beethoven-Straße** und von dort durch den bezaubernden **Kurgarten** wieder zur Tourist-Info und zur Kirche.

Eine tolle Wanderung, schöne Aussichten, viel Entspannung und ein optimales Heilklima – besser kann man es fast nicht bekommen. Unser Immunsystem ist für die kommenden Tage bestens gestärkt!

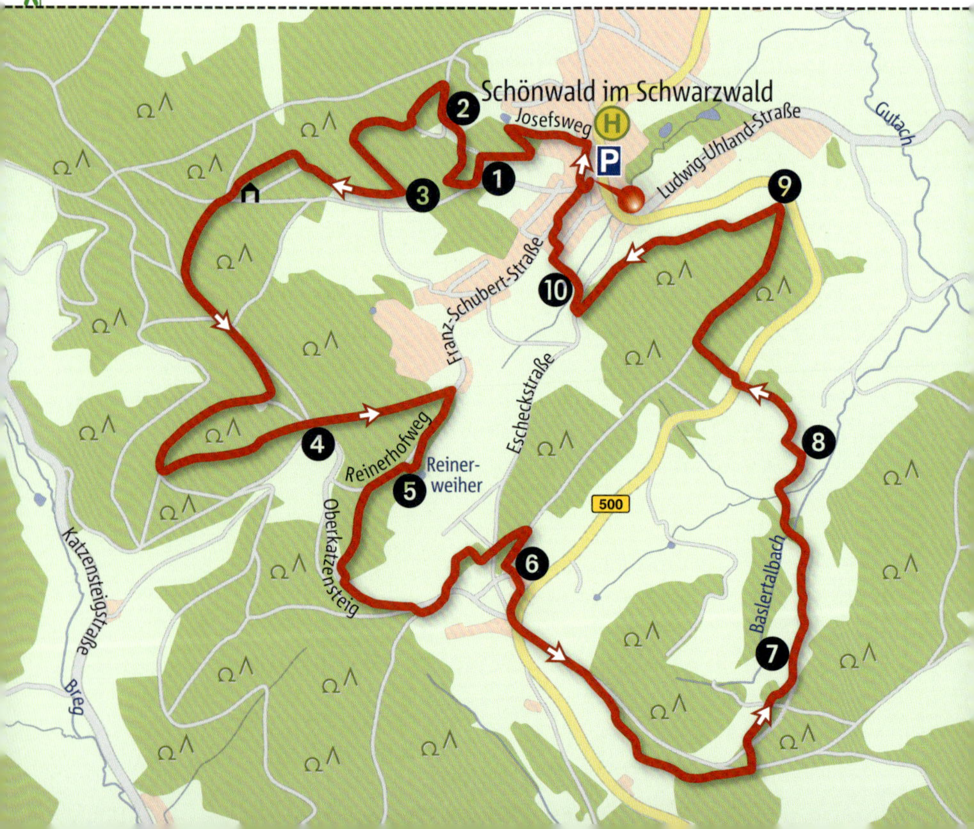

Alles auf einen Blick

Entspannung ✱✱✱✱✱
Genuss ✱✱✱✱
Romantik ✱✱✱✱

WIE & WANN:
Überwiegend weiche Waldpfade, Wiesenpfade; beste Zeit Mai bis Oktober

HIN & WEG:
Auto: Parkplatz an der Kirche Schönwald, 78141 Schönwald im Schwarzwald (mit Parkscheibe 5 Std. gebührenfrei; GPS: 48.101013, 8.200832)
ÖPNV: Ab Triberg Bf Bus 7268 oder 7270 bis Schönwald Ortsmitte

ESSEN & ENTSPANNEN:
Löwen Patisserie & Restaurant ❻ Furtwanger Straße 8, 78141 Schönwald im Schwarzwald, Tel. (0 77 22) 41 14, www.loewenpatisserie.com

ENTDECKEN & ERLEBEN:
Heilklima-Schaukel ❶
Adlerschanze ❷
Auf der Höh ❸
Katharinenhöhe ❹
Reinerweiher ❺
Baslertal ❼
Feissenhof ❽
Ochsenhöhe ❾
Naturfreibad Schönwald ❿ Ludwig-van-Beethoven-Straße 15, 78141 Schönwald im Schwarzwald, Tel. (01 73) 2 87 45 25

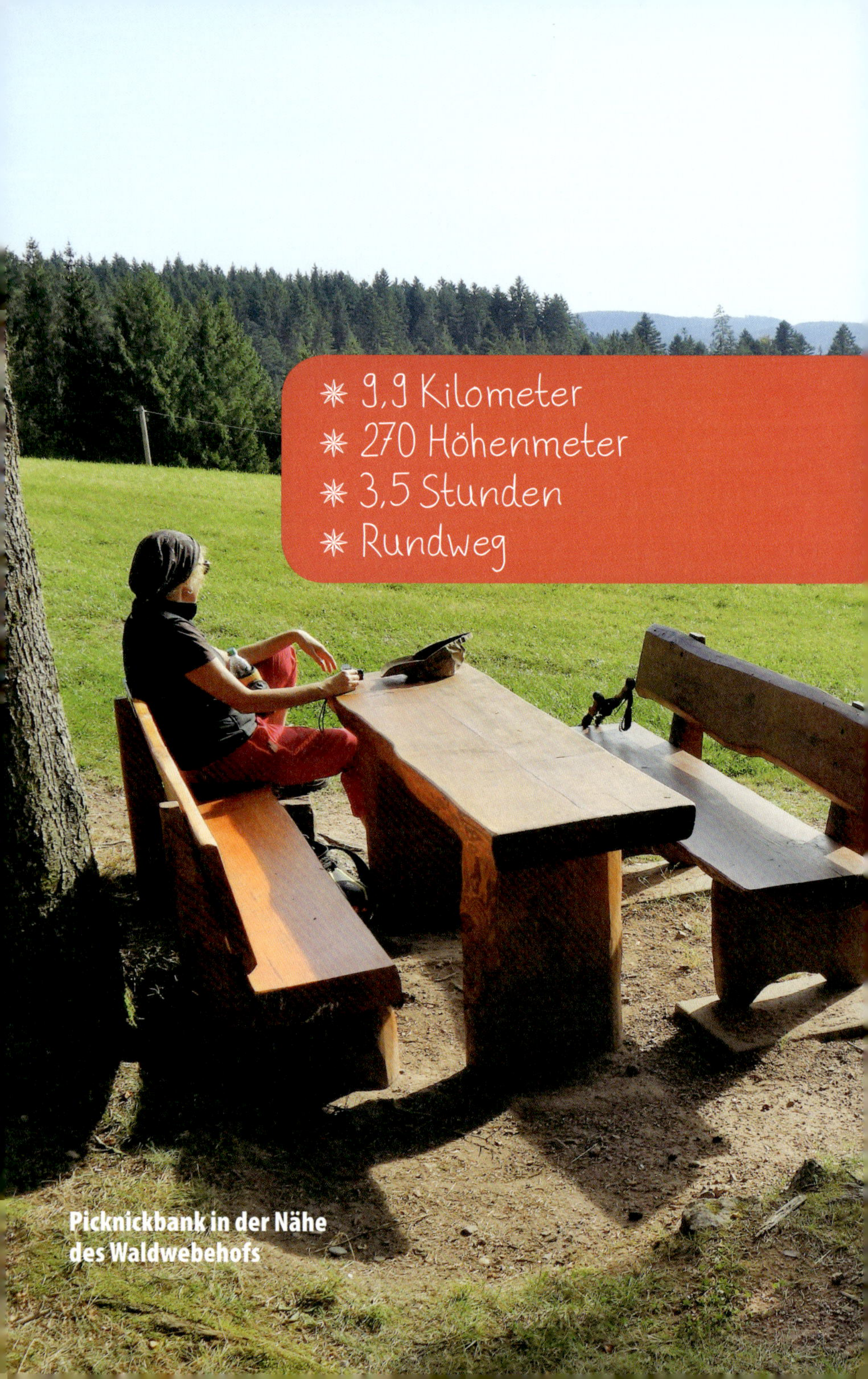

Picknickbank in der Nähe des Waldwebehofs

Schon die Anfahrt aus dem Kinzigtal versprüht einen Hauch von Abenteuer und verspricht eine aussichtsreiche Wanderung: Zwischen Wolfach und Schiltach biegen wir beim Bahnübergang von der B 294 ab und folgen auf einer 5 Kilometer langen Bergstrecke dem Sulzbächletal. Am Ortsrand von **St. Roman** beginnt unsere heutige Tour. Wir starten am großen Parkplatz, schnüren unsere Stiefel, schnappen die Rucksäcke, und los geht's zur Pilgerwanderung.

Meer aus Tannen

Pilgerwanderung zu St. Roman

Wir marschieren zunächst vorbei am **Naturparkhotel Adler** und gelangen gleich dahinter halb links in den **Hansjakobweg**, der mit einem **Schlapphut** als Symbol markiert ist (siehe Tour 13, Kasten S. 123). Nur kurze Zeit später verlassen wir auch schon das quirlige Bergdorf und wandern in einer scharfen Linkskehre einem rechts abzweigenden Wiesenpfad zu. Auf diesem queren wir einen Hang. Wir blicken hinüber zur Wallfahrtskirche St. Roman, deren Glockenklang uns sanft begleitet. Dann umgibt uns Wald. Auf dem herrlich weichen Untergrund ist entspanntes Laufen angesagt. Schon bleibt der Alltag weit hinter uns zurück, es stellt sich ein Gefühl der Leichtigkeit ein.

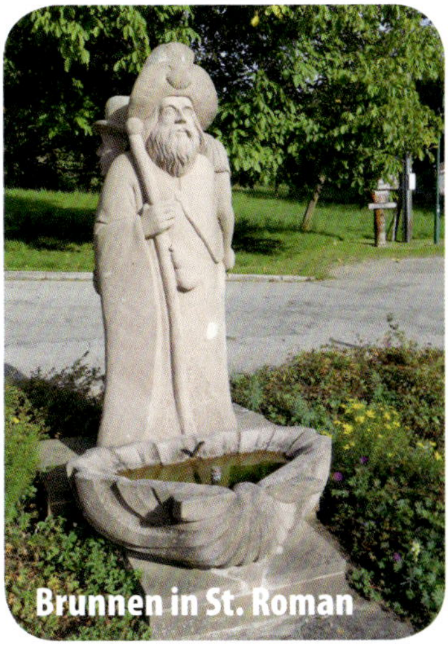

Brunnen in St. Roman

Als wir den Wald verlassen, öffnet sich vor uns ein breites Wiesenhochtal mit stattlichen Schwarzwald-Gehöften, die inmitten von Wiesen vor der Kulisse dunkelgrüner

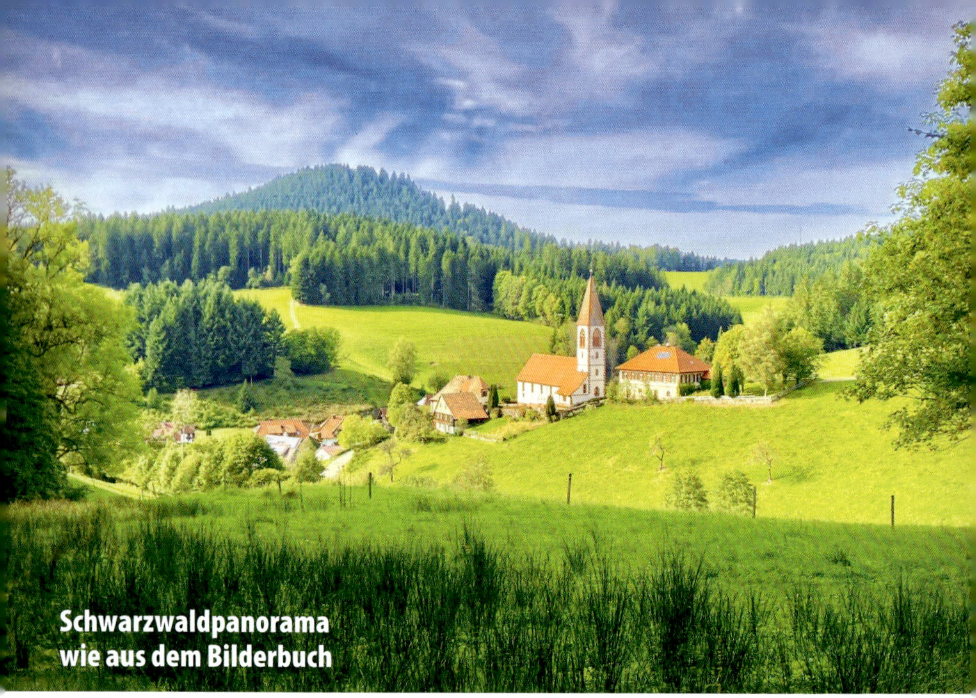

Schwarzwaldpanorama wie aus dem Bilderbuch

Wälder liegen. Ein paar Obstbäume zieren den Wegesrand und unterstreichen das ländliche Bild. Auf Höhe des **Klausenhansenhofs** stoßen wir auf einen Fahrweg. Wir biegen links ab und gelangen so hinauf zur **Jehlebasche Höhe**. Hier bleiben wir auf dem festen Fahrweg, der nach rechts weiterführt. Entlang des Waldrandes und vorbei an der Jehlebasche gehen wir hinauf bis zur **St. Romaner Höhe** (725 m) **1**. Unser Blick schweift weit über die saftig grünen Wiesen des bezaubernden Hochtals. Beinahe eben laufen wir über einen Sattel zum **Kohlplatz** hinüber und entdecken links den **Waldlehmehof**. Hier ergattern wir beidseitig eine spitzenklassige Aussicht. Der **Klausenwaldweg**, der mittlerweile mit einer **blauen Raute** markiert ist, leitet uns permanent bergwärts. Unser Geruchssinn meldet harzigen Tannenduft, den wir tief einatmen. Als wir den Wegetreff **Vorder Hals** erreichen, weist uns kurzzeitig die **Jakobsmuschel** die Richtung. Wir überschreiten halb links eine bewaldete Kuppe und wenden uns nach ein paar Minuten beim **Abzweig Hinter Hals** rechts einem Forstweg zu. Dieser schlängelt sich, nun mit der **gelben Raute** markiert, durch den Bergwald hinab bis zu einem Abzweig. Dort gehen wir rechts zum **Blaulochweg**. Unzählige Heidelbeerbüsche wachsen im farn- und moosübersäten Wald. Egal wohin wir auch schauen, ein Meer aus Tannen liegt vor uns, wenn wir in Richtung des Hinterheu-

Für die Seele

Der Jakobusweg und der Hansjakobweg führen uns auf den Spuren der Pilger, schenken uns innere Einkehr und zeigen uns die Schönheit der Schöpfung.

bachtals blicken. Unter uns erkennen wir den Eichberghof. Dann treffen wir auf einen Querweg und gehen am **Abrahamsbühl** für 50 Meter nach rechts. Halb links biegen wir anschließend auf den **Hansjakobweg** ab, der als Schotterweg durch den Forst führt. Bald schreiten wir über eine Lichtung talwärts und gelan-

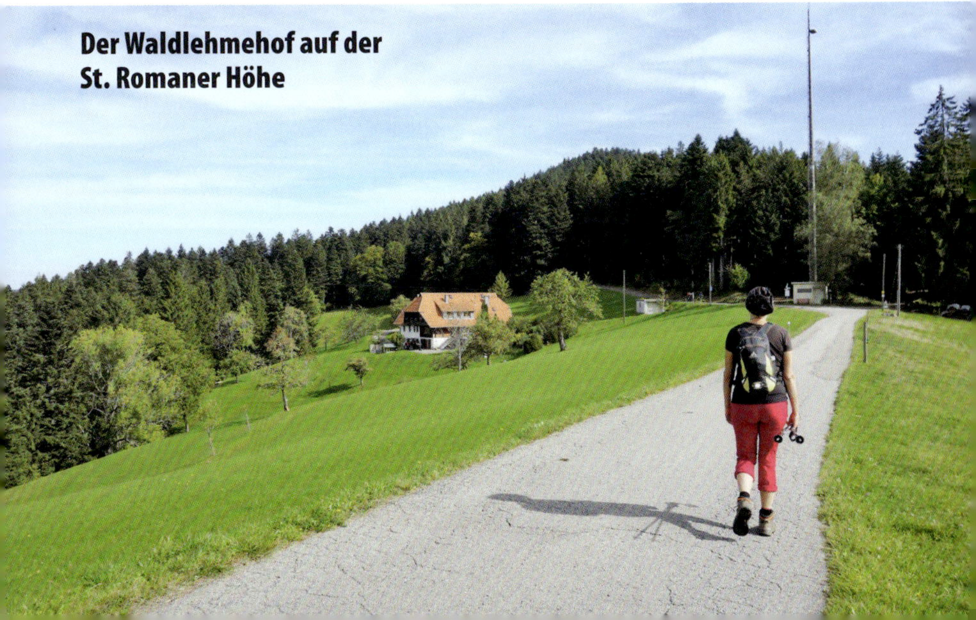

Der Waldlehmehof auf der St. Romaner Höhe

gen hinab zum **Trillengrund**. Dort folgen wir der **gelben Raute** und biegen rechts ab. Links neben uns plätschert quirlig und putzmunter das Trillenbächle. Sein beruhigendes Rauschen begleitet uns nun ein längeres Stück unseres Weges. Abermals säumen Heidelbeeren unseren Weg, nur schade, dass gerade keine Erntezeit ist.

Im Anstieg achten wir auf einen Linksabzweig, der zur Lichtung des **Äckerhofs** ❷ führt. Genial, die Hofbesitzer bieten eine besondere Übernachtungsmöglichkeit an: ein sogenanntes Podhaus. Es sieht fast aus wie ein halbes Weinfass und bietet Platz für zwei Personen – ideal für Paare.

Wir gehen rechts weiter, und schon circa fünf Minuten später können wir einen lohnenden Abstecher ins **Tipi-Dorf** unternehmen. Das Gelände gehört ebenfalls zum Äckerhof, auch Bleichgesichter dürfen hier campen. Vier große Tipis für maximal 25 Personen stehen zur Verfügung. Mal was anderes.

Landwirtschaftliches Anwesen unterhalb der St. Romaner Höhe

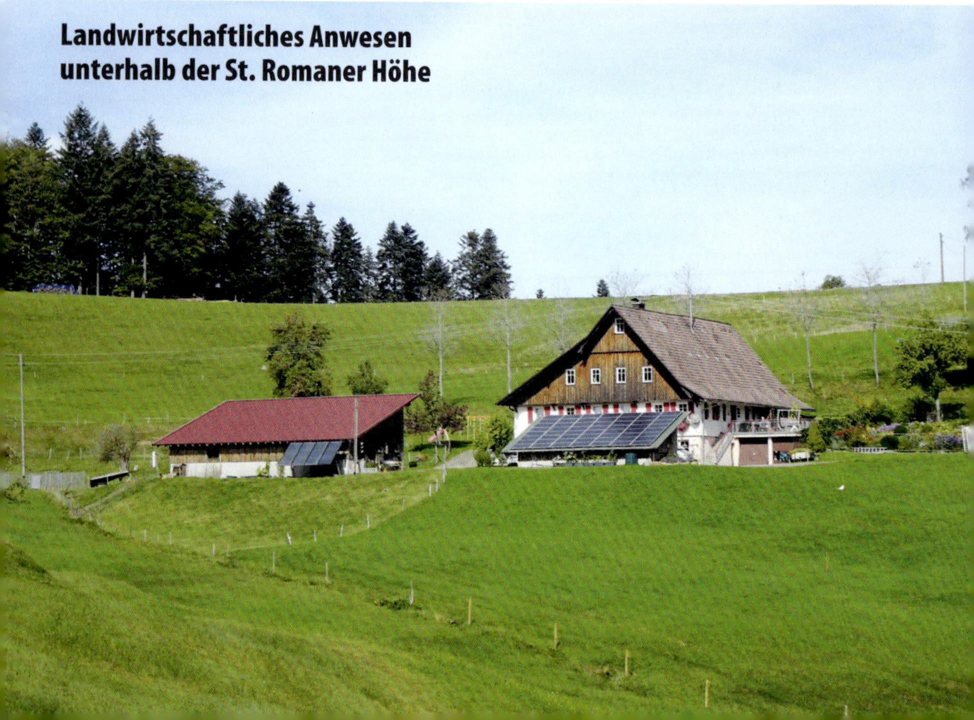

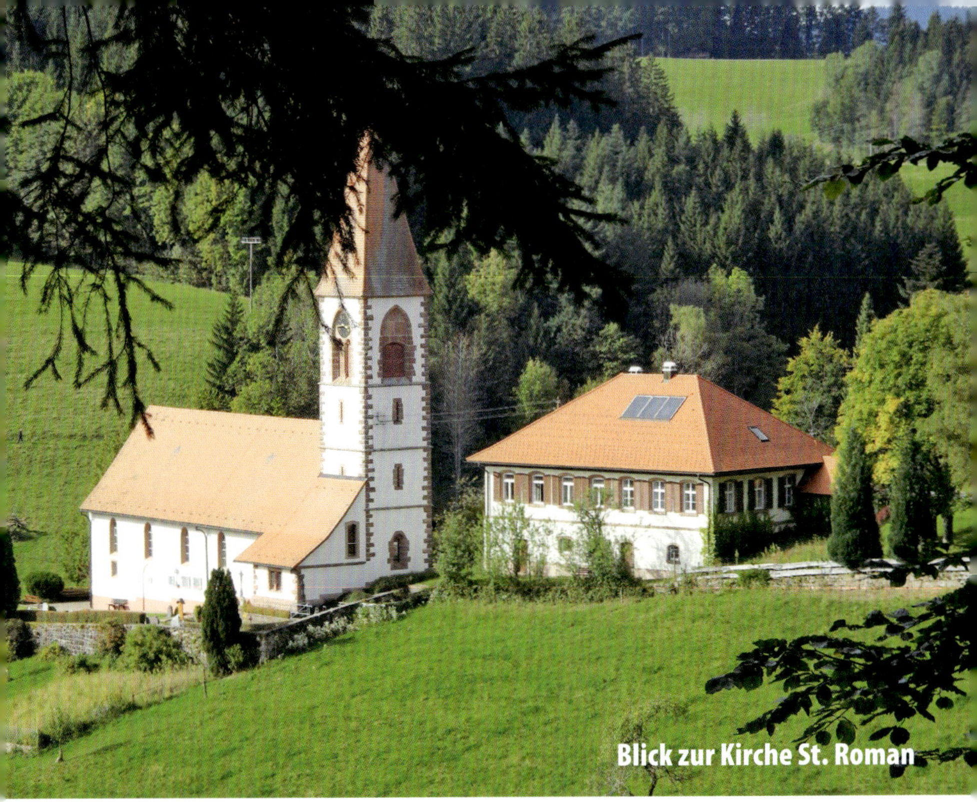

Blick zur Kirche St. Roman

Zurück auf unserem ursprünglichen Weg, folgen wir dem festen Waldweg zur Kreuzung **Heidenäckerle** und gehen halb rechts weiter. Nach dem **Waldweberhof** können wir auf einer traumhaften Lichtung eine ausgiebige Vesperpause einlegen. Wir genießen das süße Nichtstun und den Ausblick über das Sulzbächletal und über den Mittleren Schwarzwald. Über eine frisch gemähte Wiese schweift der Blick zu den dunkelgrünen Waldbergen, die sich am fernen Horizont im Blau des Himmels verlieren. Am liebsten würden wir hierbleiben, an diesem Wohlfühlort.

Im weiteren Wegverlauf erkennen wir bereits durch den lichten Baumbestand die **Wallfahrtskirche zu St. Roman ❸**, die wir bald nach dem Austritt aus dem Wald erreichen.

Wir lassen es uns nicht nehmen und schauen die schlichte Kirche an. Besinnlich und in uns gekehrt verlassen wir den heiligen Ort. Auf dem restlichen Weg

*Der Patron der **Wallfahrtskirche zu St. Roman** soll nach der Überlieferung heiratswilligen Damen helfen, den passenden Mann zu finden. Deshalb erschien zum Patroziniumstag, dem 9. August, traditionell besonders die Weiblichkeit in dem schönen Bergdorf.*

Panoramatour 5

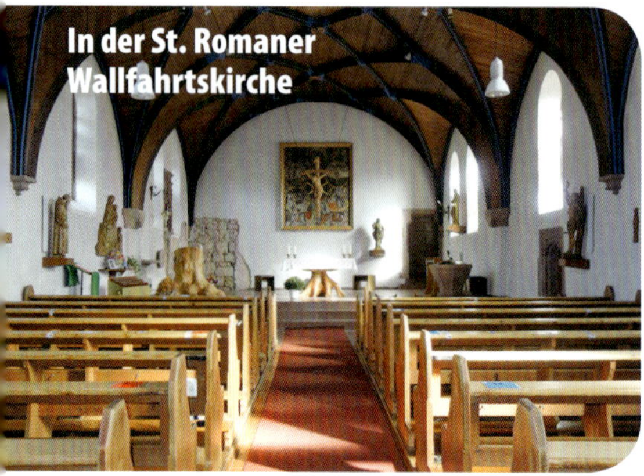

In der St. Romaner Wallfahrtskirche

praktizieren wir eine Achtsamkeitsübung, das stille Gehen. So schreiten wir hinunter ins Dorf zu einem Brunnen aus Sandstein. Wer Appetit auf eine gediegene Mahlzeit aus der gehobenen Küche hat, kann im Restaurant des **Naturparkhotels Adler** ❹ einkehren. Forellen- und Wildgerichte aus der Region, aber auch die Schwarzwälder Kirschtorte stehen auf der Speisekarte. Gleich dahinter haben wir unseren Ausgangspunkt erreicht. Wieder einmal ist ein schöner Wandertag wie im Flug vergangen.

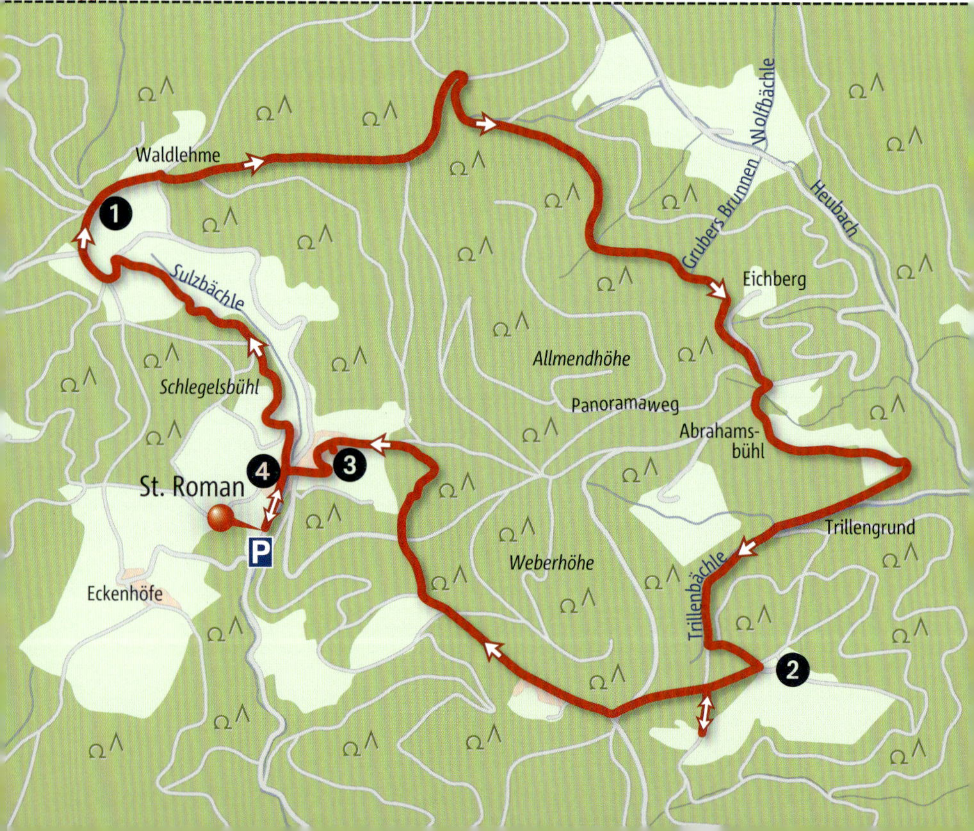

Alles auf einen Blick

WIE & WANN:
Forstwege und asphaltierte Wege, durchgehend gut begehbar; beste Zeit April bis November

Entspannung ✱✱✱✱✱
Genuss ✱✱✱✱✱
Romantik ✱✱✱✱✱

HIN & WEG:
Auto: Parkplatz am Ortsrand von St. Roman, 77709 Wolfach (GPS: 48.329249, 8.290335)
ÖPNV: Keine direkte Anbindung

ESSEN & ENTSPANNEN:
Naturparkhotel Adler ❹ St. Roman 14, 77709 Wolfach-St. Roman, Tel. (0 78 36) 9 37 80, www.naturparkhotel-adler.de
Zusätzlich Rucksackverpflegung empfehlenswert

ENTDECKEN & ERLEBEN:
St. Romaner Höhe ❶
Äckerhof ❷ St. Roman 28, 77709 Wolfach, Tel. (0 78 36) 20 21, www.aeckerhof.de
Wallfahrtskirche zu St. Roman ❸

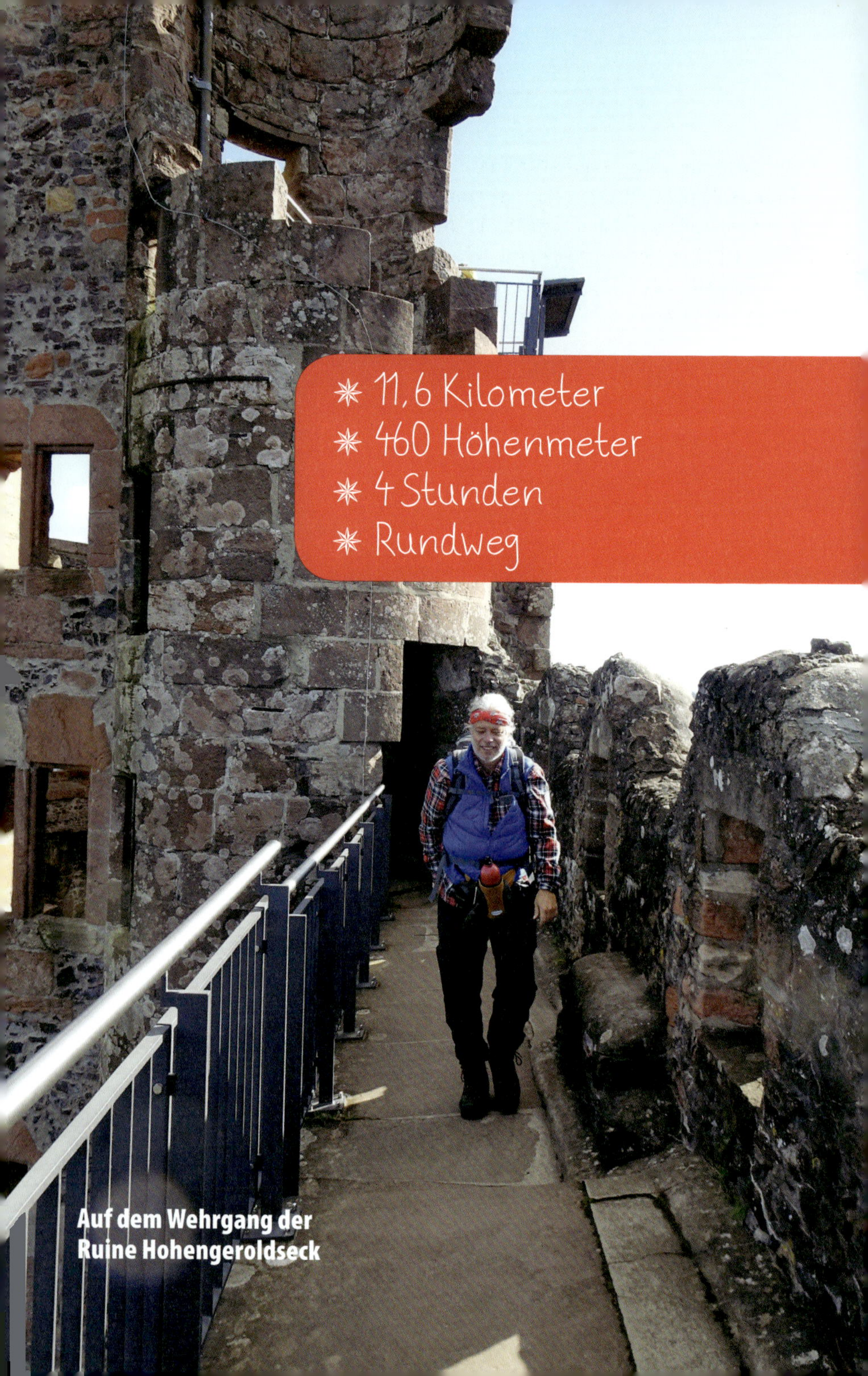

* 11,6 Kilometer
* 460 Höhenmeter
* 4 Stunden
* Rundweg

Auf dem Wehrgang der Ruine Hohengeroldseck

Auf unserem Wanderprogramm steht heute die Burgruine Hohengeroldseck. Als Wahrzeichen der Region thront sie herrschaftlich auf dem Seelbacher Schönberg, zwischen dem Kinzig- und dem Schuttertal.

Wir stellen unser Auto direkt neben der Kinzig auf dem Parkplatz an der Abfahrt Biberach der Bundes-

Vogesenblick

Zur Burgruine Hohengeroldseck

straße 33 ab. Von dort aus gehen wir auf dem Uferweg für ein paar Meter flussaufwärts, kreuzen bei der Kinzigbrücke die **Hauptstraße** nach Biberach und unterqueren anschließend die Bundesstraße. Bald erreichen wir eine **ehemalige Ziegelhütte** ❶ und wandern vor dem Anwesen links. Der Weg ist mit der **gelben Raute** markiert und bringt uns zum **Bruder-Konrad-Brunnen**. Ein schmaler Bergpfad nimmt uns auf und leitet in Kehren zur 1935 geweihten **Bruder-Konrad-Kapelle** ❷. Hier erhaschen wir einen wunderschönen Panoramablick ins Kinzigtal. Wir bleiben für einige Minuten stehen und beobachten die Sonnenstrahlen, die sich facettenreich auf der Wasseroberfläche des Flusses spiegeln.

Nach dem Besuch der Kapelle wandern wir auf einem bewaldeten Kamm weiter bergwärts zu einer großen Kreuzung. Ein ausgewaschener Hohlweg führt hinauf zu einer sonnendurchfluteten Streuobstwiese. Zwei Rastbänke laden zu einer kleinen Verschnaufpause ein.

Weiter steigt unser Weg an, und so langsam wird es uns warm. Überall auf dem Boden liegen Kastanien

Auf dem ersten Teil der Tour befinden wir uns im Bergbaurevier »Enge«. Eine Blei-Zink-Formation zieht sich von der ehemaligen Bergstadt Prinzbach bis zur Kinzigbrücke bei Biberach. Abgebaut wurde bis Anfang des 19. Jahrhunderts.

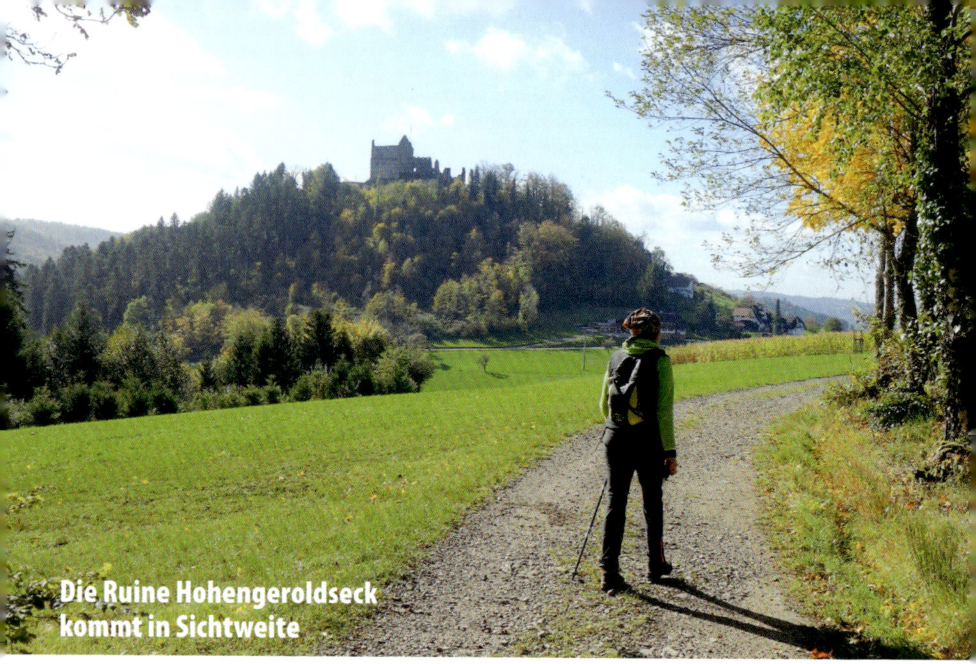

Die Ruine Hohengeroldseck kommt in Sichtweite

verstreut und zeugen davon, dass der Herbst Einzug hält. Das Laub der Bäume zeigt vielfach schon leuchtende Farben – ein stimmungsvolles Bild. Der naturbelassene Weg ist breit und leitet über welliges Terrain und durch zwei kleine Senken. Dann bringt uns ein Forstweg im leichten Rechtsbogen weiter durch den lichten Wald. Abermals dürfen wir eine schöne Aussicht genießen. Wo sich der Weg gabelt, wandern wir links und dann gleich wieder rechts und kommen so zum **Sturmbühl** (446 m) ❸. Der Duft von frisch geschlagenem Holz erinnert uns an unbeschwerte, gemütliche Winterabende vor dem Kamin.

Einige Minuten später marschieren wir links aus dem Forst und gehen entlang einer Saatschule. Bald schon taucht sie auf: Wir erkennen auf der Anhöhe vor uns die mächtige Burgruine Hohengeroldseck. Das alte Gemäuer zieht unsere Blicke beinahe magisch an. Immer wieder zücken wir den Fotoapparat, um es aus immer wieder neuen Perspektiven festzuhalten.

Zwischen Wiesen und Feldern passieren wir das **evangelische Jugendfreizeitheim** und gehen auf dem Wegsattel nach links in Richtung der Ruine. Uns bietet sich ein großartiger Ausblick: links ins Kinzigtal, rechts übers Rheintal nach Frankreich bis zu den Vogesen. Die Straße **Raukasten** leitet hinüber zu den Häusern von **Geroldseck**. Halb links vorbei an hübschen Anwesen wandern wir empor. Auf einem breiten Weg bewältigen wir den schweißtreibenden Anstieg zur

Für die Seele

Nicht nur Kinder begeistern sich in den malerischen Gemäuern von Hohengeroldseck und auf dem Burgpfad für die Zeit der alten Ritter.

Ruine Hohengeroldseck (520 m) ❹. Schon beim Durchschreiten des Haupttors fühlen wir uns ins Mittelalter zurückversetzt. Dank umfangreicher Sanierungsarbeiten ist die Ruine sehr gut zu erkunden. Wir steigen über eine Wendeltreppe zum Wehrgang hinauf. Wahnsinn, welch ein gigantischer Rundumblick ins

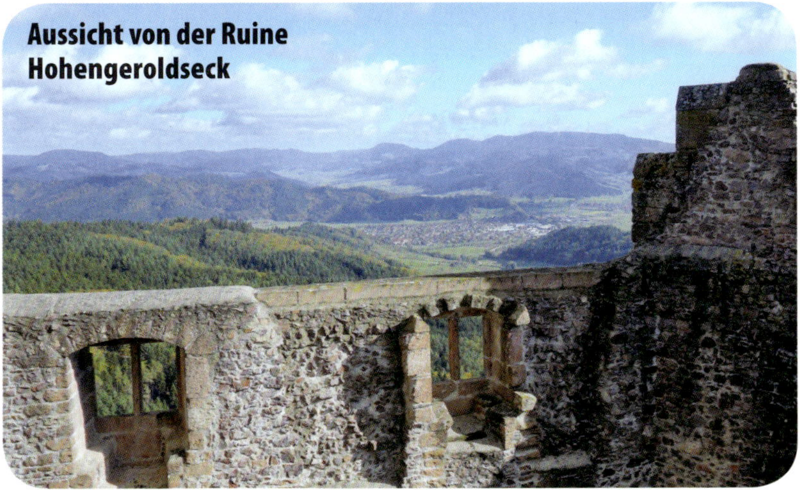
Aussicht von der Ruine Hohengeroldseck

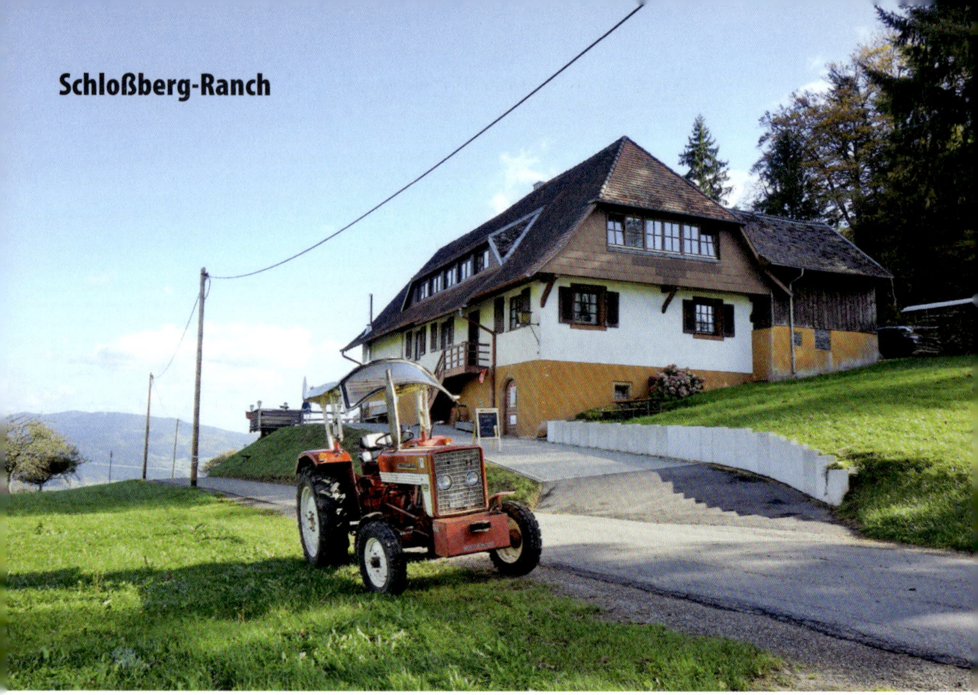

Schloßberg-Ranch

Kinzigtal, Harmersbachertal, Schuttertal und Rheintal sich uns erschließt! Einfach grandios.

Dann beschäftigt uns die Geschichte der Burg, über die uns verschiedene Infotafeln erzählen. Nach eingehender Besichtigung und viel Input an Wissenswertem wandern wir kurz vor dem Torbogen am Haupteingang scharf rechts den **Burgpfad** hinab. Dieser führt in Serpentinen vorbei an mehreren Skulpturen und Schnitzereien zum Thema Burg und Ritter. Der Burgpfad ist ideal für Familien mit Kindern, die mit Sicherheit ihren Spaß dran haben, wenn man sie als Hofnarr fotografiert. Doch auch wir Erwachsenen schwelgen während dieses Wegstücks gedanklich in der Ritterzeit.

Dann stehen wir vor zwei Himmelsliegen, und unter uns breitet sich das Kinzigtal aus. Hier verweilen wir eine ganze Zeit lang und genießen die Ruhepause, bevor wir auf einer kleinen Straße links hinauf zur **Schloßberg-Ranch** (5) wandern. Wer möchte, kann hier einen leckeren hausgemachten Kuchen genießen. Sehr empfehlenswert ist der Datschkuchen.

Die Herren von Geroldseck, urkundlich 1139 in der Ortenau erstmals erwähnt, besaßen Vogteirechte über die Klöster Schuttern und Ettenheimmünster und profitierten wohl auch vom Bergbau in der Region. Walter I. von Geroldseck erbaute 1250 bis 1260 die Burg Hohengeroldseck.

Zurück am **Geroldseck**, schreiten wir wieder in Richtung **Jugendfreizeitheim**, gehen dort aber geradeaus zur **Gabelung Eckwald** und bleiben weiter auf dem festen Weg. Ein letztes Mal blicken wir zur Ruine zurück, bevor wir über eine Freifläche mit Panorama bis zu den Vogesen Richtung Höflewald laufen. Halb rechts geht's in den Wald zu einem **Saatschulrundweg**, den wir aber am ersten Abzweig rechts verlassen. Beim zweiten Abzweig orientieren wir uns links. Der **Obere Höfleweg** führt talwärts, die Waldesruhe tut unserer Seele wohl. Wir durchqueren einen Taleinschnitt, den **Gehrdobel**, und bald bezaubert uns der Blick ins friedliche Erzbachtal. Wie im Bilderbuch liegt es vor uns, fasziniert folgen wir dem Panoramaweg hinunter zum **Erzbacher Ponyhof**, zu dem ein **Landgasthaus** 6 gehört. Dort überqueren wir den Erzbach. Vorbei an hübschen Bauernhöfen geht unsere Wanderung weiter zum Wegweiser **Steinberg**. Von dort aus wandern wir vollends hinab ins Kinzigtal zum **Erzbach-Bildstöckle**

Der Datschkuchen ist ein mit Rahm, Speck und Zwiebeln belegter Teigfladen. Er wird liebevoll auch als »Schwarzwald-Pizza« oder »badische Pizza« bezeichnet.

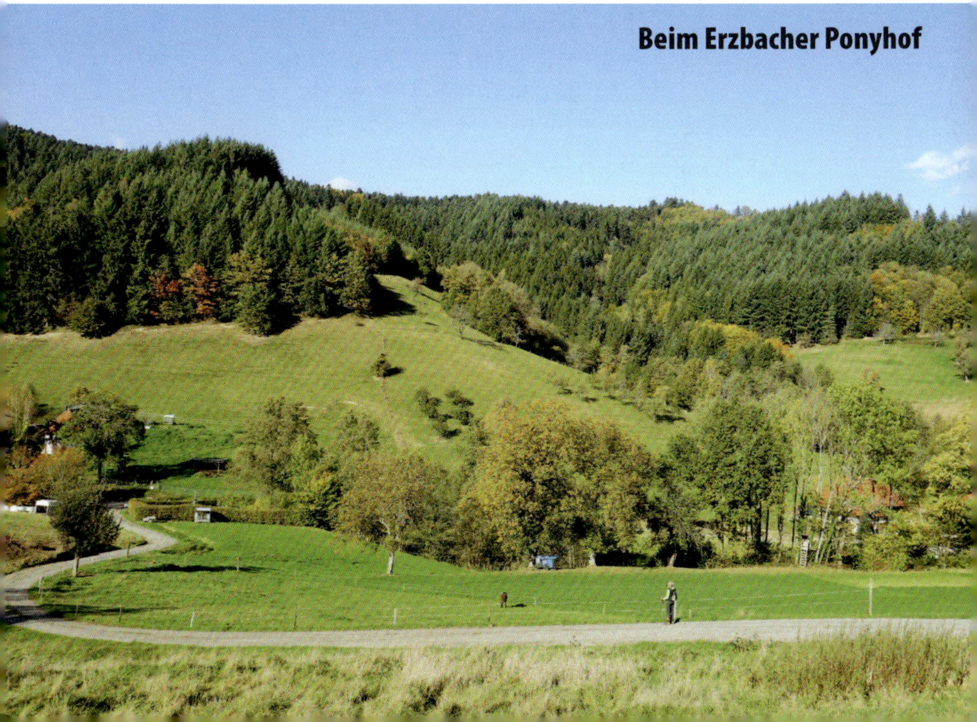

Beim Erzbacher Ponyhof

und dem **Gasthof Linde 7**, bei dem eine gemütliche Abschlusseinkehr möglich ist. Hier befindet sich auch die Bushaltestelle, bei der alle, die mit öffentlichen Verkehrsmitteln angereist sind, in die Tour einsteigen.

Nach ausgiebiger Rast und mit neuer Power machen wir uns auf die letzten paar Meter. Neben der alten Talstraße geht's rechts, und dann kommt auch schon die ehemalige Ziegelhütte in unser Blickfeld. Von dort gehen wir zurück zu unserem Parkplatz.

Am Ende des Tages sind wir voll zufrieden mit unserer Tour. Es ist wirklich für jeden Geschmack etwas dabei gewesen: ein Brunnen, eine Kapelle, sportliche Herausforderung, eine alte Burgruine, sehr viel Geschichtliches, ein Burgpfad für Familien, herrliche Waldesruhe, beschauliche Landidylle – und vor allem faszinierende Panoramablicke.

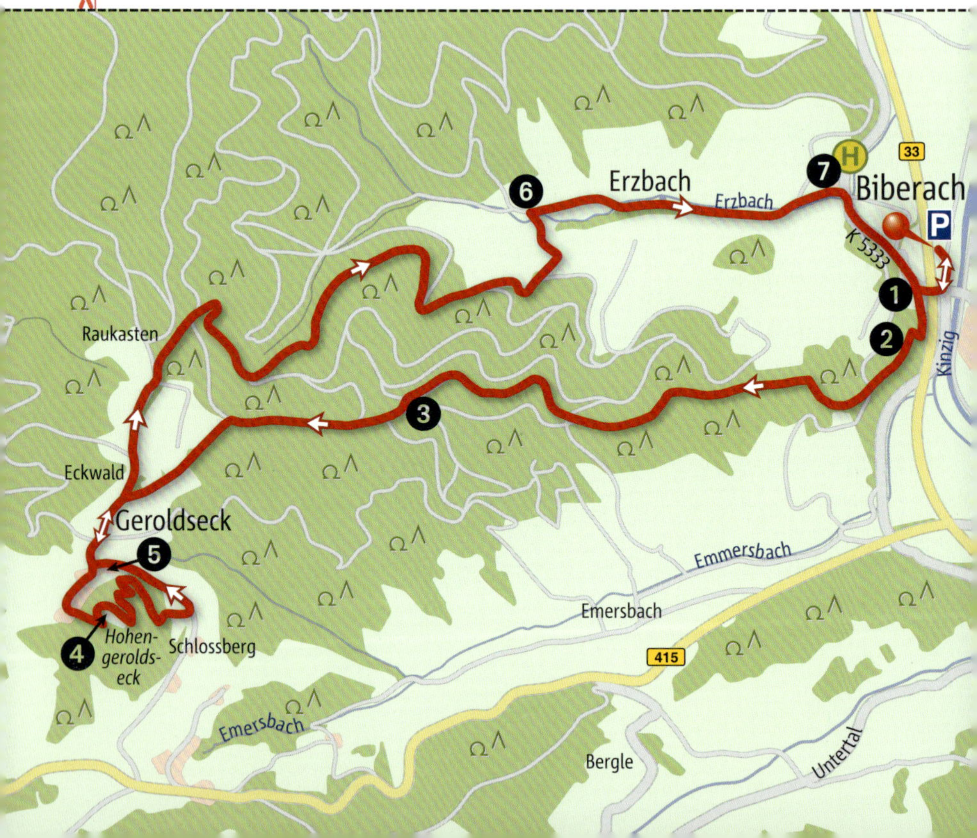

Alles auf einen Blick

WIE & WANN:
An- und Abstieg schattig; auf dem Sattel zur Ruine eher flache Strecke; beste Zeit Ende März bis Mitte November

Entspannung ★★★★☆
Genuss ★★★★☆
Romantik ★★★★★

HIN & WEG:
Auto: Parkplatz an der Abfahrt Biberach der B 33, 77781 Biberach (GPS: 48.344417, 8.020826)
ÖPNV: Von Offenburg Bf/ZOB oder Biberach (Baden) Bf Bus 7160 bis Biberach (Baden) Linde; Einstieg in die Tour beim Gasthof Linde

ESSEN & ENTSPANNEN:
Schloßberg-Ranch ❺ Schloßberg 4, 77960 Seelbach, Tel. (01 60) 97 67 12 27
Landgasthaus Ponyhof ❻ Erzbach 6, 77781 Biberach, Tel. (0 78 35) 72 89
Gasthof Linde ❼ Erzbach 11, 77781 Biberach, Tel. (0 78 35) 33 33, www.linde-biberach.de

ENTDECKEN & ERLEBEN:
Ehemalige Ziegelhütte ❶
Bruder-Konrad-Kapelle ❷
Sturmbühl ❸
Ruine Hohengeroldseck ❹

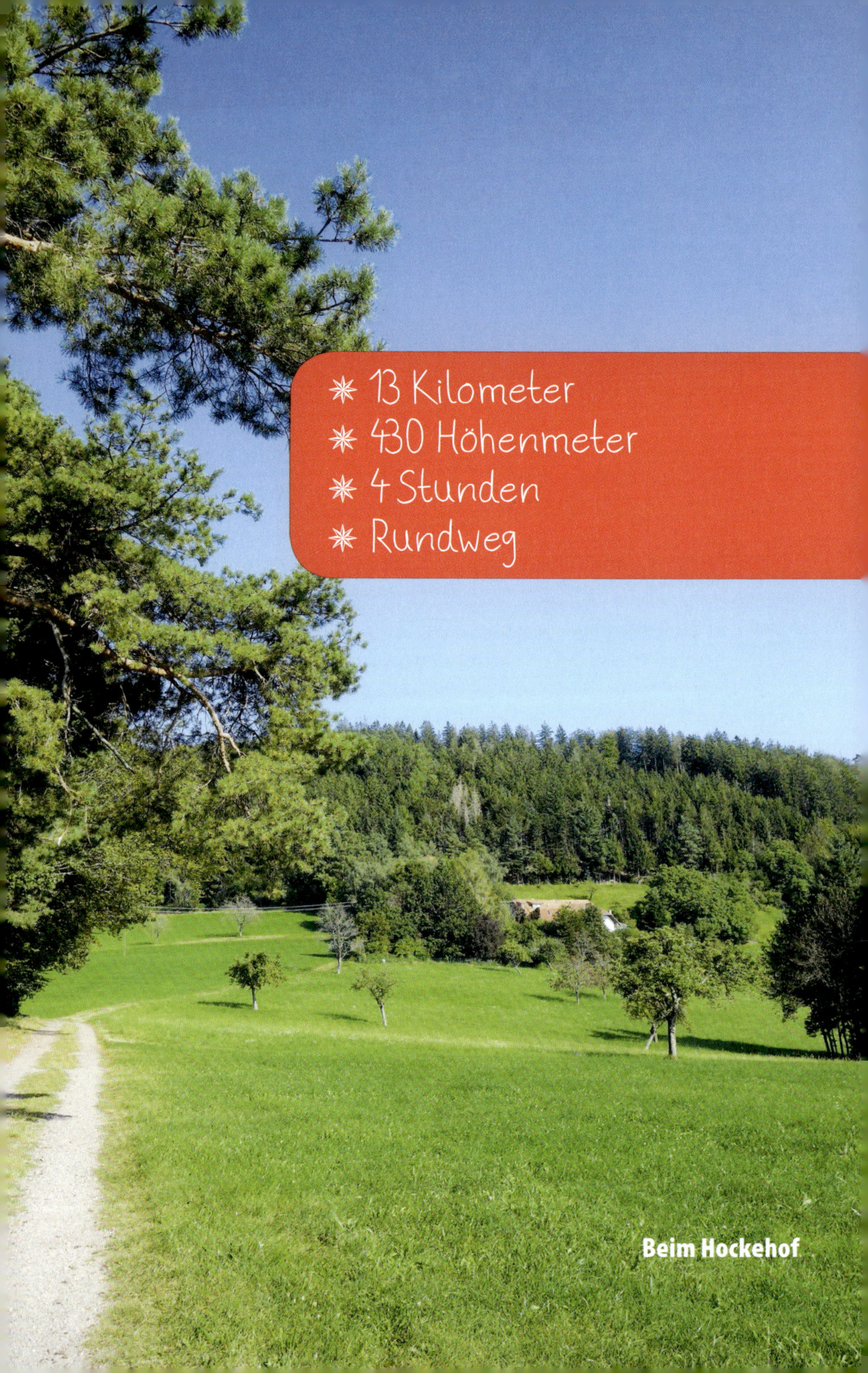

Beim Hockehof

Bereits die Anfahrt zu unserem heutigen Ausgangspunkt über die Niedertalstraße hinterlässt einen starken Eindruck: Die Straße schlängelt sich durch das Tal, altehrwürdige Bauernhäuser huschen an uns vorbei, Kühe grasen auf Weiden.

Hünersedel-Tour

Im Schwarzwälder HüttenWinkel

Nachdem wir unser Auto am **Wanderparkplatz Freiamt-Brettental** abgestellt haben, marschieren wir voller Vorfreude in den Ort und gehen am **Hotel Ludinmühle** sowie an einer Weinschänke vorbei. Die Beschilderung der **Hünersedel-Tour** und die **gelbe Raute** weisen uns den Weg. Am Ortsende biegen wir am Haus **Dorfschmiede** rechts ab. Schnell gewinnen wir an Höhe, und mit jedem neuen Schritt zeigt das Tal sich von immer wieder neuen Seiten. Unser Blick schweift über die umliegenden Wiesenhänge, auf denen Kühe weiden – offensichtlich glückliche Kühe. Es ist fast wie im Heimatfilm, nur noch schöner und echter …

Als »Schwarzwälder HüttenWinkel« bezeichnen sich einige Gemeinden im Elz- und Simonswälder Tal: Biederbach, Gutach im Breisgau, Freiamt, Simonswald, Winden im Elztal und Elzach. Der Name steht für urige Einkehrmöglichkeiten mit regionalen Spezialitäten.

In mehreren Kehren windet sich der Weg den Hang hinauf zum Wald. Rechter Hand erkennen wir auf dem Berg den Hünersedelturm, dorthin soll unsere Wanderung heute führen. Beim Wegweiser **Über der Dorfschmiede** biegen wir scharf rechts ab.

Wir gelangen in den Wald, die Steigung lässt nach. Bald führt ein Weg rechter Hand aus dem Forst, und wir gehen vorbei an einer **Himmelsliege** entlang des Waldrands zum **Sattel Schönwasen** ❶. Beidseitig bietet

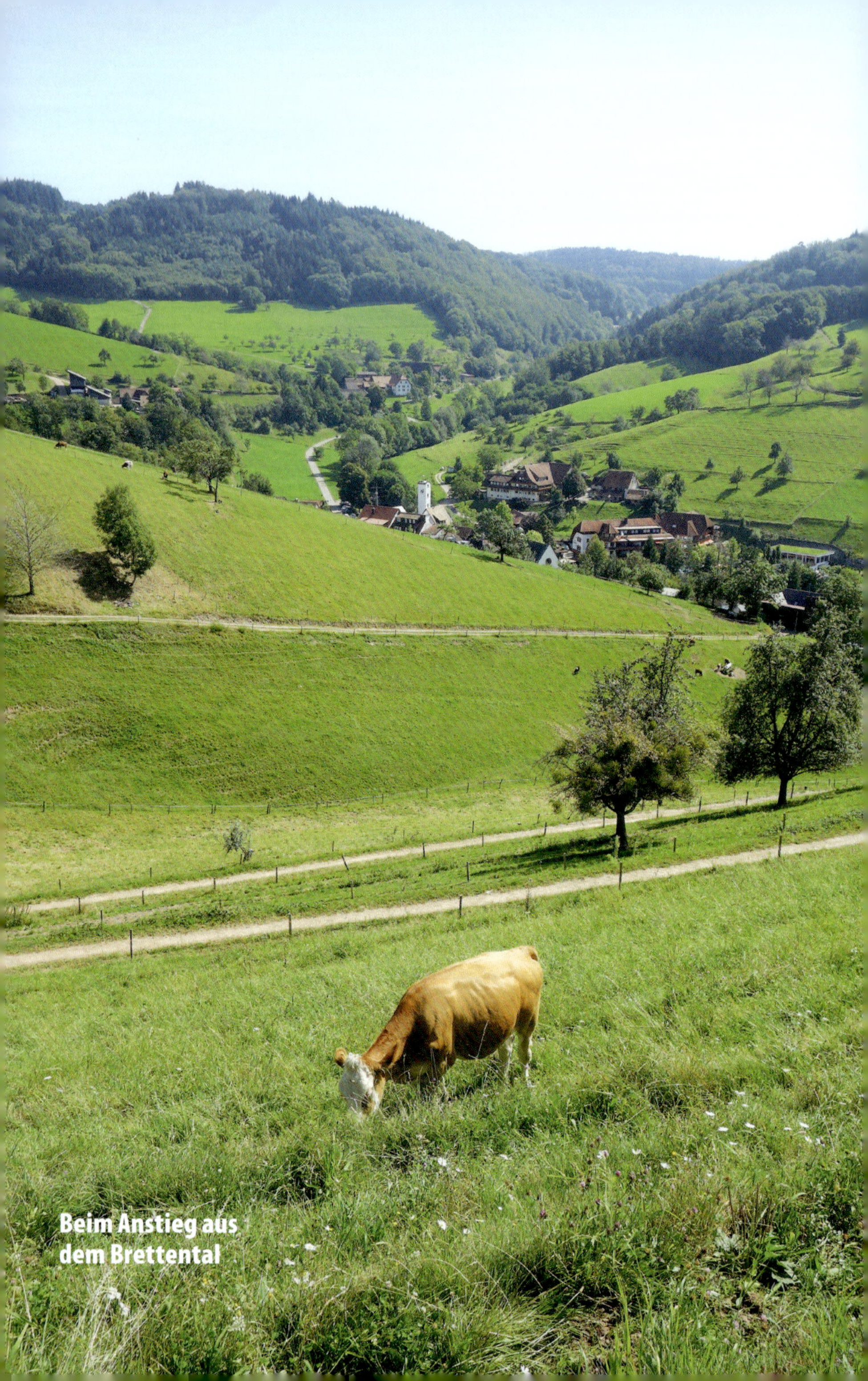

Beim Anstieg aus dem Brettental

sich eine so schöne Aussicht tief hinunter ins Tal, dass eine längere Genusspause einfach Pflicht ist.

Vor uns liegt eine Weggabel, bei der wir rechts in den Wald gehen. Unsere Markierung wechselt jetzt: Statt der gelben leitet uns eine **blaue Raute**. Dieser folgend, schreiten wir durch einen wunderschönen

Für die Seele

Wir fühlen uns frei wie die Vögel, während wir auf dem Hünersedelturm stehen und weit über den endlos erscheinenden Schwarzwald blicken.

Buchenwald und gelangen zu einem Steinbruch. Beim Waldaustritt schweift unser Blick über die satten, grünen Wiesen zu den weit verteilten Bauernhöfen. Wir entdecken vor uns wieder den Hünersedelturm, jetzt schon deutlich näher als vorher.

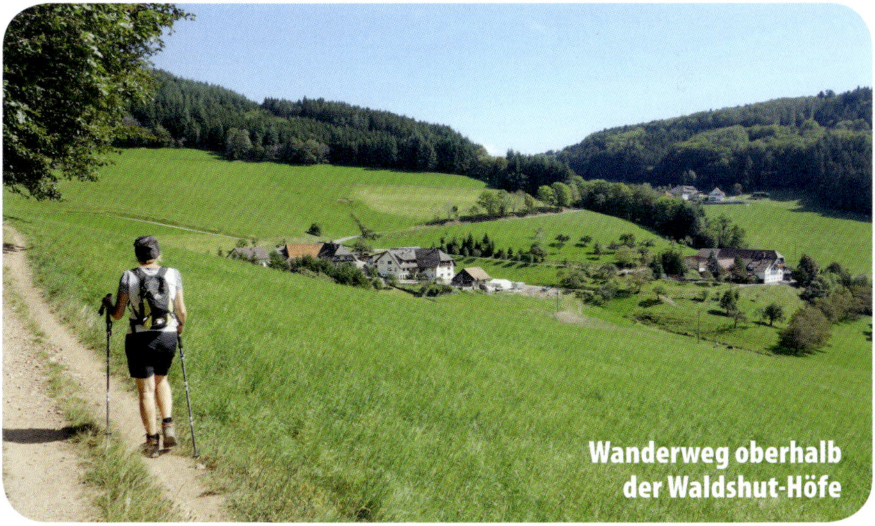

Wanderweg oberhalb der Waldshut-Höfe

Weiter führt unser Weg durch ein kleines Wäldchen zum Waldeck **Heiberich**. Links neben dem Waldrand wandern wir hinauf. In der Talmulde liegen beinahe verträumt die Waldshut-Höfe. Dann bringt uns der sanfte Anstieg zum Ende des Tals, dem **Brettentaler Eck** ❷. Geradeaus wandern wir bis zu einer **Holzliege**, bei der sich eine Relaxpause geradezu anbietet. Einfach nur herrlich! Wir lassen unseren Blick in Richtung Himmel schweifen und sehen tiefenentspannt dem Wolkenspiel zu.

Nachdem wir uns endlich von der Liege losreißen können, wird unser Weg steiler. Jetzt heißt es aufpassen, dass wir nicht den unscheinbaren Linksabzweig verpassen. Der knorrige Waldpfad fordert eine gewisse Konzentration. Auf schmalem Weg wandern wir in mehreren Kehren hinauf zum Gipfel des

Weitblick vom Hünersedelturm

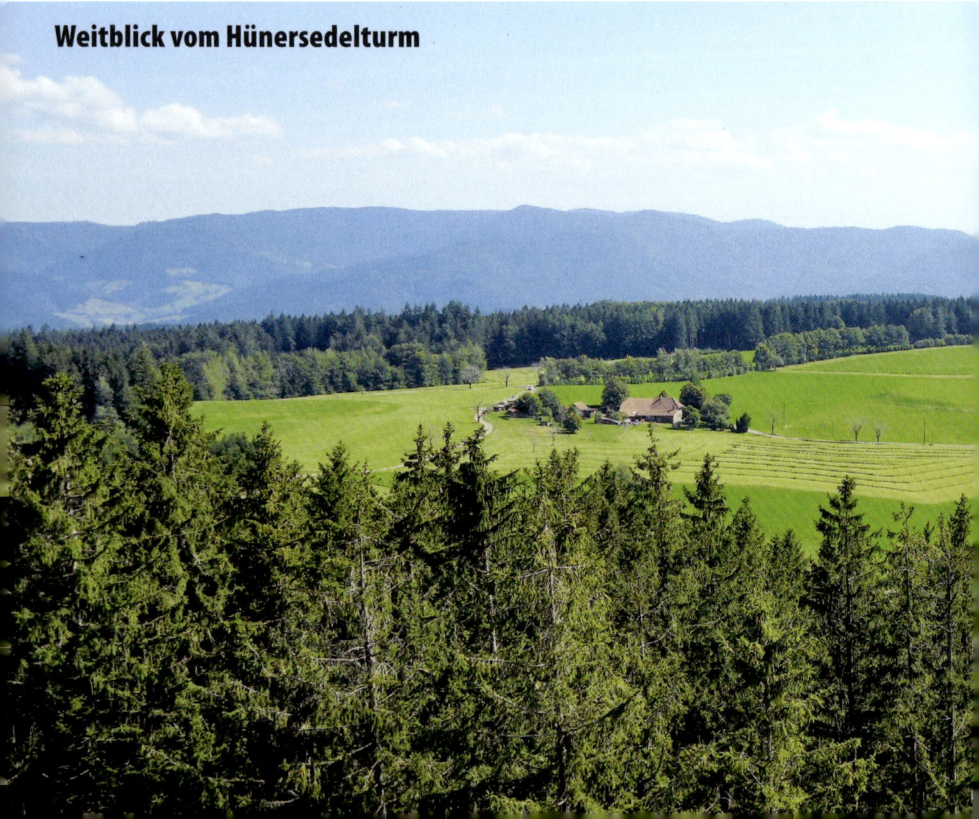

Hündersedel mit der Ankele-Hütte, einer Selbstversorgerhütte, und dem **Hünersedelturm** ❸. Schon vom Boden aus bietet sich eine grandiose Aussicht. Als wir jedoch die 126 Treppenstufen zur dreieckigen Plattform des Aussichtsturms erklommen haben, sind wir schlichtweg überwältigt: Der Blick schweift zum gewaltigen Bergriesen Kandel und dem Feldbergmassiv, bis zum Schauinsland und dem Belchen. Übers Rheintal schimmern sanft im Sonnenlicht die Vogesengipfel, sogar die Hornisgrinde und der Schliffkopf im Norden lassen sich von hier oben bewundern. Wir können uns kaum lösen von diesem einmaligen Rundumblick.

Wieder unten angekommen, wandern wir ostwärts hinab. Nach einer Schranke öffnet sich der Wald, und der herrliche Panoramaweg wird uns hinüber zu den Dürrhöfen führen. Der Duft von frisch gemähtem Gras

Der Name des 744 Meter hohen Hünersedel steht für »Hünensitz«. Im Jahr 926, bei seiner ersten urkundlichen Erwähnung, wurde er noch »Stoufinberc« genannt. Der 2004 erbaute Aussichtsturm bringt den Wanderer dem Himmel noch 29 Meter näher.

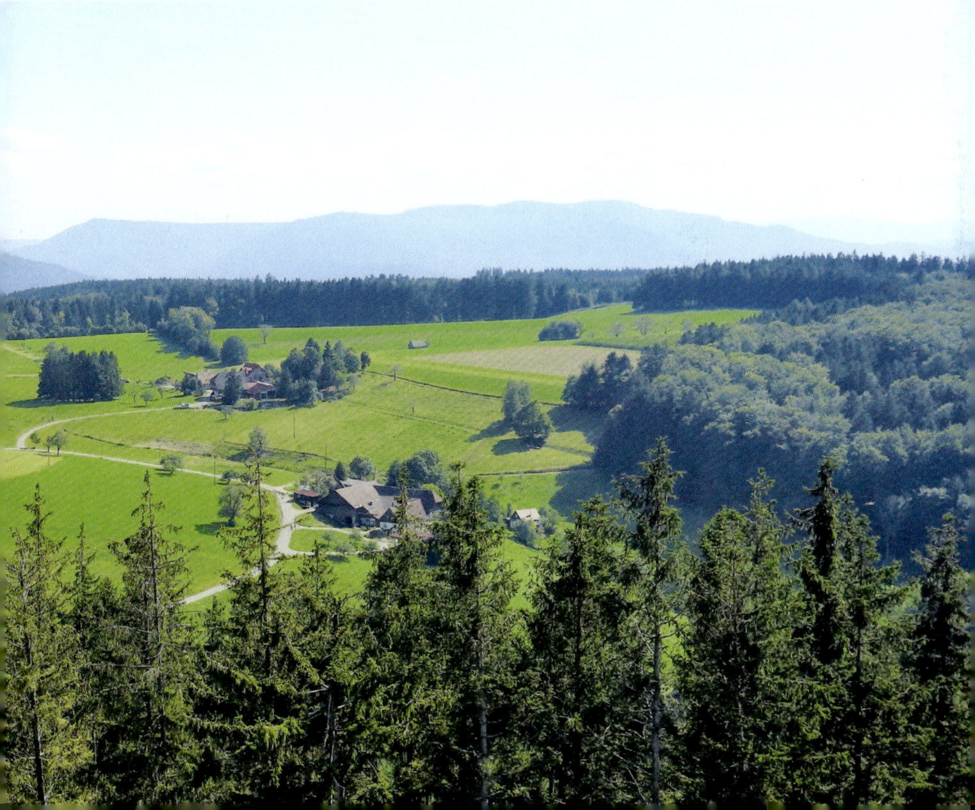

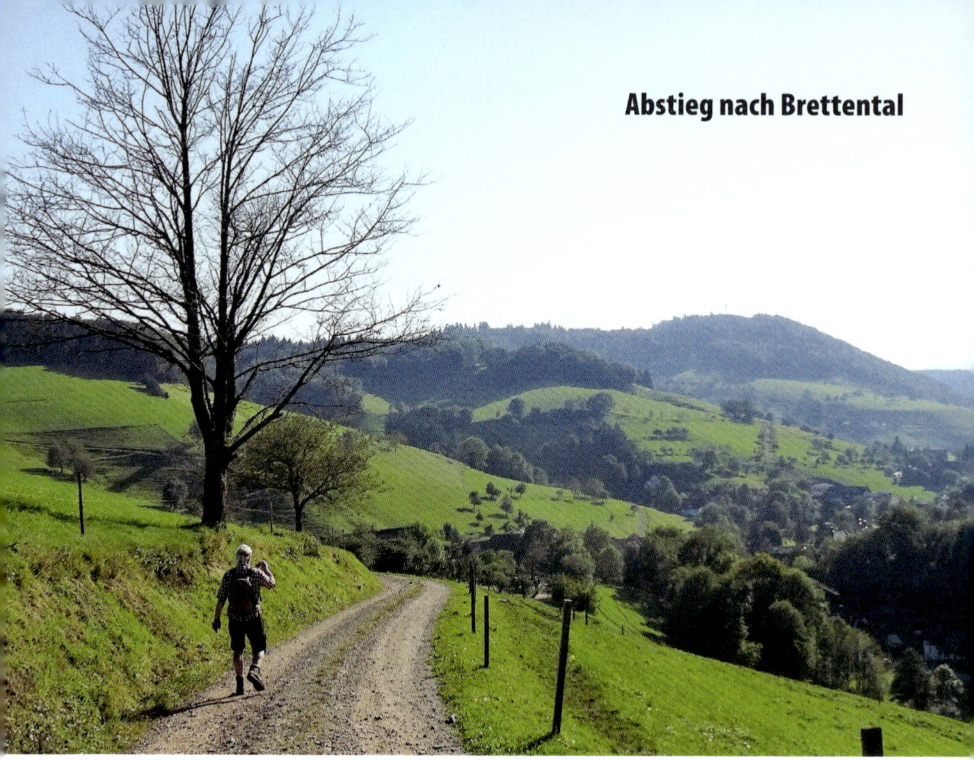

Abstieg nach Brettental

umfängt uns – auch unsere Nasen dürfen sich an der Wanderung freuen. Nach rechts wäre ein kleiner Abstecher zum **Luegemol-Hof** ❹ möglich, der am Wochenende mit Vesper, Kaffee und frisch gebackenem Kuchen aufwartet. Und dann ist auch schon der **Bergkiosk Wandertreff** ❺ bei den Dürrhöfen erreicht, eine weitere Einkehrmöglichkeit, die allerdings nur witterungsabhängig an Wochenenden und Feiertagen geöffnet ist.

Im weiteren Wegverlauf treffen wir an einem Parkplatz auf den Kandel-Höhenweg sowie den Zweitälersteig, dort wandern wir rechts und an der nächsten Gabel erneut rechts. Fast eben führt unser Weg über die Kreuzmoosmatte zum **Wanderheim Kreuzmoos** ❻. Zu unserem Glück steht ein Getränkekühlschrank auch an Ruhetagen für den durstigen Wanderer bereit, und so gönnen wir uns eine kleine Auszeit und ein kühles Getränk.

Mit neuer Kraft machen wir uns wieder auf den Weg und biegen am Jägerzaun des Wanderheims nach rechts ab. Würzige Landluft dringt in unsere Nasen, als wir entlang des Wiesenpfades über eine grüne Kuppe wandern. Durch ein kleines Wäldchen gelangen wir zur Kreuzung beim **Paulyhof**. Jetzt ist wieder die **gelbe Raute** wegweisend. Dieser folgen wir rechts, unser weiterer Weg schlängelt sich hinunter durch Wald auf den **Hockenbühl**. Von hier aus geht's geradeaus weiter. Im leichten Ab schreiten wir gemütlich durch den Wald zum **Steinbühl**. Als unser Weg kurz den Forst verlässt, passieren wir ein einsam gelegenes Bauernhaus mit Tümpel. Vor dem **Hockenhof** wandern wir an der Kreuzung rechts und blicken hinab in das liebliche Tal. Beim Bolzendobel und der Hocke biegen wir zweimal links ab, und am Hockenhof führt uns ein herrlicher Wiesenpfad nach rechts. Dieser leitet über eine Hochfläche, wo wir abermals den großartigen Panoramablick von einer gemütlichen Sitzbank aus auf uns wirken lassen.

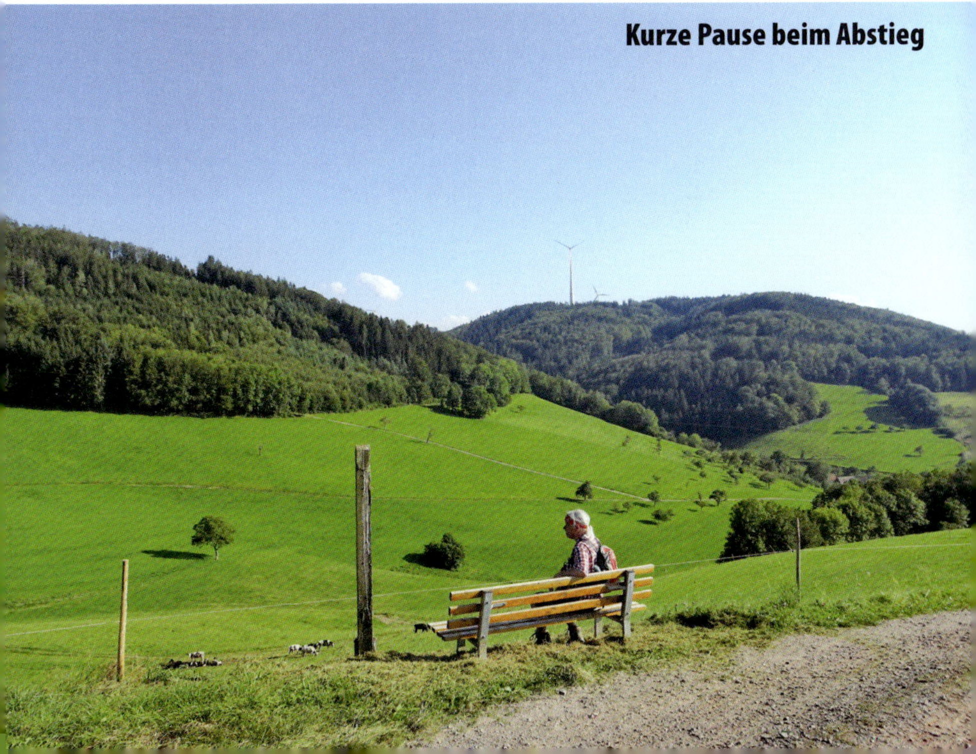
Kurze Pause beim Abstieg

Panoramatour 7

Nach einigen Minuten der inneren Einkehr machen wir uns auf und wandern entspannt dem Tal entgegen. Kuhglockengeläut dringt an unsere Ohren und begleitet uns bis in den Talgrund. Im Abstieg passieren wir einen Pferdehof, gehen dann kurz rechts und folgen dem Brettenbach ins Dorf zurück. Im Silberloch angekommen, biegen wir links zu unserem Parkplatz ab und entscheiden spontan, in der angrenzenden **Wassertretanlage** unsere müden Füße zu erfrischen. Wer mag, kann jetzt im **Hotel Ludinmühle** **7** oder in **Traudels Café** **8** mit Weinschänke seinen Wandertag bei einem zünftigen Vesper oder einem guten Essen ausklingen lassen.

Unser Fazit für heute: Herrliche Traumtour mit phänomenalen Ausblicken und echtem Heimatfeeling, Freiamt, wir kommen wieder.

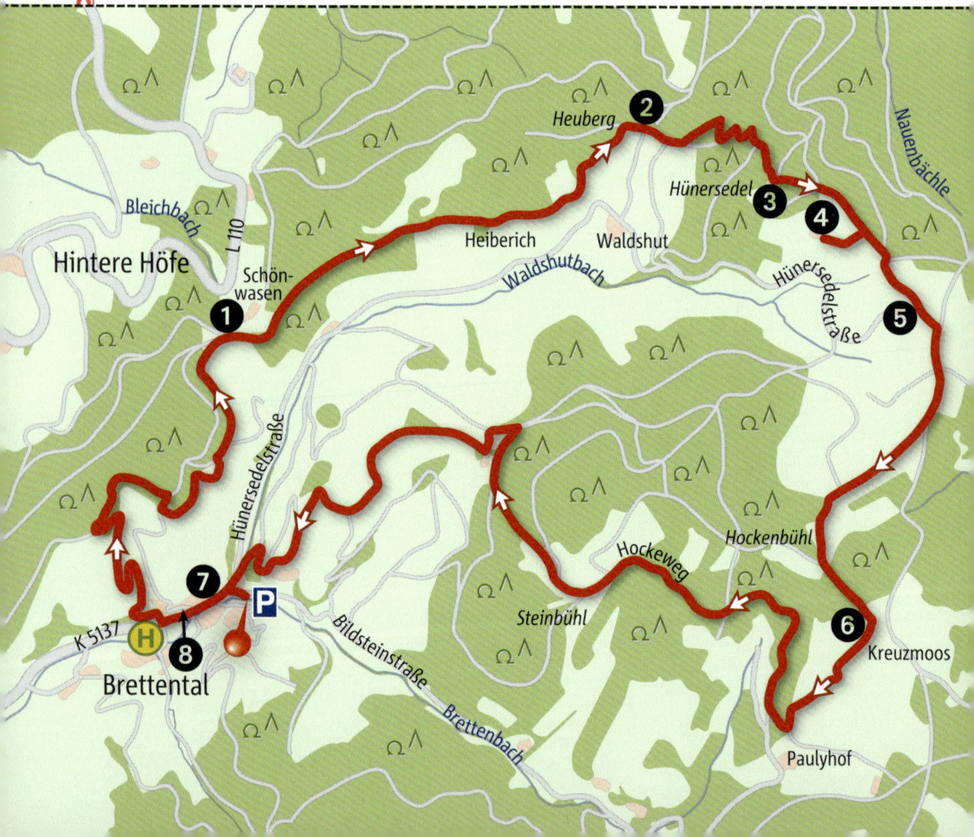

Alles auf einen Blick

WIE & WANN:
Viele naturnahe Wege und Pfade; Anstieg zum Hünersedelturm etwas steil, ansonsten gut begehbar; beste Zeit Mitte April bis Anfang November

Entspannung ✱✱✱✱✱
Genuss ✱✱✱✱✱
Romantik ✱✱✱✱✱

HIN & WEG:
Auto: Wanderparkplatz am Ortsausgang Brettental bei der Wassertretanlage in der Bildsteinstraße, 79348 Freiamt (GPS: 48.190535, 7.944910)
ÖPNV: Von Emmendingen Bf/ZOB Bus 211 oder 231 bis Brettental Dorfschmiede; Einstieg in die Tour dort

ESSEN & ENTSPANNEN:
Luegemol-Hof ❹ Hünersedelstraße 9, 79348 Freiamt, Tel. (0 76 45) 91 61 28, www.luegemol-freiamt.de
Bergkiosk Wandertreff ❺ Hünersedelstraße 11, 79348 Freiamt, Tel. (0 76 45) 9 17 46 60
Wanderheim Kreuzmoos ❻ Kreuzmoos 1, 79348 Freiamt, Tel. (0 76 45) 3 86, www.wanderheim-kreuzmoos.de
Hotel Ludinmühle ❼ Brettental 31, 79348 Freiamt, Tel. (0 76 45) 91 19-0, www.ludinmuehle.de
Traudels Café ❽ Vesperstube und Weinschänke, Brettental 19, 79348 Freiamt, Tel. (0 76 54) 16 80, www.traudelscafe.de

ENTDECKEN & ERLEBEN:
Sattel Schönwasen ❶
Brettentaler Eck ❷
Hünersedelturm ❸

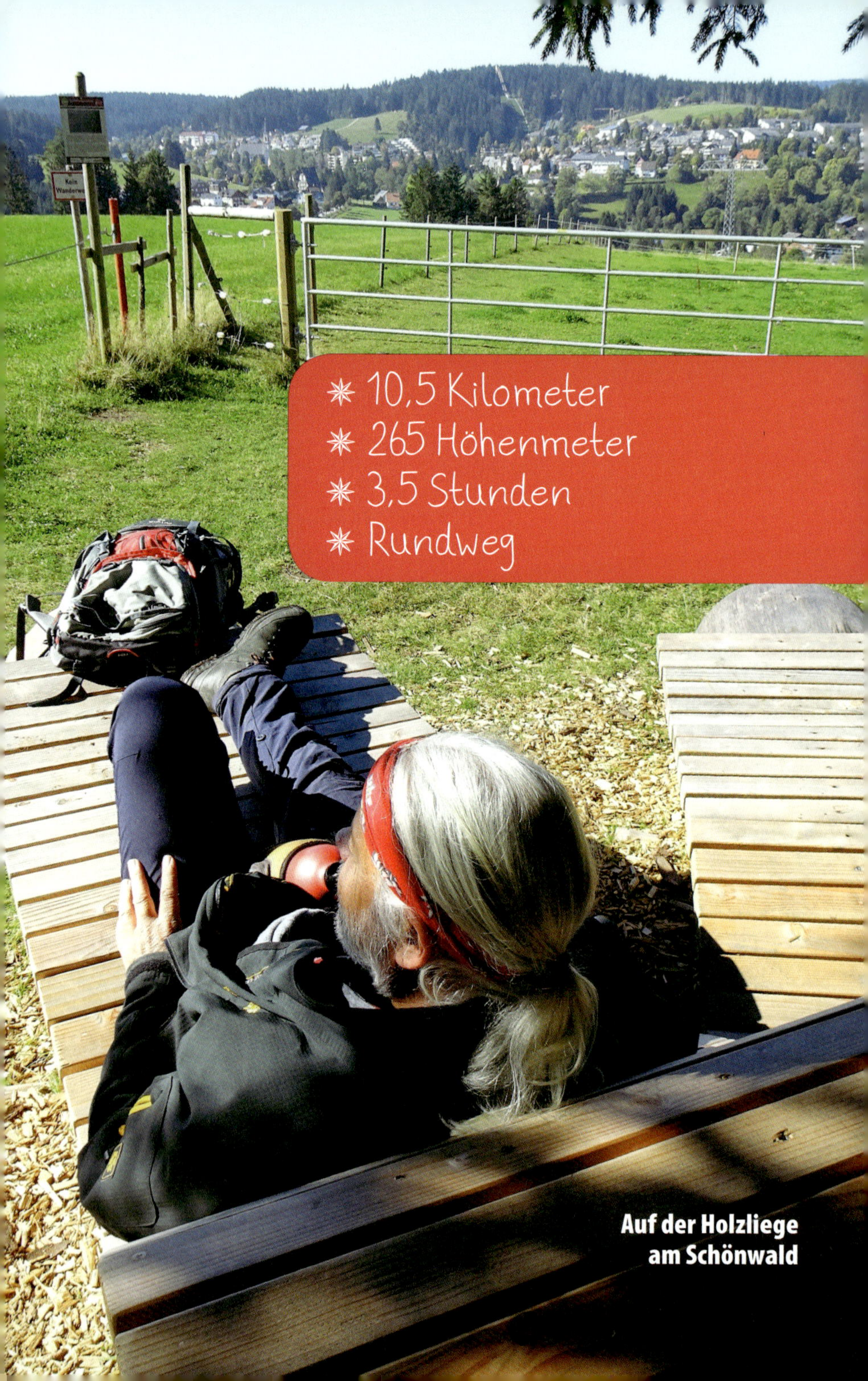

- 10,5 Kilometer
- 265 Höhenmeter
- 3,5 Stunden
- Rundweg

Auf der Holzliege
am Schönwald

Herrliche Panoramablicke und typische Schwarzwaldhöfe, teils sogar mit eigener Hofkapelle, soll es auf diesem lieblichen Hochplateau geben. Voller Vorfreude sind wir schon mächtig auf die **Paradiestour Prisental** gespannt, einen beschilderten Themenweg. Wir be-

Im Märchenwald

Paradiestour Prisental

finden uns geografisch quasi in der Geburtsgegend der weltbekannten Kuckucksuhr.

Unser Auto stellen wir am **Parkplatz Gutenhöhe** auf gut 1000 Höhenmetern ab und gehen entlang des Zubringerwegs, der auf Höhe des Gutenhofs rechts über die Landstraße führt. Er führt uns in den Prisen, und wir wenden uns am Waldrand rechts. Welch ein schöner Landblick gleich zu Beginn der Wanderung! Doch bald umschließt uns dichter Nadelwald, und wir folgen der **gelben Rauten-Markierung** zum **Mosenberg**, wo wir scharf links abbiegen. Der romantische Pfad bringt uns auf eine sonnendurchflutete Lichtung und zu einem alten Bauernhof. Immer wieder informieren uns Schilder am Wegesrand über Wissenswertes, zum Beispiel über das Leben längst vergangener Tage. Weite grüne Wiesen breiten sich vor uns aus und scheinen einen Hauch von Allgäu mitten in den Schwarzwald bringen zu wollen. Wenn da nicht so viele Tannen wären, könnte man fast meinen, in Bayern zu sein.

Der Weg führt uns zu den Häusern von **Prisen-Klausenhof**. Nostalgisches Kuhglockengeläut dringt an unsere Ohren. Fast fühlen wir uns wieder in die Kind-

Die Region um und bei Schönwald ist aufs Engste mit der weit über den Schwarzwald hinaus bekannten Kuckucksuhr verbunden. Im Jahr 1737 baute der Schönwälder Uhrmacher Franz Ketterer in seiner Werkstatt die erste originale Kuckucksuhr.

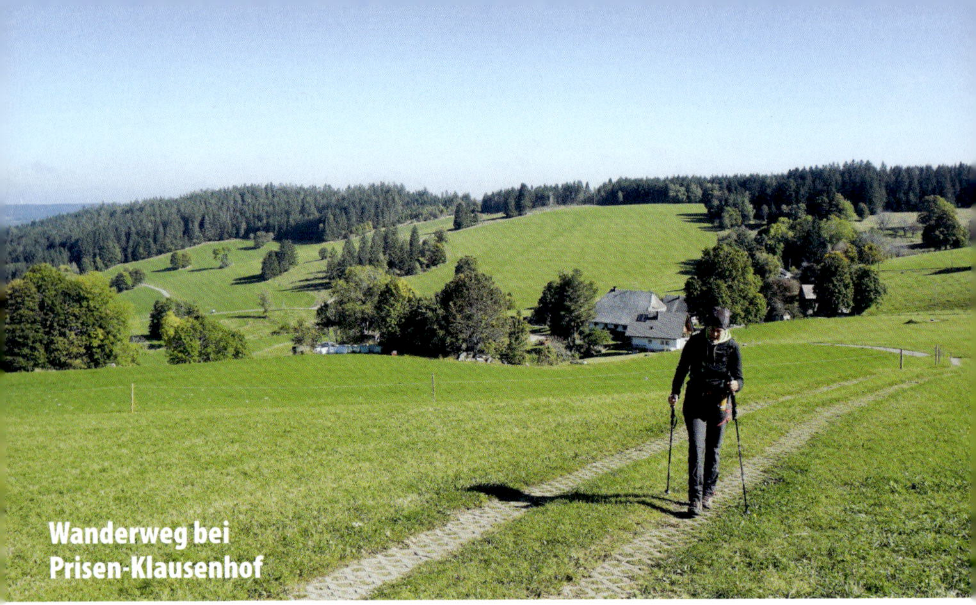

Wanderweg bei Prisen-Klausenhof

heit zurückversetzt, an den Urlaub auf dem Bauernhof, den wir damals mit unseren Eltern verbracht haben. Schön war's.

Wir folgen der Markierung, passieren eine kleine Kapelle und wandern leicht bergauf. Dabei genießen wir den Blick über eine weite, saftig grüne Wiese zurück ins heimelige Bergdorf. Sobald wir oben angekommen sind, führt die Paradiestour in den Wald, wo sich samtgrüne Moosmatten um die Nadelbäume ausbreiten. Eine tiefe Stille umgibt uns. Das Sonnenlicht bahnt sich in hellen Streifen den Weg durch die Baumkronen zu uns herunter. Wir achten auf unsere Markierung, die uns hier einen Abstecher nach links zum **Schönwald-Panoramablick** ❶ anbietet. Zu unserer Überraschung finden wir zwei Holzliegen vor, die sich als genialer Lieblingsplatz entpuppen. Wir blicken hinüber nach Schönwald und bis zur Adlerschanze (siehe Tour 4, Kasten S. 39). Total begeistert von der famosen Aussicht, gehen wir zurück zu unserem Wanderweg, passieren dort bald das **Gotterhäusle** und behalten die Richtung bei. Der Ruf des Hofgockels ist selbst hier oben noch deutlich zu hören. Der Boden unter unseren Füßen fühlt sich so butterweich an, dass wir ohne große Mühen schnellen Schrittes vorankommen. Fast märchenhaft zieht sich ein samtig grüner Teppich durch den kompletten Wald. Uns kommt das Kinderlied »Hänsel und Gretel verirrten sich im Wald« in den Sinn. Diese Umgebung wäre die optimale Kulisse für einen Märchenfilm. Ob sich wohl auch ein kleines Hexenhaus finden würde?

Für die Seele

Heute erleben wir Schwarzwald-Romantik pur – besonders am Prisenhäusle.

Vor einer Lichtung wenden wir uns am **Mühleberg** rechts und entdecken unzählige Heidelbeerbüsche. Der wurzelige Waldboden verlangt jetzt behutsames Gehen. Kurz darauf treffen wir auf einen Forstweg und orientieren uns rechts. Gewaltige, abgerundete Granitblöcke liegen in wildem Durcheinander herum. Diese sogenannten Wollsäcke sind 66 bis 2,6 Millionen Jahre alt.

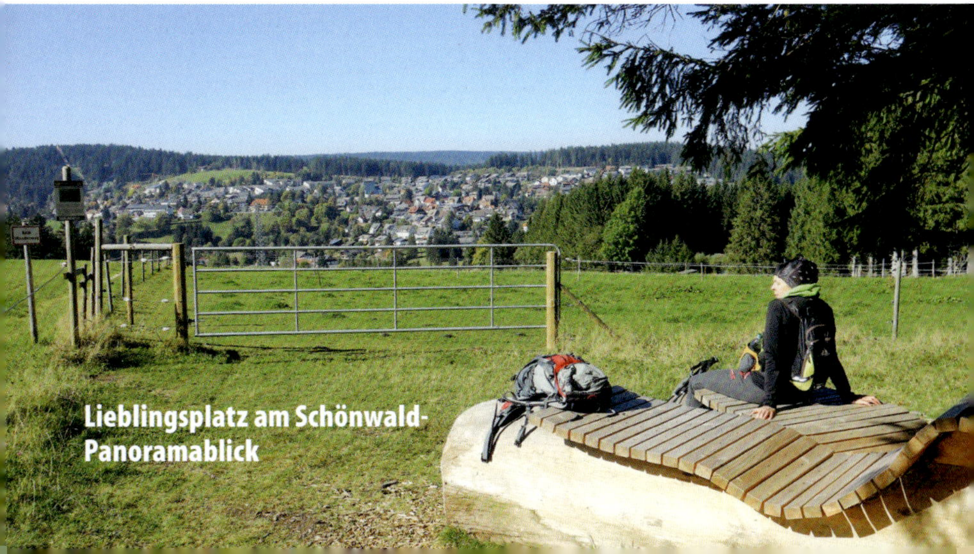

Lieblingsplatz am Schönwald-Panoramablick

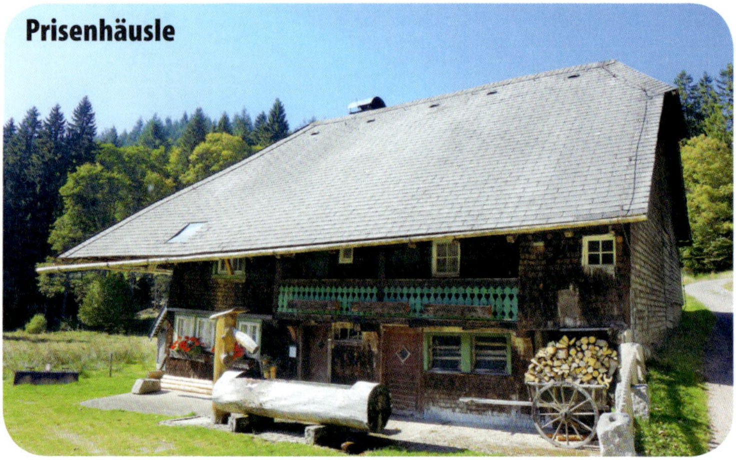

An einer Gabelung halten wir uns rechts. Dann weitet sich der Forst zu einem Kahlschlag, von dem aus wir in Richtung St. Georgen und bei klarer Sicht sogar bis zu den Höhen der Schwäbischen Alb blicken können. Lichter Wald nimmt uns auf. In der Stille hören wir immer wieder das Knacksen der Äste sowie das leichte Raunen der Tannenstämme, es macht den Eindruck, als wenn die Bäume uns ihre Lebensgeschichte erzählen wollten.

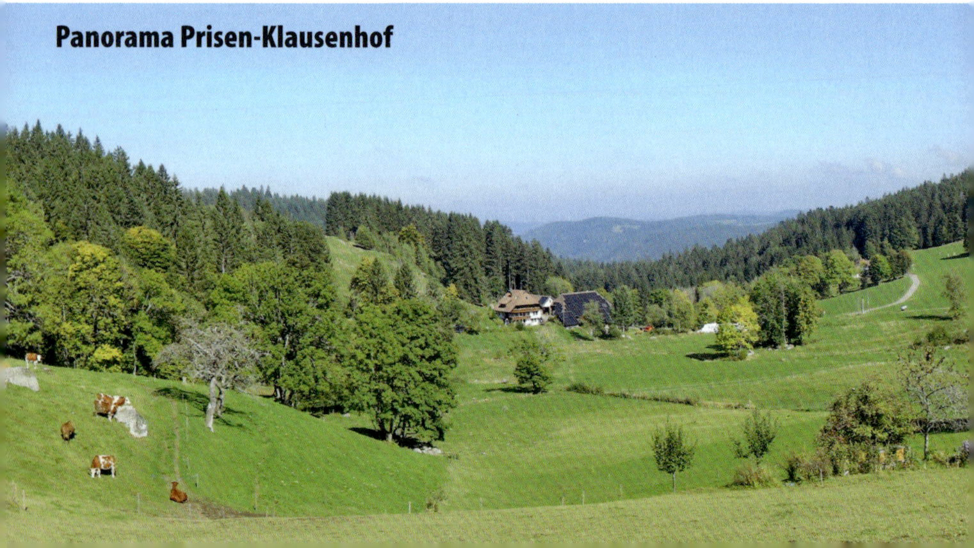

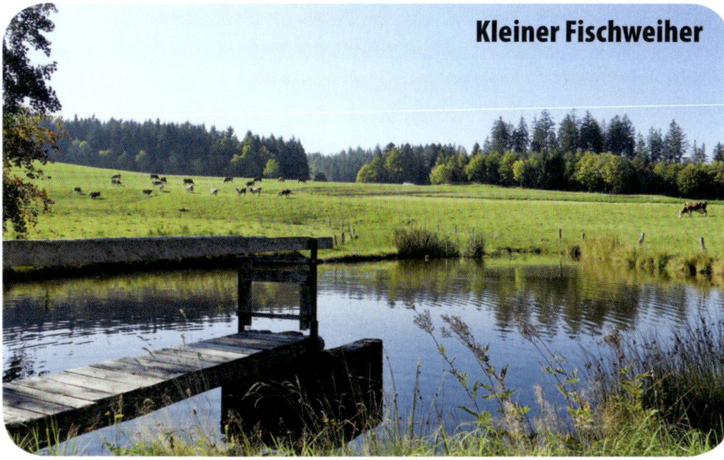

Ohne große Anstrengung überschreiten wir das **Leibereck** (996 m). Beim zweiten Abzweig gehen wir links und wandern auf der **ehemaligen Sterenberg-Bobbahn** ❷ gemütlich abwärts.

Im Burgenwald passieren wir einen kleinen Brunnen und queren einen Forstweg, dann leitet ein Pfad an einem großen Stein mit einer Inschrift vorbei zum Waldaustritt, wo sich einst der Zieleinlauf befand. Unsere Tour führt hinab zum **Prisenhäusle** ❸. Herrlich

Auf der 1913 erbauten ***Sterenberg-Bobbahn*** *fanden sogar deutsche Meisterschaften statt. 1958 wurde sie geschlossen. Der teils kurvige Verlauf des Wanderwegs lässt die einstige Strecke heute nur noch erahnen.*

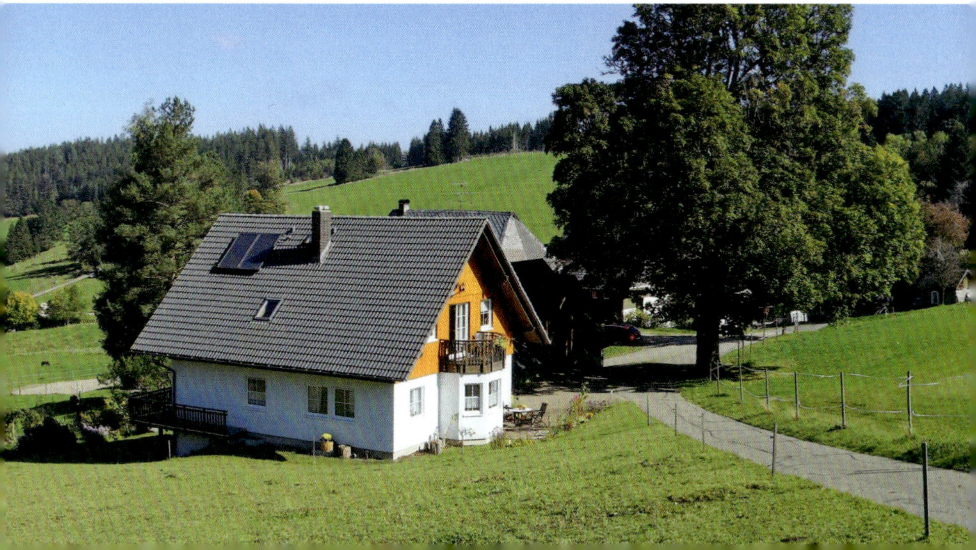

Dank der Höhenlage und der geringen Luftverschmutzung kann das Prisental mit heilklimatischer Bergluft aufwarten. Ganz in der Nähe liegen Deutschlands höchste Wasserfälle, die Triberger Wasserfälle.

liegt es in seiner wildromantischen Talsenke. Wir queren den Prisenbach und beobachten ein paar glückliche Kühe. Unter einem Wasserspeicher gehen wir links in den Forst hinauf zum **Prisen-Parkplatz**. Dort angekommen, wenden wir uns scharf rechts und verlassen bald darauf den Fahrweg auf einen steinübersäten Pfad. Hier wachsen Heidelbeerbüsche, so weit das Auge reicht. Der Gedanke an leckere Pfannkuchen mit dieser Frucht treibt uns gehörig das Wasser im Mund zusammen.

Am Rand der Lichtung des Prisen-Hochtals gelangen wir zum **ehemaligen Gasthof Alte Geutsche**. Wir setzen über die Straße und folgen dem **Nusshurtweg** vorbei am **Geutsche-Parkplatz**. Auf der Straße nach Süden genießen wir immer wieder den traumhaften Blick über das weite Land. Vor dem Oberliemberghof gehen wir rechts zu einem Feldkreuz und der **Nusshurt-Kapelle** ❹ entgegen. Unser weiterer Weg führt vorbei an einem privaten Fischweiher, neben uns grasen Kühe, bis wir in einen Tannenwald eintauchen.

Nusshurt-Kapelle

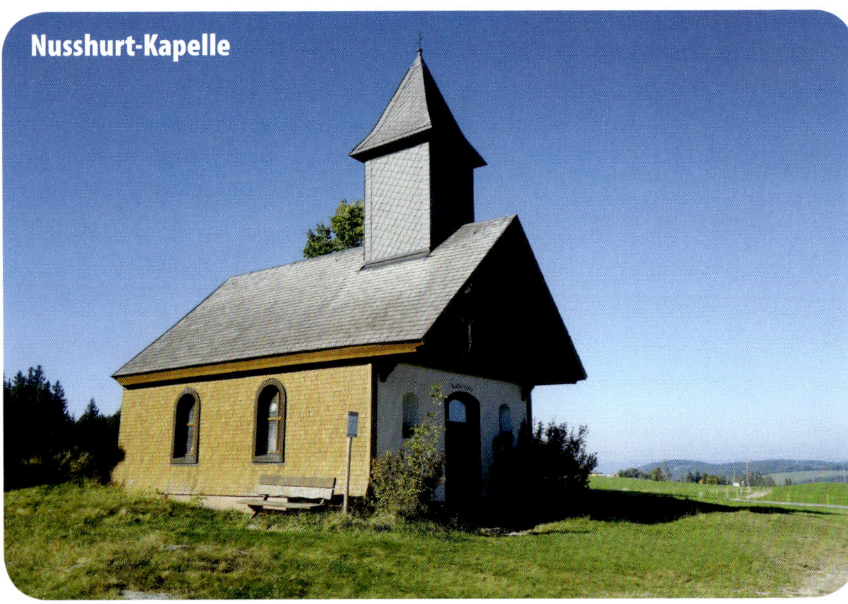

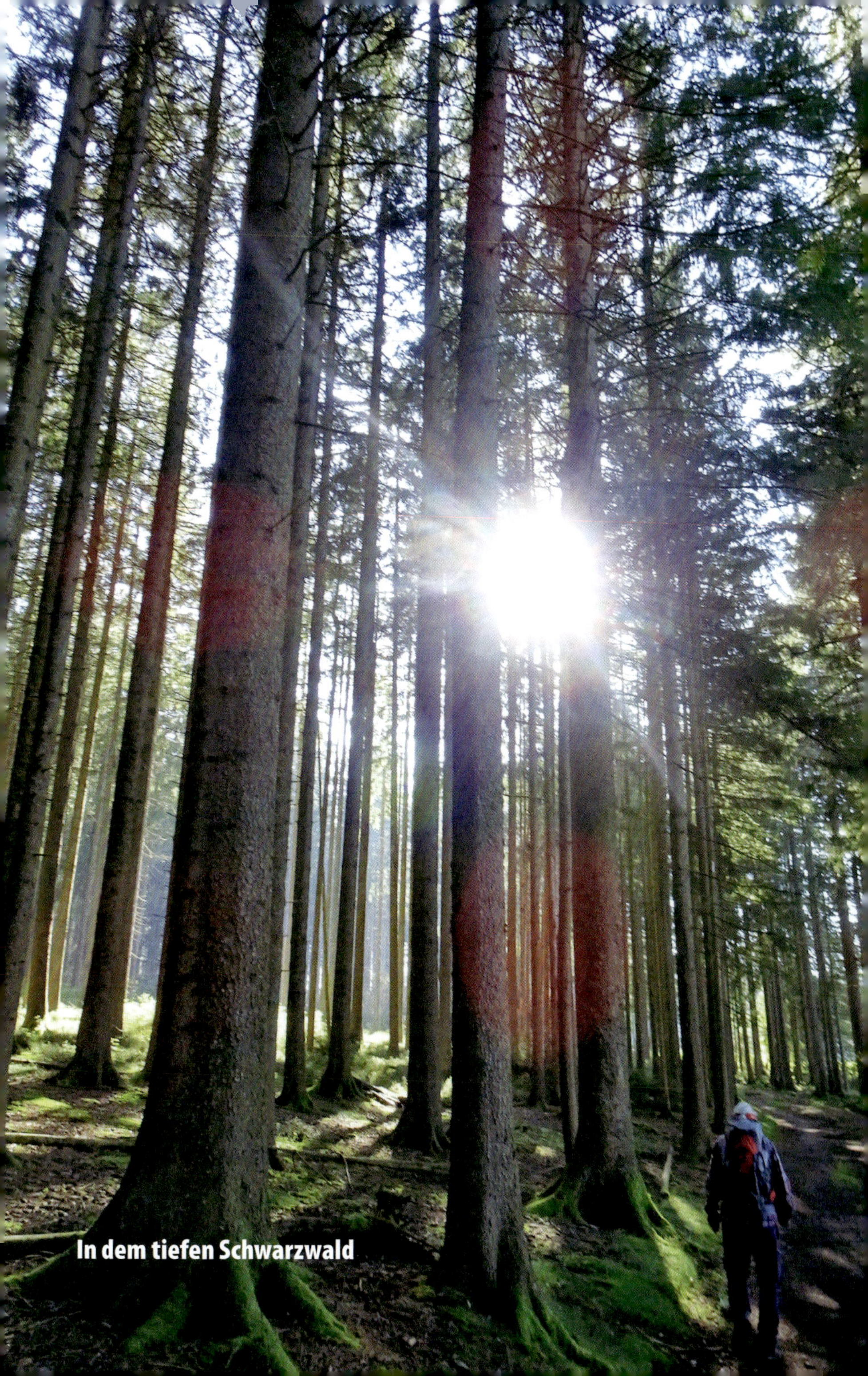
In dem tiefen Schwarzwald

Auf der Anhöhe nahe der Nusshurt-Kapelle vermutet man einen **Kultplatz** aus der Zeit der Hügelgräberkultur (1600–1400 v. Chr.). Die nahe gelegenen Erzquellen könnten, neben der günstigen Lage auf einem Bergsporn, Anlass für eine frühere Ansiedlung gewesen sein.

Dort auf der Anhöhe soll sich laut Angabe eines Schildes ein **bronzezeitlicher Kultplatz** ❺ mit sieben Steinen befunden haben.

Wir gehen rechts in den Forst und laufen beim Waldrand über einen Wiesenweg links hinauf. Oben angekommen, halten wir kurz inne, wenden uns um und genießen noch einmal den traumhaft schönen Blick.

Jetzt überqueren wir die Straße und gelangen geradewegs zum **Mosenberg** zurück, den wir auf dem Hinweg schon berührt haben. Unsere Wanderrunde schließt sich hier, auf dem gleichen Weg wie zu Beginn kehren wir zur Gutenhöhe zurück. Glücklich und zufrieden angesichts der schönen und traumhaften Eindrücke beschließen wir unseren heutigen Wandertag und nehmen viel Kraft für den Alltag mit nach Hause.

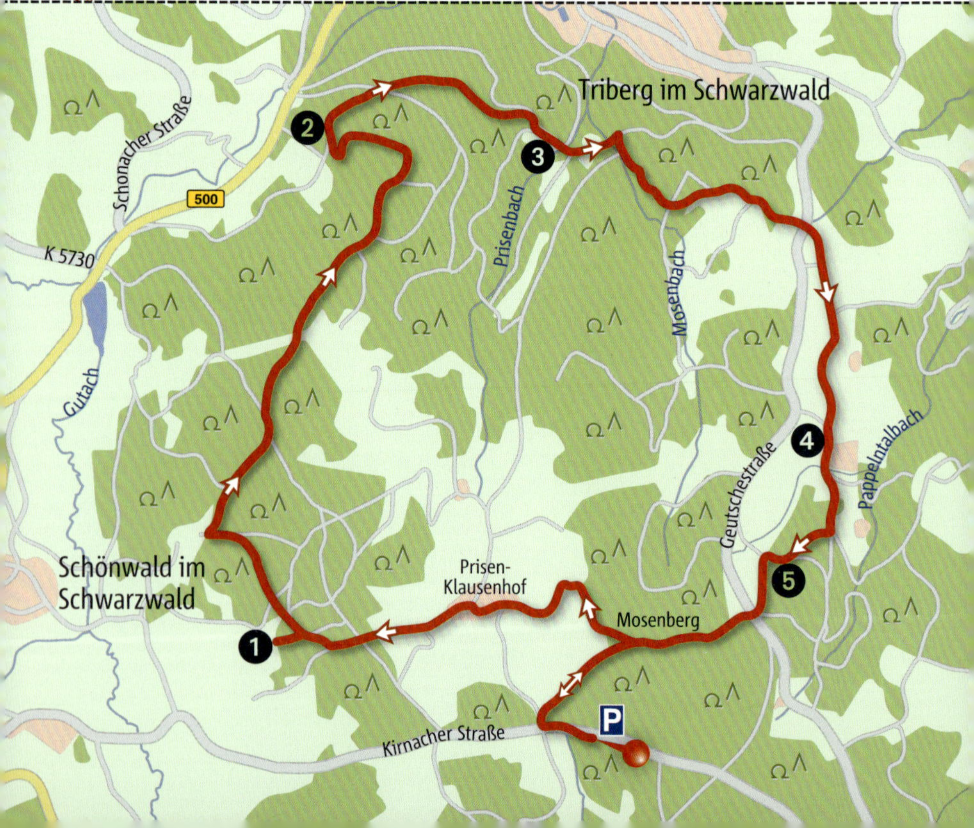

Alles auf einen Blick

WIE & WANN:
Wege und Pfade, teils wurzelig, aber insgesamt gut begehbar; beste Zeit Mai bis Mitte Oktober

Entspannung ✱✱✱✱✱
Genuss ✱✱✱✱✱
Romantik ✱✱✱✱✱

HIN & WEG:
Auto: Wanderparkplatz Gutenhöhe, 78141 Schönwald im Schwarzwald (GPS: 48.102314, 8.237050)
ÖPNV: Keine geeignete Anbindung

ESSEN & ENTSPANNEN:
Keine Einkehrmöglichkeit direkt an der Strecke; mehrere Lokale unweit in Schönwald

ENTDECKEN & ERLEBEN:
Schönwald-Panoramablick ❶
Ehemalige Sterenberg-Bobbahn ❷
Prisenhäusle ❸
Nusshurt-Kapelle ❹
Bronzezeitlicher Kultplatz ❺

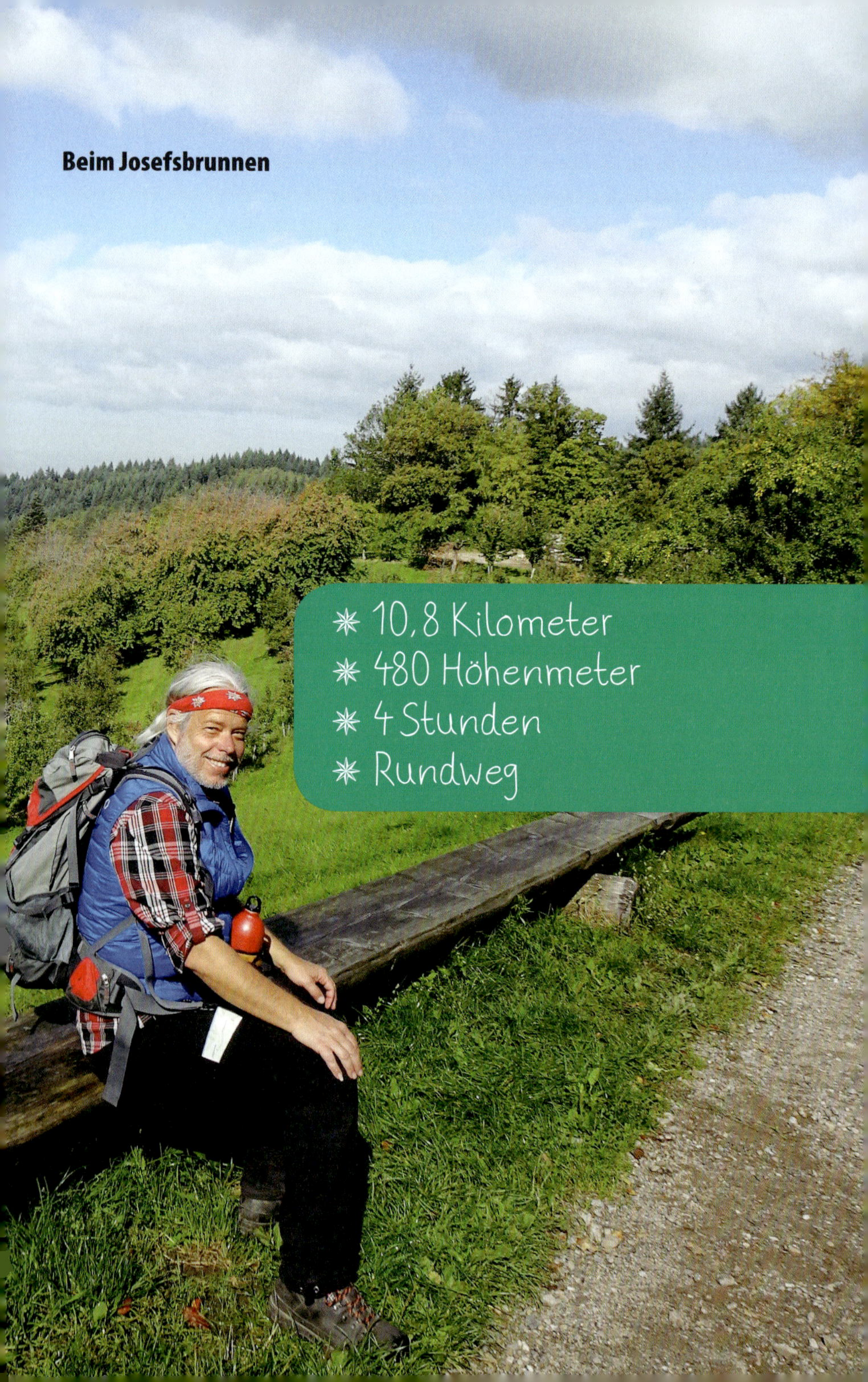

Beim Josefsbrunnen

- 10,8 Kilometer
- 480 Höhenmeter
- 4 Stunden
- Rundweg

Heute fahren wir nach Durbach, und mal ganz ehrlich, wer denkt da nicht sofort an Wein? Doch das Durbachtal ist stolze 14 Kilometer lang und hat noch andere Attraktionen zu bieten. Stattliche Schwarzwaldhöfe und pure Postkartenidylle soll es zu entdecken geben.

Deshalb haben wir uns heute für den Genießerpfad Gebirger Höfe-Weg entschieden und sind schon mächtig gespannt auf das, was uns auf diesem Weg alles begegnen wird. Eins schon vorweg: Durst leiden müssen wir definitiv nicht, denn jeder der sieben Bergbauernhöfe, die wir ansteuern, bietet genügend flüssige Nahrung an: Hochprozentiges, Gebrautes, aber auch Limo oder Mineralwasser – und das sogar teilweise gekühlt.

Durbach ist einer der bedeutendsten Weinanbauorte in der Ortenau. 12 Weingüter und die Winzergenossenschaft bewirtschaften insgesamt 460 Hektar Rebfläche.

Gebirger Höfe-Weg

Bergbauernhöfe und Nordmanntannen

In Durbach-Gebirg, im romantischen Durbachtal, starten wir vom Wanaderparkplatz P 1 und marschieren gleich an dem ersten Bergbauernhof, dem beeindruckend wirkenden **Serrerhof** ❶, vorbei. Dann folgen wir der **Genießerpfadmarkierung** des **Gebirger Höfe-Wegs** zwischen unglaublich vielen Nordmanntannen hindurch. Der sandige Weg führt beständig bergan, ein Wildbach begleitet uns mit seinem beruhigenden Rauschen. Schon bald kommen wir auf »Betriebs-Körpertemperatur« und gelangen durch ein Wiesenhochtal mit Obstbäumen zum schön gelegenen **Ritterhof** ❷. Eine kurze Verschnaufpause haben wir uns nach über 100 Höhenmetern Anstieg verdient, der Getränkekühlschrank am Hof kommt gerade recht.

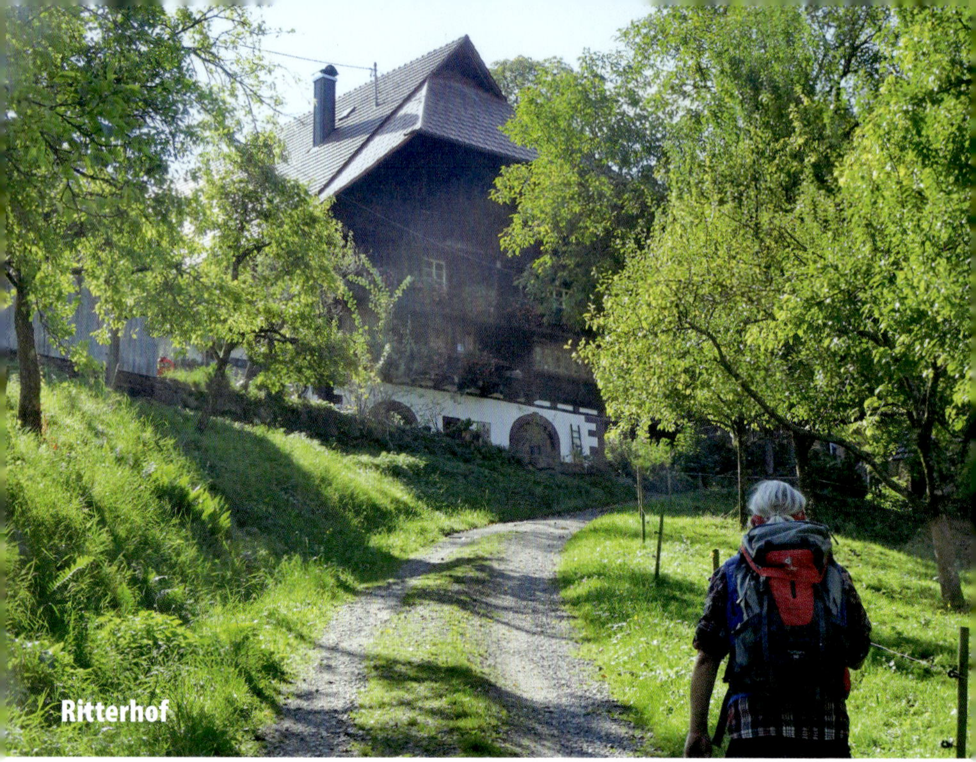

Ritterhof

Außerdem können wir sogar ein kleines Hofmuseum mit altem Werkzeug besichtigen.

Weiter geht's scharf links bergwärts, wieder an vielen Tannen, aber auch Kirschbäumen vorbei zum **Abzweig Grubenacker**. Von hier aus können wir einen bezaubernden Blick zum Mooskopf mit seinem Turm ergattern. Bald sind wir jedoch wieder im Wald, wo wir zum Standortposten **Drei-Höfe-Eck** gelangen. Jetzt wenden wir uns nach links und gehen talwärts zur **Volkshütte** ❸. Eine Bank lädt zum Rasten ein. An der Hütte steht: »Wir haben kein WLAN – sprecht miteinander.« Auch hier gibt es einen Schrank mit Getränken und kleinen Snacks, sogar eine gefüllte Wasserschüssel für durstige Hunde steht bereit.

Nach der Hütte führt unsere Tour rechts weiter. Leichten Fußes wandern wir hinab zum **Hermannswälder-Hof** ❹. Schon von Weitem erkennen wir einen herrlich gestalteten Platz mit Bierbänken. Je weiter wir in Richtung des Hofs kommen, umso dekorativer sieht es aus. Einen kleinen Verkaufsunterstand mit Mitbringseln und Souvenirs gibt es hier zu erkunden, und wieder könnte man sich mit Getränken versorgen. Herrlich liegt der Hof, eingebettet in die tolle ländliche Umgebung, das bringt uns ins Schwärmen.

Als wir uns wieder auf Schusters Rappen begeben, steigt der Höfe-Weg mächtig an. Abermals gehen wir vorbei an Tannen. Langsam steigt in uns der Verdacht auf, dass es sich bei den vielen Nordmanntannen um eine Weihnachtsbaumplantage handelt. Dass wir recht haben, zeigt uns eine Hinweistafel am Weg.

Der Genießerpfad leitet in den Wald. Wir folgen unserer Markierung und profitieren einmal mehr von der Naturenergie der Tannen, die Ruhe und Ge-

Für die Seele

Die traumhaft schöne Tour bietet viel Genuss, vor allem in flüssiger Form. Und sie bringt uns in Berührung mit der Lebenswelt der Schwarzwälder Bergbauern.

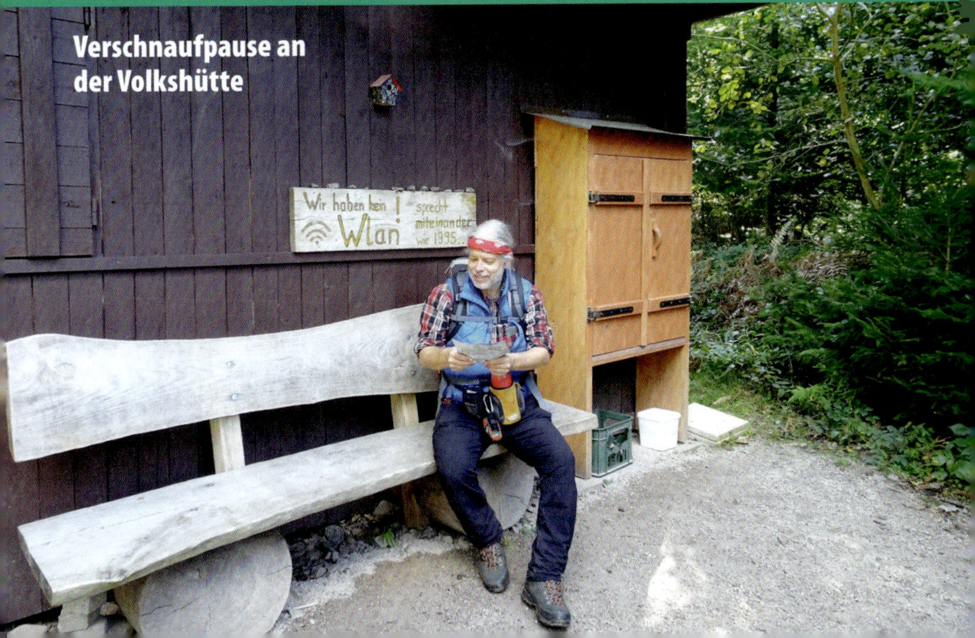

Verschnaufpause an der Volkshütte

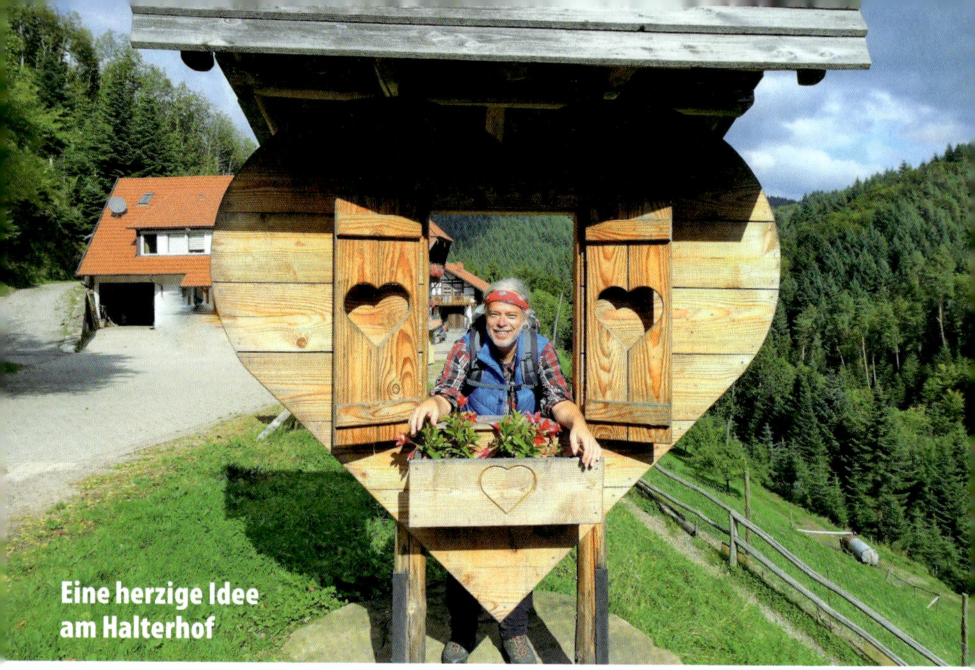

Eine herzige Idee am Halterhof

lassenheit in unser Nervensystem bringt. Leichter Wind rauscht sanft durch die Wipfel, während wir entspannt auf dem **Unteren Wolfsgrundweg** in den Taleinschnitt **Bechtolsberg** wandern. Geradeaus bietet sich alsbald eine super Aussicht auf das Durbacher Schloss Staufenberg, das wir in der Ferne entdecken, und auf die weit dahinterliegende Rheinebene. Am **Josefsbrunnen** 5 können wir nicht nur unsere Arme und Stirn mit Wasser abkühlen, sondern auch unseren Durst unter anderem mit Mineralwasser löschen. Wer eher Lust auf etwas Salziges hat, bekommt Salzstangen oder Erdnüsse. Auf einer Himmelsliege genießen wir eine kurze Pause mit herrlichem Blick, bevor uns links ein schmaler Pfad zum **Hölzleberg-Hof** 6 bringt. Dort erhält man Edelbrände und Eierlikör direkt vom Erzeuger. Beeindruckt von dem großzügigen Hofgelände schreiten wir nach dem Anwesen im großen Bogen an Obstbäumen vorbei und gehen dann steil hinauf in den Forst. Im weiteren Wegverlauf zeigt sich abermals der Mooskopf, und der **Halterhof** 7 rückt in unser Blickfeld. Ein megagroßes Weinfass sowie eine Holzblockhütte stehen am

*Der **Halterhof** ist einer der entlegensten Höfe des Durbachtals. Dies machte einst weitgehende Selbstversorgung erforderlich. Heute werden nachhaltige Forstwirtschaft, Weihnachtsbaumkulturen sowie Obstanbau mit einer Edelbrennerei betrieben und Ferienwohnungen vermietet.*

Wegesrand, eine tolle Idee und so liebevoll gemacht. Auch hier gibt es wieder die Möglichkeit, sich zu erfrischen, allerdings mit dem Hinweis, dass gekühlte Getränke am Hof erhältlich sind.

Freudig begrüßen uns die beiden Hofhunde, und wir lassen es uns nicht nehmen, sie kurz zu streicheln, bevor wir in der gemütlichen Stube Platz nehmen, wo auch die hochprozentigen Edelbrände verkostet und erworben werden können.

Anschließend wandern wir neben dem Gehegezaun hinunter. Nach einem Linksknick führt unser Weg weiter neben einem kleinen Gebirgsbach nach **Tiefenspring** ins Krebsenbachtal. Ein schmaler Pfad leitet uns vorbei an Apfelbäumen und bringt uns zur **Genussbrennerei Gmeiner ⑧**. Wer will, kann auch hier Edelbrände probieren und erwerben. Selbstverständlich wird ebenso Alkoholfreies angeboten.

Am plätschernden Bach entlang folgen wir dem Höfe-Weg weiter talwärts, passieren bald das **ehemali-**

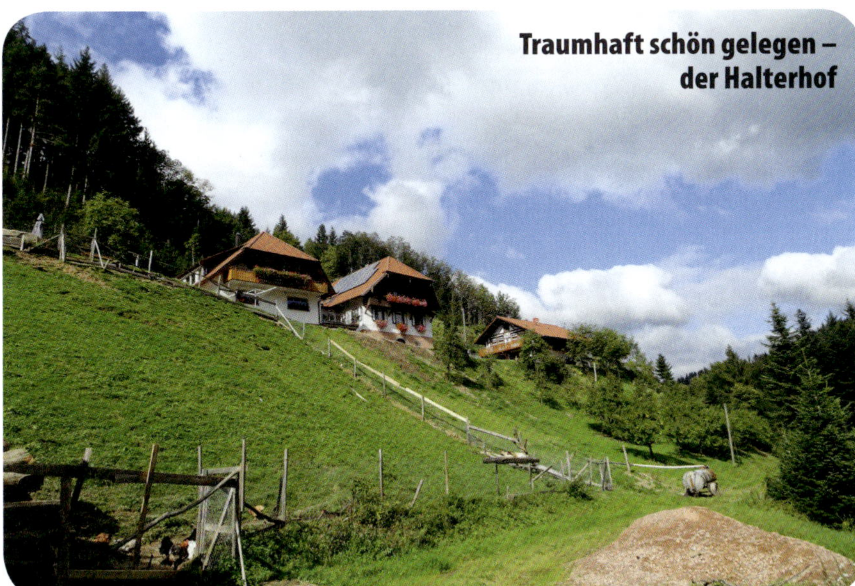

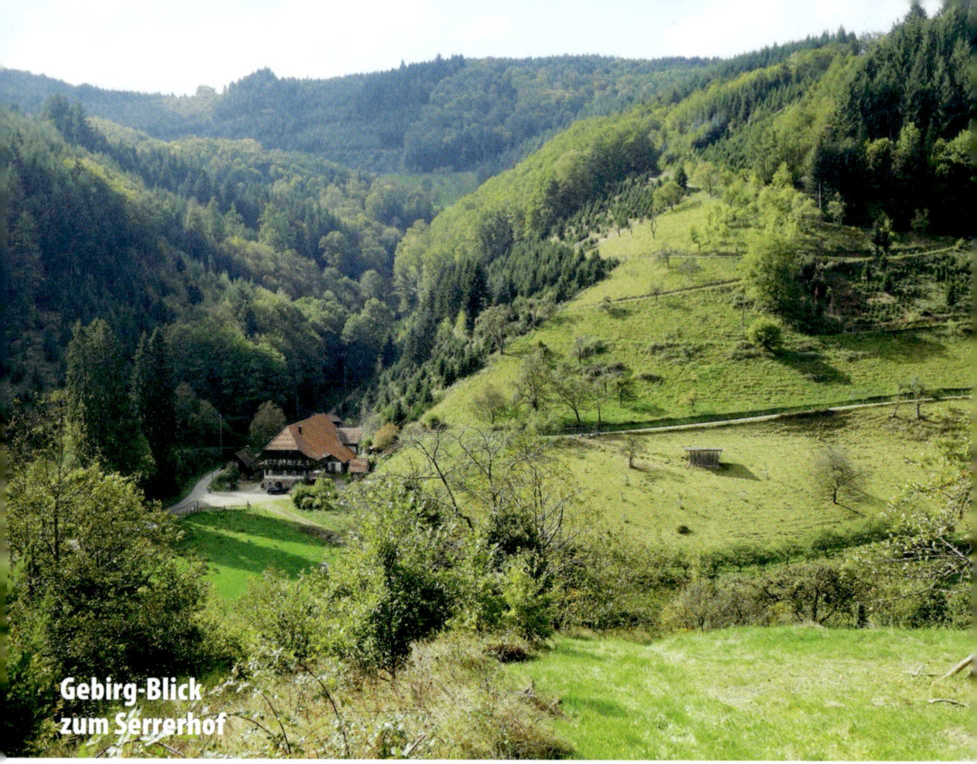

ge Gasthaus zum Kranz und biegen wenig später nach rechts ab. Der folgende Anstieg bringt unseren Puls wieder gehörig in Schwung. Von Weitem erkennen wir eine Sitzbank, die auf einer Anhöhe steht und die wir bald erreichen. Eine kleine Verschnaufpause haben wir uns nach dem schweißtreibenden Anstieg redlich verdient. Von hier aus genießen wir den **Gebirg-Blick** **9** hinunter zum Serrerhof. Die tolle Aussicht saugen wir förmlich in uns auf, nur schade, dass wir sie nicht mit nach Hause nehmen können. Schnell noch ein paar Fotos gemacht, dann geht's bergwärts weiter zum Doldergraben. Unser Weg biegt links ab, und wir durchwanden abermals eine Weihnachtsbaumplantage. Jetzt waren wir so oft schon im Schwarzwald, aber zum ersten Mal überhaupt sind wir an verkäuflichen Tannenbäumen vorbeigekommen, und hier gibt es sie quasi überall! Jetzt stellt sich nur noch die Frage, ob Santa Claus mit seinen Wichteln und Rentieren auch hier in Durbach wohnt.

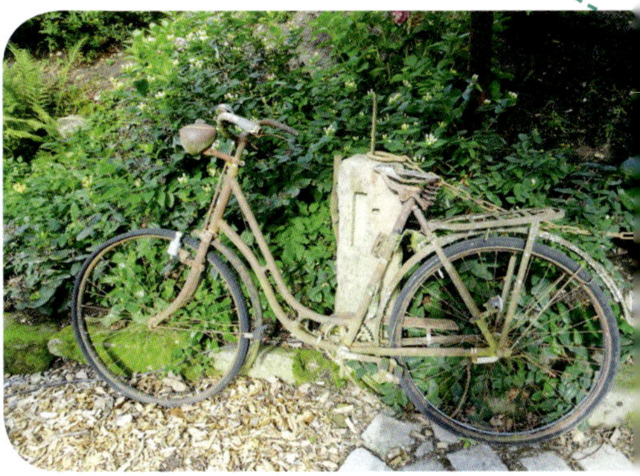

Weiter führt unser Weg mit Blick auf das Schloss und die weitläufigen Durbacher Weinberge. Auf schmalem Pfad gelangen wir so zum urigen **Springbauer-Hof ⑩**. Auch hier erwartet uns ein schöner Rastplatz direkt neben einem alten, heimeligen Bauernhaus, das allerdings nicht mehr bewohnt zu sein scheint. Wenn es erzählen könnte, würde es uns bestimmt so manches Schwarzwald-Geheimnis verraten … Wer noch nicht genug getrunken hat, kann sich letztmalig erfrischen oder aber einen sogenannten Scheidekrug trinken, bevor er oder sie den finalen Abstieg beginnt. Erst ein Schotterweg, dann ein halb links abzweigender Pfad leiten neben einem quirligen Gebirgsbach hinunter ins Tal. Der **Durbachtalweg** führt uns dann links zum **Ausweichparkplatz P 2**, wo wir in der Folge die Straße und den Bach queren. Mit Aussicht auf die

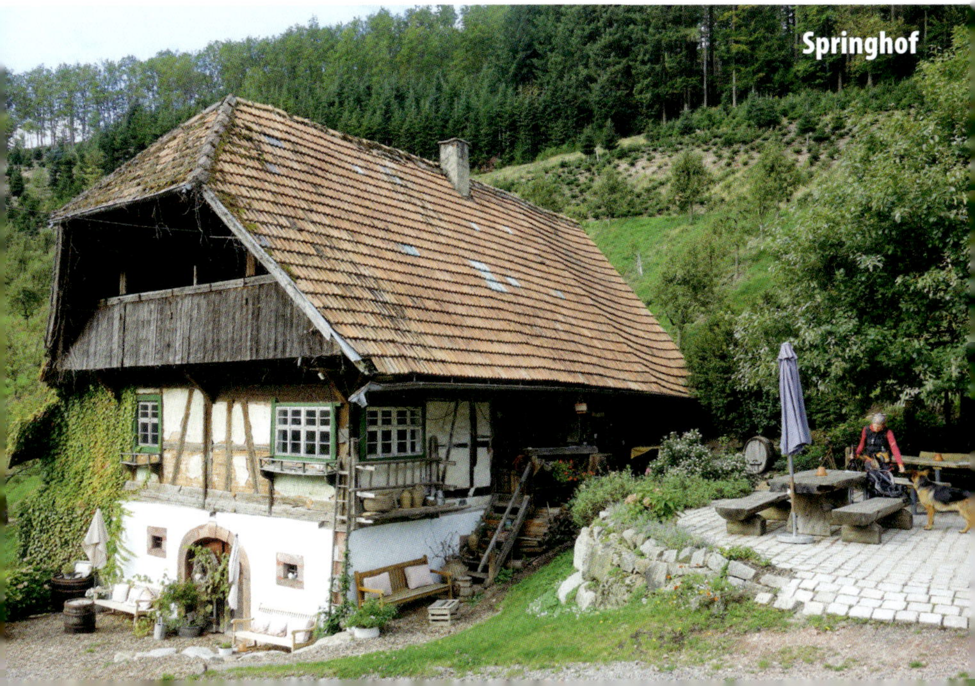

Springhof

Verwöhntour 9

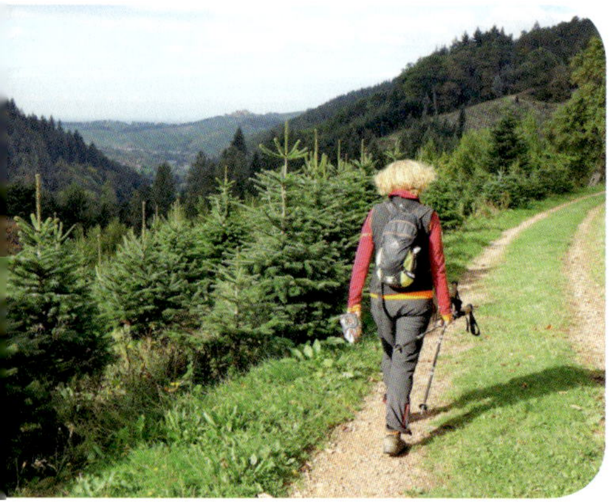

Höfe wandern wir am Wildsaubrunnen und einem **Wildgehege** vorbei zum **Gasthaus Hohberg ⑪**. Wer möchte, kann den Wandertag hier gemütlich ausklingen lassen. Der romantisch gelegene Serrerhof ist bereits wieder in Sichtweite gerückt, und wenn wir uns umwenden, erkennen wir auf der Anhöhe unsere Sitzbank am Gebirg-Blick.

Die heutige Tour bot nicht nur Erfrischung pur, sondern eine aussichtsreiche Idylle mit Einblick in das Landleben auf den Bergbauernhöfen. Eine Wanderung, die auch für Kleingruppen perfekt geeignet ist.

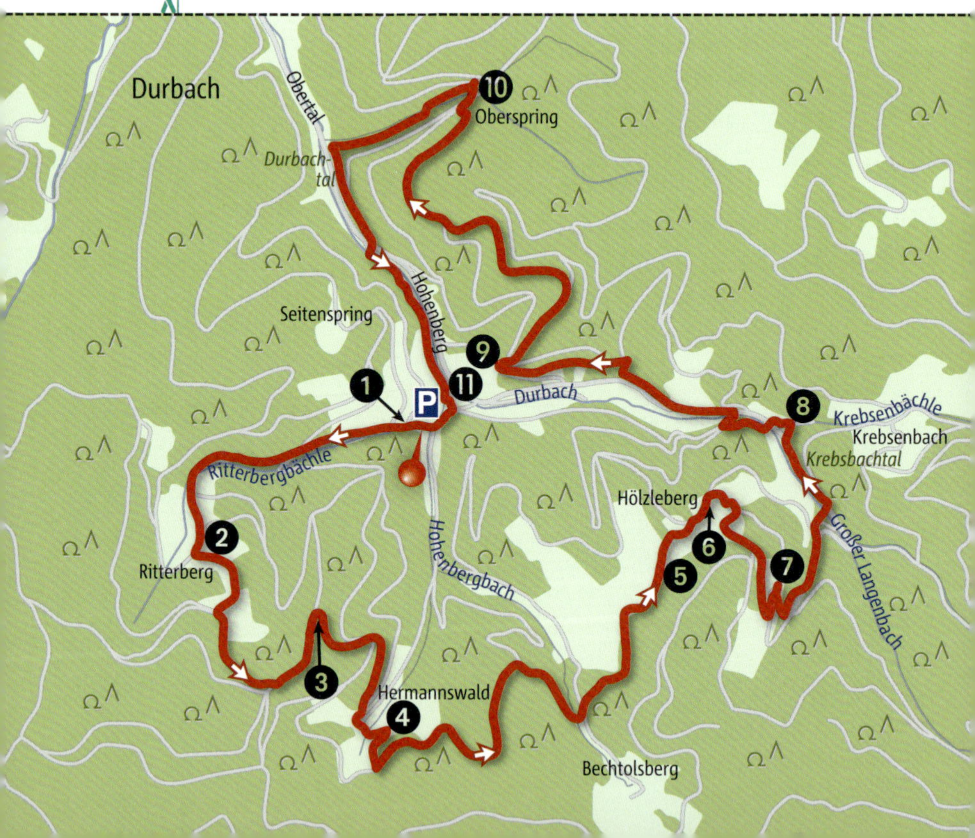

Alles auf einen Blick

WIE & WANN:

Mit fast 500 Hm beachtlicher Höhenunterschied; beste Zeit April bis Anfang November

HIN & WEG:

Auto: Gebirg-Parkplatz P 1, 77770 Durbach (GPS: 48.464348, 8.055300)
ÖPNV: Keine geeignete Anbindung

ESSEN & ENTSPANNEN:

An den genannten sieben Bergbauernhöfen sowie an der Volkshütte gibt es Getränkestationen.
Serrerhof ❶ Hohenberg 12, 77770 Durbach, Tel. (07 81) 4 15 87
Ritterhof ❷ Ritterberg 1, 77770 Durbach, Tel. (07 81) 4 15 86, www.ritterhof-durbach.de

Entspannung ✱✱✱✱✱
Genuss ✱✱✱✱✱
Romantik ✱✱✱✱✱

Volkshütte ❸
Hermannswälder-Hof ❹ 1, 77770 Durbach, Tel. (07 81) 94 86 96 95, www.hermannswald.de
Hölzleberg-Hof ❻ Hölzleberg 1, 77770 Durbach, Tel. (07 81) 4 13 57, www.hoelzleberg.de
Halterhof ❼ An der Moos 1, 77770 Durbach, Tel. (07 81) 4 21 29, www.halterhof-durbach.de
Genussbrennerei Gmeiner ❽ Hohenrain 4, 77770 Durbach, Tel. (07 81) 3 33 44
Springbauer-Hof ❿ Oberspring 1, 77770 Durbach, Tel. (07 81) 4 22 37, www.springbauerhof.de
Gasthaus Hohberg ⓫ Hohenberg 11, 77770 Durbach-Gebirg, Tel. (07 81) 9 32 93-0, www.hohberg-durbach.de

ENTDECKEN & ERLEBEN:

Josefsbrunnen ❺ **Gebirg-Blick** ❾

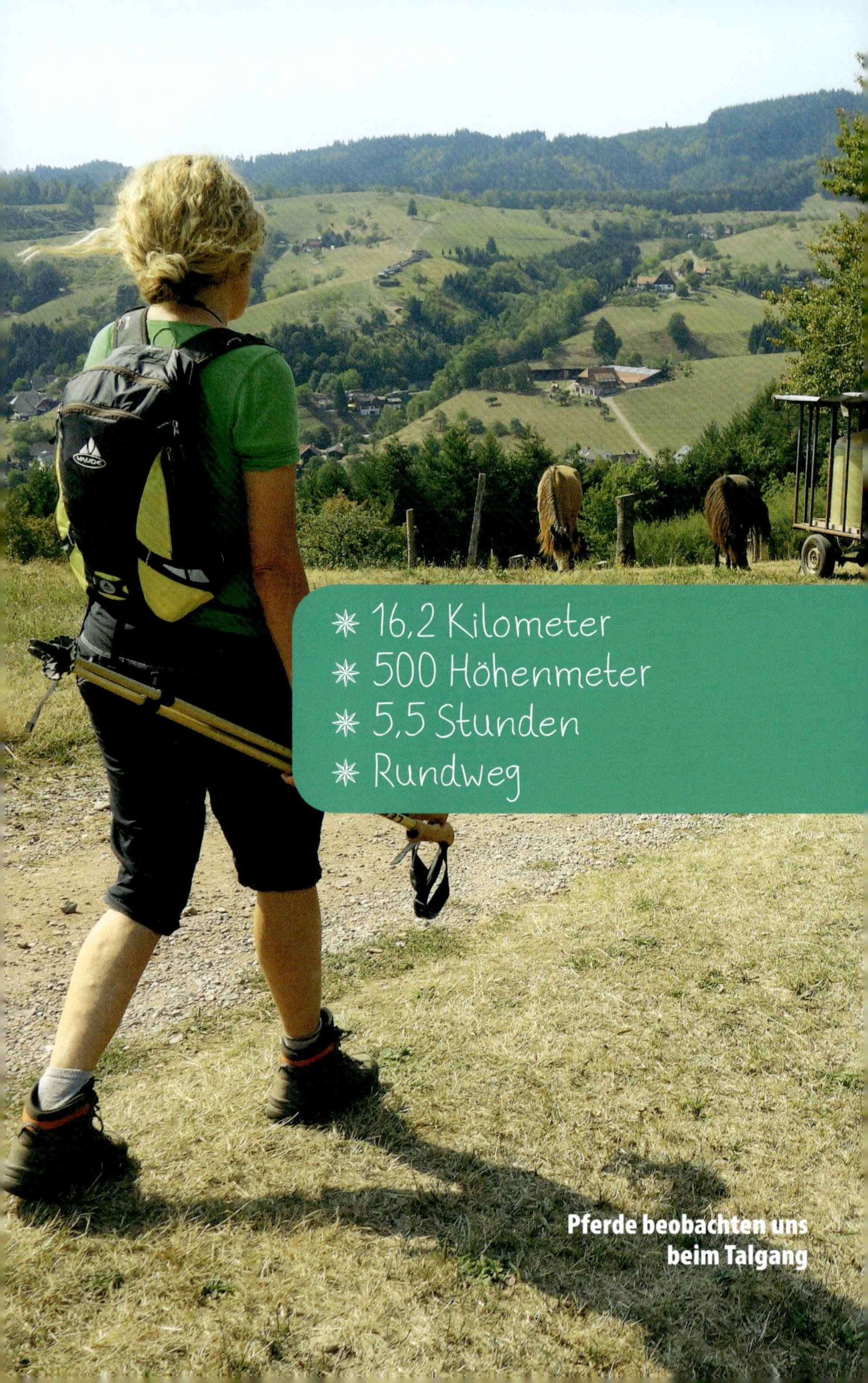
* 16,2 Kilometer
* 500 Höhenmeter
* 5,5 Stunden
* Rundweg
Pferde beobachten uns beim Talgang

Heute steht der Genießerpfad Harmersbacher Vesperweg auf dem Plan. Der Name ist Programm: Überall wo sich ein schöner Platz zum Verweilen mit schöner Aussicht findet, bietet der Harmersbacher Vesperweg ein individuell und liebevoll gestaltetes Vesperplätzchen zum Picknick an.

Im malerisch gelegenen Oberharmersbach starten wir vom großen **Parkplatz der Reichstalhalle** zum **Harmersbacher Vesperweg**. Wir haben schon viel über diese Wanderroute gehört und brennen darauf, sie zu erkunden. Also nix wie los – Stiefel schnüren, Rucksack geschultert, und auf geht's, der Markierung mit dem **roten Bollenhut** folgend!

Wandern & Vespern

Harmersbacher Vesperweg

Rechts neben der Tourist-Information **Oberharmersbach ❶** gelangen wir zu den Bahnschienen, dahinter folgen wir einem ebenen Fußweg, der erst einmal parallel zur Bahnlinie verläuft. Nach circa 5 Minuten wandern wir bei einem Bauernhof rechts versetzt zum Donissihof, respektive **Donissi Hofladen ❷**, hinauf. Wer seine Vesper noch etwas ergänzen möchte, kann sich hier mit allerlei Leckereien eindecken. Oh, wie nett, man hat an dieser Stelle eine hölzerne Sitzbank mit übergroßem Vesperbrett und Mostkrug platziert, die uns auf die kulinarische Wanderstrecke einstimmen sollen. Entzückt steigen wir entlang an saftig grünen Wiesen empor und erreichen bald einen jungen Buchenwald.

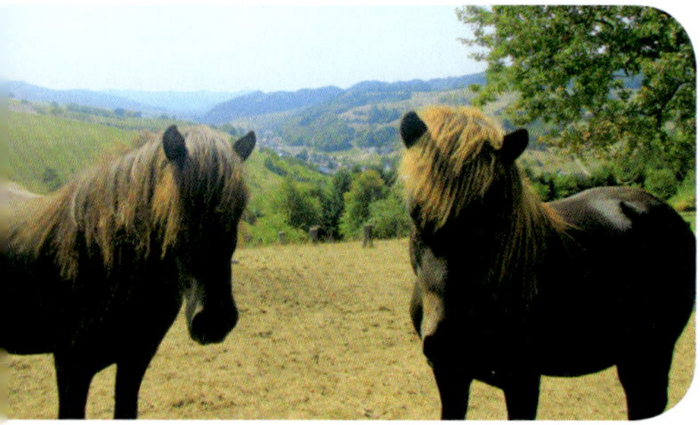

Nach dem Waldstück wandern wir scharf rechts bergwärts zum **Hubhof** und folgen dann dem Genießerpfad wieder in den Wald, bis wir auf das **Brunnenhisli** ❸ treffen. In einem Naturkühlschrank stehen uns gegen einen kleinen Obolus Erfrischungsgetränke zur Verfügung. So eine kühle Apfelschorle hat schon einen gewissen Durstlöscheffekt, vor allem an heißen Tagen.

Weiter geht's, bis wir einen schönen Talblick auf Oberharmersbach ergattern können. Bald schon erleben wir die nächste Überraschung, hier liegt ein 30 Meter langer Baumstamm einer Weißtanne, der vom hiesigen Bauhof zu einer **Picknickstätte** ❹ mit diversen Sitzmöglichkeiten umfunktioniert wurde. Eine bessere Gelegenheit, seine Rucksackvesper zu verzehren, wird es wahrlich nicht mehr geben. Kurzerhand beschließen wir, eine Zwischenrast einzulegen. An so einem genialen Platz, da schmeckt es gleich doppelt gut!

Über eine Weide und Obstwiese steigen wir weiter bergwärts und gehen am Ende der Steigung im Linksbogen zu einem weißen Gebäude mit Kuppel, das sich als Sternwarte entpuppt. Leider kann sie nicht besichtigt werden. An Schwarzwälder Kirschbäumen vorbei geht es erneut in den Wald, und wir staunen nicht schlecht, als wir das Zitat »Hock mol uf de Arsch no!« beim Naturlexikon an einer Weihnachtsbaumplantage lesen. Und tatsächlich stehen dort ein paar originelle »Ärsche« als Sitzmöglichkeit um einen hölzernen Tisch herum, der aussieht wie ein überdimensioniertes Vesperbrett. Sofort zücken wir die Kamera, das muss unbedingt festgehalten werden. Ein bestens geglückter Versuch, den Weg für den Wanderer so aussichtsreich und urig wie möglich zu gestalten!

Wir gehen weiter und biegen vor einem Fahrweg links ab. Kurze Zeit darauf laufen wir nach rechts zur

Baumwiege auf dem Langenberg ❺. Eine gemütliche Hängematte bietet sich für eine ausgedehnte Mittagsruhe an, zumindest aber für eine kleine Verschnaufpause mit einer etwas anderen Perspektive in dem Himmel. Wärmende Sonnenstrahlen blitzen zwischen den Bäumen hindurch, liegend kann man dieses eindrucksvolle Naturschauspiel perfekt erleben.

Nach dieser besonderen Auszeit führt ein ausgeschilderter Alternativweg in einer Extraschleife rechts zur **Vesperstube Langenberg** ❻. Hier ist eine gemütliche Einkehr in herrlicher Landidylle möglich.

Wieder zurück auf dem Hauptweg, gehen wir zum großartigen **Pano(rahmen)** ❼. Durch den übergroßen Rahmen schweift unser Blick weit hinab ins Tal, diese

*In der **Vesperstube Langenberg** kann man klassisch mit Hausmacherwurst oder Wurstsalat vespern, bekommt aber ebenso Pommes für die Kleinen, diverse Eierspeisen und Schnitzelvariationen. Auf Veggies wartet ein leckerer Gemüseteller mit Spiegelei und Rösti.*

Für die Seele

Viele schöne Plätzchen für eine genüssliche Rast gibt es bei Oberharmersbach zu entdecken – eine gelungene Komposition für eine Erlebniswanderung anderer Art.

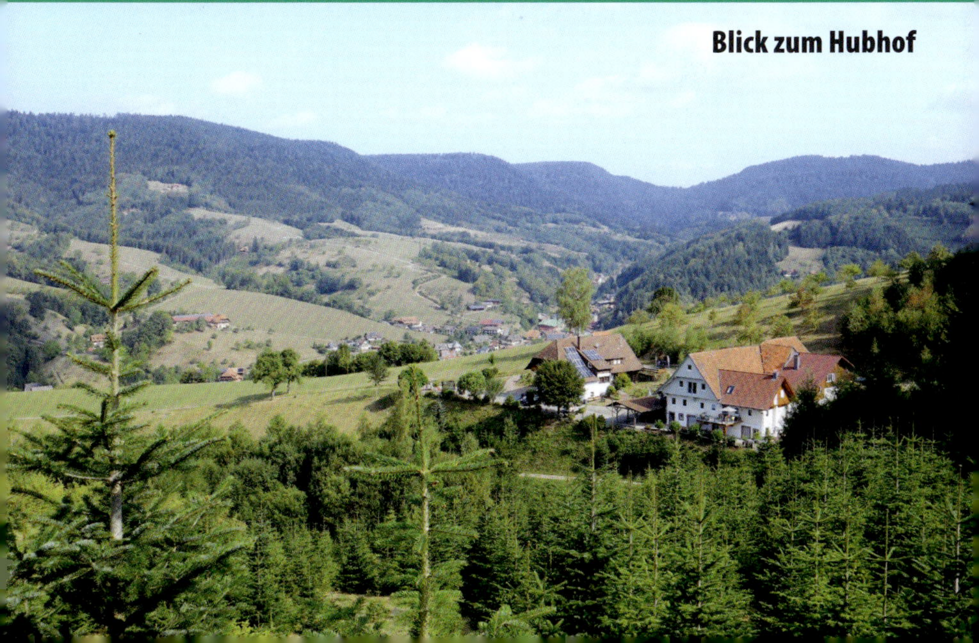

Blick zum Hubhof

Installation setzt das hügelige Land hervorragend in Szene. Ein tolles Fotomotiv. Immer wieder stellen wir fest: Ach, wie schön kann das Leben sein, und wie wenig benötigt es manchmal dafür.

Weiter folgen wir dem Genießerpfad, und beim weiteren Anstieg blicken wir rechts hinüber zum markanten Brandenkopf und erreichen schon bald ein urig-romantisches Häuschen. Nein, es ist kein Hexenhäuschen – es ist das **Schmusehisli** ❽ (zu sehen auf dem Autorenfoto im Einband). Ein schnuckeliges Holzhäuschen mit bunten Vorhängen, Holzliege und liebevollen Details wie zum Beispiel Blumenkästen, Fensterläden, die mit Herzen verziert sind, Klappbank … Hier muss man sich einfach wohlfühlen und verweilen. Verträumt und verschmust genießen wir die wundervolle Landschaft. Schnell noch ein paar Bilder als Erinnerung geschossen, dann brechen wir wieder auf.

Zwischen der Kreuzsattelhütte und dem Harkhof verläuft der Harmersbacher Vesperweg auf dem legendären Westweg, der seit 1900 als Fernwanderweg Pforzheim mit Basel verbindet.

Im angrenzenden Wald gehen wir am Wegweiser **Grabenjörgle** halb rechts und passieren einen alten Bildstock aus dem Jahre 1847. Durch Nadelwald gelangen wir hinauf zur **Kreuzsattelhütte** ❾. Die vom Schwarzwaldverein Oberwolfach bewirtschaftete Hütte ist von Mai bis Oktober an Sonn- und Feiertagen ge-

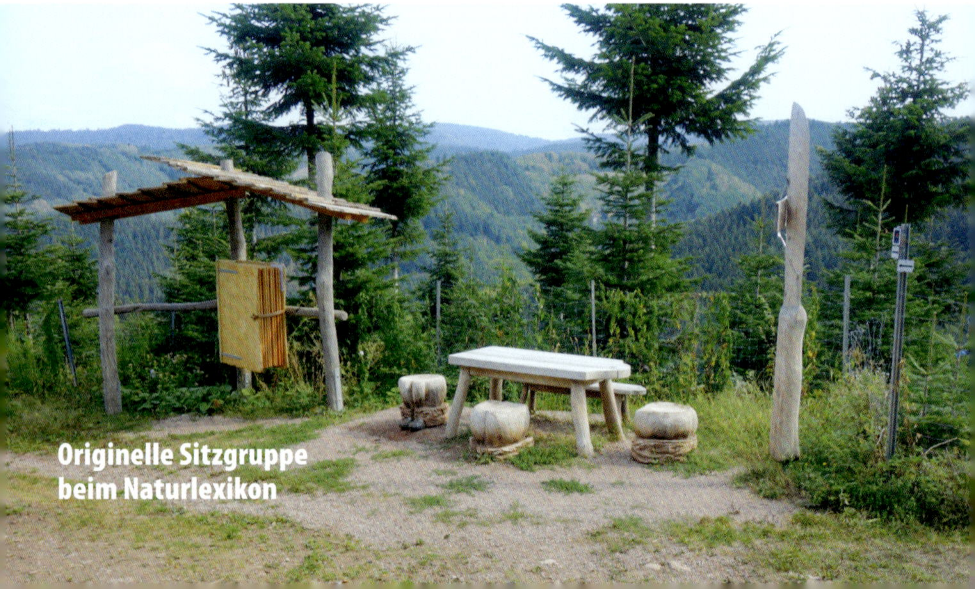

Originelle Sitzgruppe beim Naturlexikon

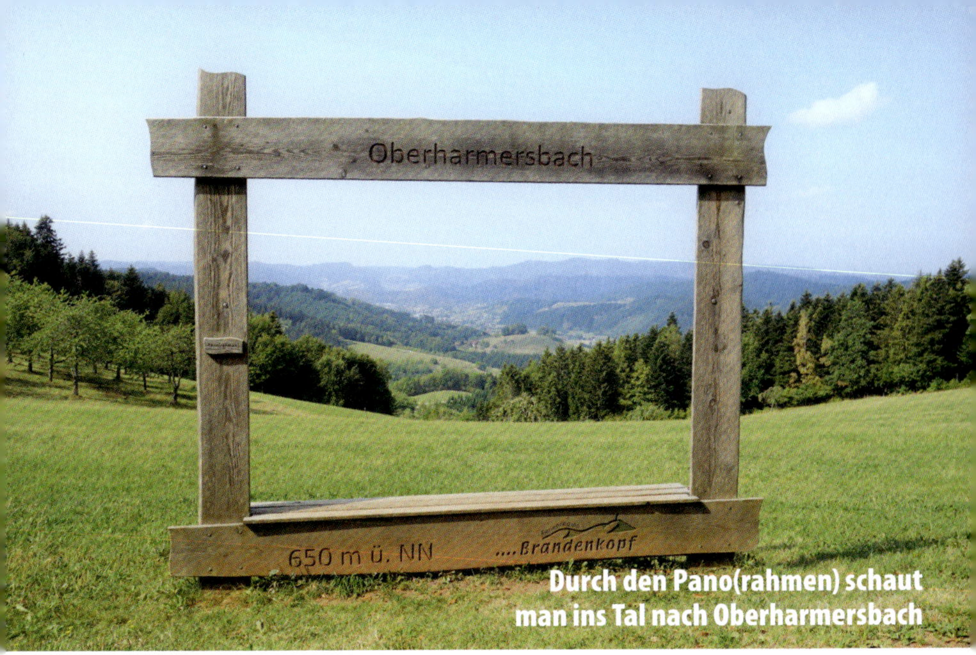

Durch den Pano(rahmen) schaut man ins Tal nach Oberharmersbach

öffnet. Am Brunnen können wir uns jederzeit etwas die Stirn und die Arme kühlen und unseren Wasservorrat mit frischem Quellwasser auffüllen.

Wir treffen auf den **Westweg** und folgen, die **rote Raute** im Visier, dem **Mittleren Weg** in Richtung Nordosten zu einer etwa 20 Minuten entfernten Linkskehre. Dort wechseln wir geradewegs auf einen sandsteinstaubigen Waldpfad und schwenken bei einem breiten Weg nach links. Meter um Meter üben wir uns in achtsamer Stille, bis rechts ein Pfad zum Standort **Bei St. Gallus** abgeht.

Wir gehen links und erreichen nach einem seelenstärkenden Marsch durch den duftenden Wald die **Harkhöhe** (710 m). Links in der Mulde erblicken wir jetzt bereits unser nächstes Ziel, den **Harkhof ⑩**. In der **Vesperstube** gibt es deftige Hausmannskost. Außerdem bekommt man hausgemachte Wurst, haltbar in Dosen verpackt, zum Mitnehmen. Bei einem erfrischenden Radler mit zünftigem Vesper und hausgebackenem Holzofenbrot lassen wir es uns so richtig gut gehen.

Erholt und gestärkt wandern wir mit Leichtigkeit den Schotterweg mit der **Genießerpfad**-Markierung

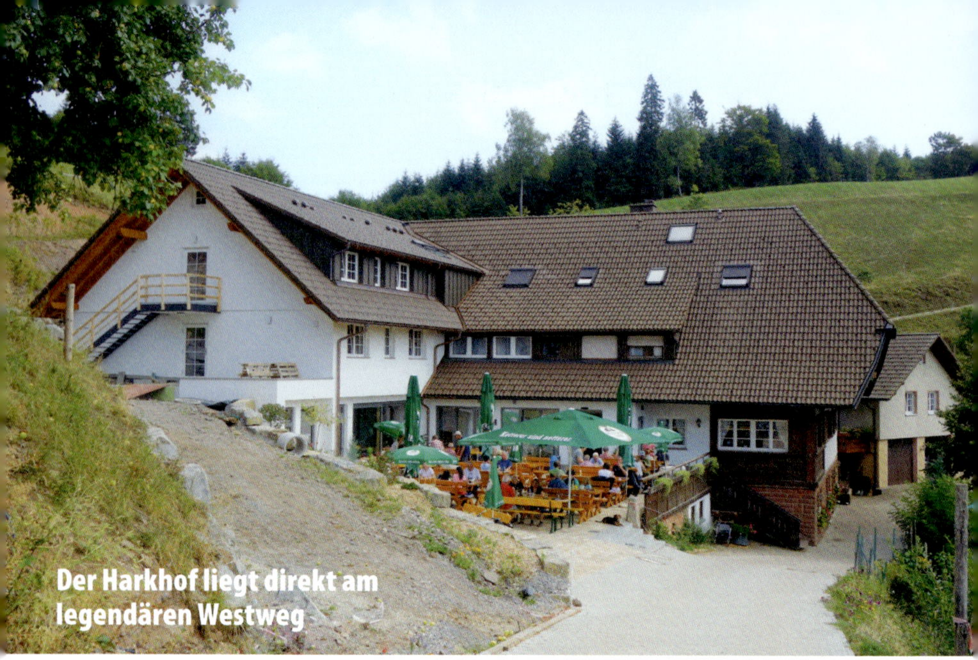

Der Harkhof liegt direkt am legendären Westweg

hinauf und biegen oben vor dem Wald links ab. Oh, was sehen wir denn da? Auf dem Hang stehen drei Riesenholzstühle – wer möchte, kann hinüberlaufen und versuchen aufzusteigen. Es sieht lustig aus, wie klein man doch auf so einem großen Stuhl wirkt.

An der nächsten Kreuzung nehmen wir den mittleren Weg und gelangen im Tannenwald zu einem Wegetreff, an dem wir geradeaus gehen. Langsam verlieren wir beständig an Höhe. Inzwischen durchstreifen wir einen Mischwald und lauschen dem Rascheln der Blätter, die sich ganz sanft im Wind bewegen. Wo sich der Pfad gabelt, gehen wir rechts weiter. Ein sehr steiler Stich bringt uns hinunter zu einer großen **Hollywood-Schwarzwald-Holzschaukel**. Super, sie bietet sich geradezu für eine kleine Ruhepause an, so können wir für den restlichen Weg noch einmal etwas Energie tanken.

Abwärts folgen wir unserer Markierung in Richtung Tal und durchstreifen abermals den Schatten spendenden Forst. Achtung, bald führt der Weg erneut sehr steil abwärts – gutes Schuhwerk ist von Vorteil. Wir bleiben auf unserer Route und ignorieren sämtliche Abzweigungen, bis wir an der nächsten Kreuzung halb rechts abbiegen. Kurz nach dem Standort **Eiwaag** öffnet sich der Wald, und wir schreiten entlang an wunderschön blühenden Bergwiesen mit herrlichen Aussichten dem Tal entgegen.

Ein hölzernes Fernrohr bietet einen guten Durchblick und wir verweilen einige Zeit in dieser exponierten Lage. Als nächstes Highlight erreichen wir einen hölzernen **Pavillon** ⑪ und schauen tief beeindruckt aus dem Fenster vom Köpfle herunter. Wie im Adlernest thronen wir hoch über Oberharmersbach mit seiner imposanten Kirche.

Über eine große Kehre gelangen wir hinunter ins Tal, ein paar Apfelbäume zieren den Wegrand, bis wir kurz darauf ins Wohngebiet kommen. Dort geht's zunächst links weiter.

Jetzt führt der Vesperweg an der **Schmiede in Riersbach** vorbei. Wer Lust hat, kann hier einen kurzen Abstecher zum **Brennhisli** ⑫ des Peterseppenhofs unternehmen.

Wer einen Einblick in die Welt der Schnapsbrennerei bekommen will, erhält auf Anfrage eine Führung im ***Brennhisli****. Im Hofladen des Peterseppenhofs kann man sich mit allerlei Hochprozentigem versorgen, vom Schwarzwälder Kirschwasser bis zum Blutwurz.*

Ausblick vom Pavillon

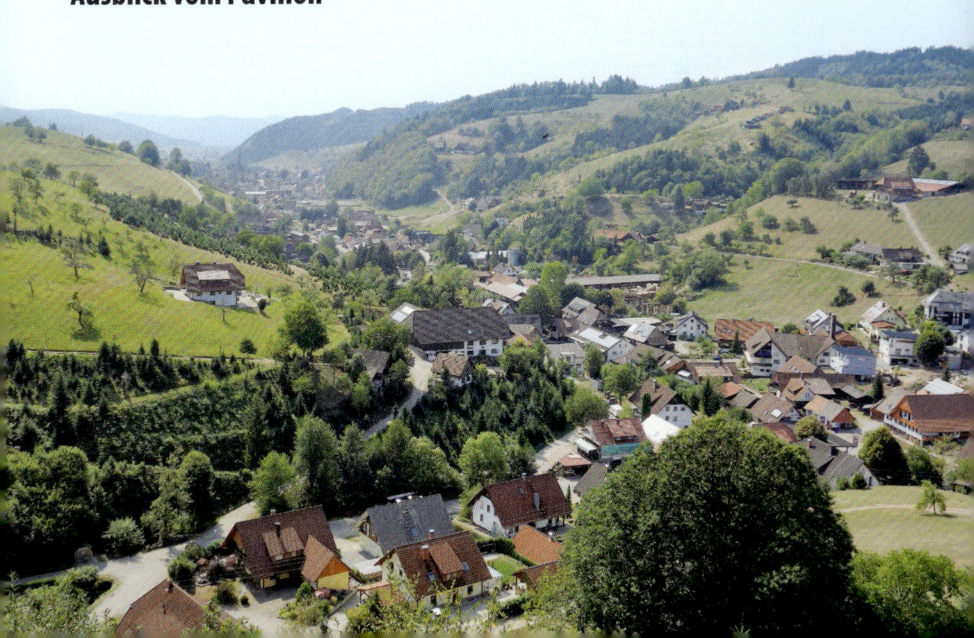

Verwöhntour 10

In schöner Ortsrandlage folgen wir gemütlich dem Genießerpfad und gehen dann rechts bis zum **Minigolfpark** ⓭ mit **Biergarten**. Anschließend geht's vorbei am **Bahnhof Oberharmersbach-Riersbach**, wo diejenigen in die Tour einsteigen, die mit öffentlichen Verkehrsmitteln angereist sind. Über die **Brugasse** gelangen wir zum **Gasthaus Posthörnle** ⓮, wo wir es uns bei gutbürgerlicher deutscher Küche wohl sein lassen.

Noch einmal queren wir links die Bahngleise und folgen dann der Markierung, die uns zum Ausgangspunkt zurückleitet.

Wir sind uns einig, heute wurden unsere Erwartungen übertroffen. Der großartige Harmersbacher Vesperweg macht seinem Namen alle Ehre. Hier hat man sich bei jedem Detail Mühe gegeben, diese Tour ist einfach nur empfehlenswert!

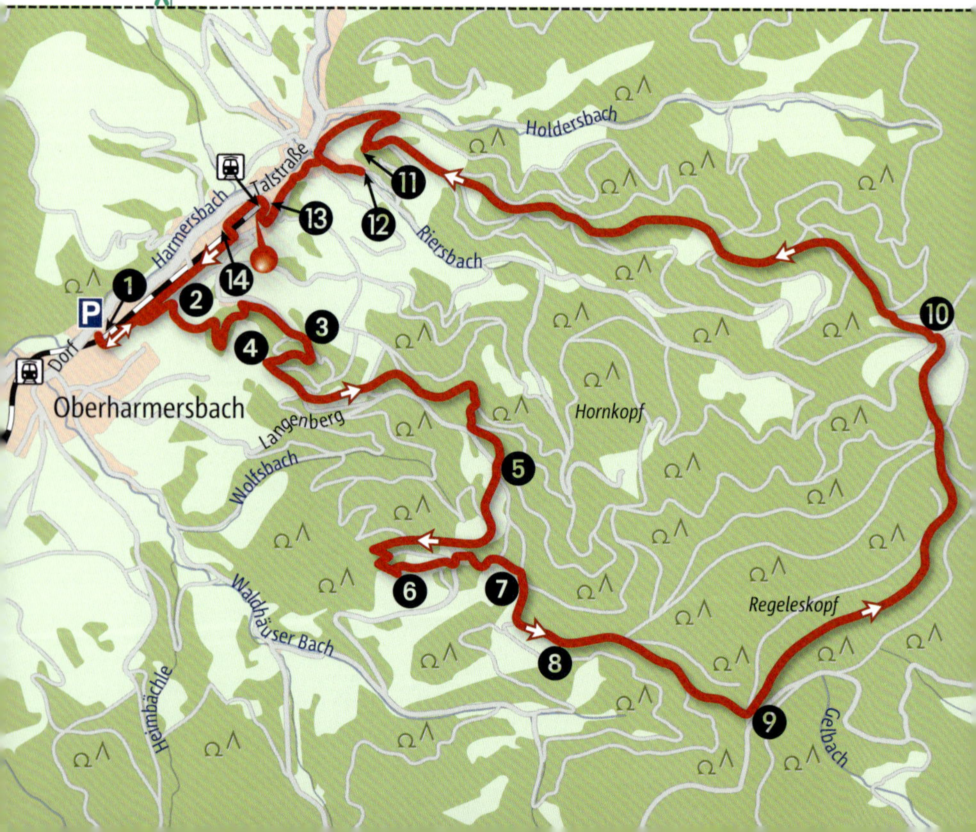

Alles auf einen Blick

WIE & WANN:
Anspruchsvolle Tageswanderung mit etwas steilem Abstieg; festes Schuhwerk empfehlenswert; beste Zeit April bis Oktober

HIN & WEG:
Auto: Parkplatz bei der Tourist-Info neben der Reichstalhalle, Dorf, 77784 Oberharmersbach (GPS: 48.375065, 8.129818)
ÖPNV: Von Biberach (Baden) RB 22 bis zum Endbahnhof Oberharmersbach-Riersbach; Einstieg in die Tour am Bahnhof

ESSEN & ENTSPANNEN:
Donissi Hofladen ❷ Hub 5, 77784 Oberharmersbach, Tel. (0 78 37) 8 21, www.donissi-hofladen.de

Entspannung ✱✱✱✱✱
Genuss ✱✱✱✱✱
Romantik ✱✱✱✱✱

Vesperstube Langenberg ❻ Langenberg 2, 77784 Oberharmersbach, Tel. (0 78 37) 7 50, www.vesperstube-langenberg.de **Kreuzsattelhütte** ❾ Schwarzwaldverein Oberwolfach, Tel. (0 78 34) 17 90, www.schwarzwaldverein-oberwolfach.de/kreuzsattelhuette **Vesperstube Harkhof** ❿ Hark 1, 77784 Oberharmersbach, Tel. (0 78 37) 8 35, www.harkhof.de **Brennhisli** ⓬ Riersbach 15, 77784 Oberharmersbach, Tel. (0 78 37) 6 39, www.brennhisli.info **Biergarten am Minigolfpark** ⓭ siehe Entdecken & erleben **Gasthaus Posthörnle** ⓮ Talstraße 66, 77784 Oberharmersbach, Tel. (0 78 37) 9 22 46 88, www.gasthaus-posthoernle.regional.de

ENTDECKEN & ERLEBEN:
Tourist-Information Oberharmersbach ❶ Dorf 60, 77784 Oberharmersbach, Tel. (0 78 37) 2 77, www.oberharmersbach.de **Brunnenhisli** ❸ **Picknickstätte** ❹ **Baumwiege auf dem Langenberg** ❺ **Pano(rahmen)** ❼ **Schmusehisli** ❽ **Pavillon** ⓫ Minigolfpark ⓭ Talstraße 68, 77784 Oberharmersbach, Tel. (0 78 37) 9 22 34 60, www.adventure-minigolfpark.de

Am Hofstetterbach

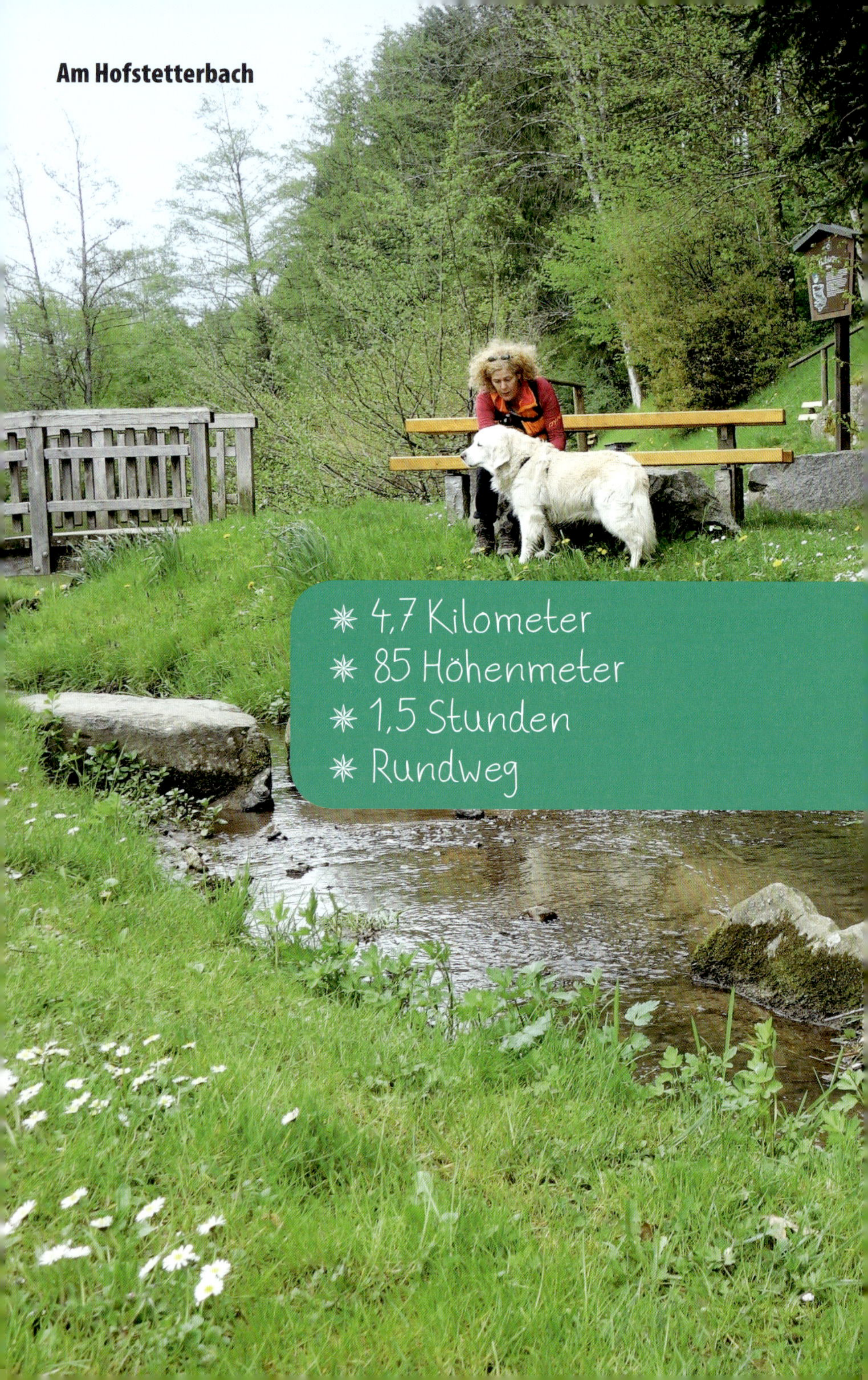

- 4,7 Kilometer
- 85 Höhenmeter
- 1,5 Stunden
- Rundweg

Badische Genüsse

Kulinarisches im Hofstetter Tal

Unser heutiger Ausgangspunkt befindet sich in einem herrlich gelegenen Nebental der Kinzig, im schönen Ort Hofstetten. Gestartet wird im Dorfzentrum am Rathaus. Wir setzen über die Straße in Richtung der **Georg-Geisler-Straße** und werden anfangs vom Hofstetterbach begleitet. Die **gelbe Raute** weist uns den Weg durch ein Wohngebiet. Am Horizont erblicken wir bereits jetzt die sanften, bewaldeten Hügel des lieblichen Mittelschwarzwalds. Gleich stellt sich bei uns ein gewisses Gefühl von Heimkommen ein. Nach 400 Metern biegen wir rechts ab und schreiten im **Senkmatt** beständig leicht bergan. An einer Gabelung etwa 250 Meter weiter halten wir uns links und verlassen schon bald den beschaulichen Ort. Von

> *Diese Tour eignet sich wegen ihrer Kürze optimal für alle, die gern viel Zeit zum Genießen einplanen möchten. Sie finden Ruhe, Entspannung, Idylle und ein gutes kulinarisches Angebot.*

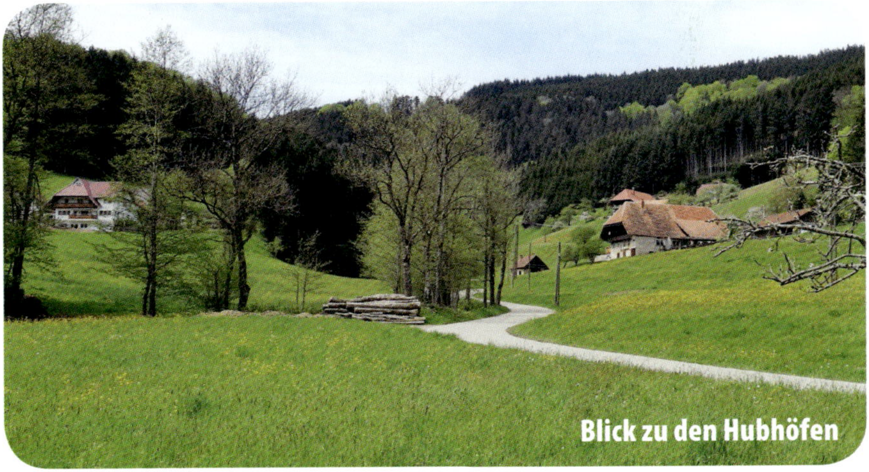

Blick zu den Hubhöfen

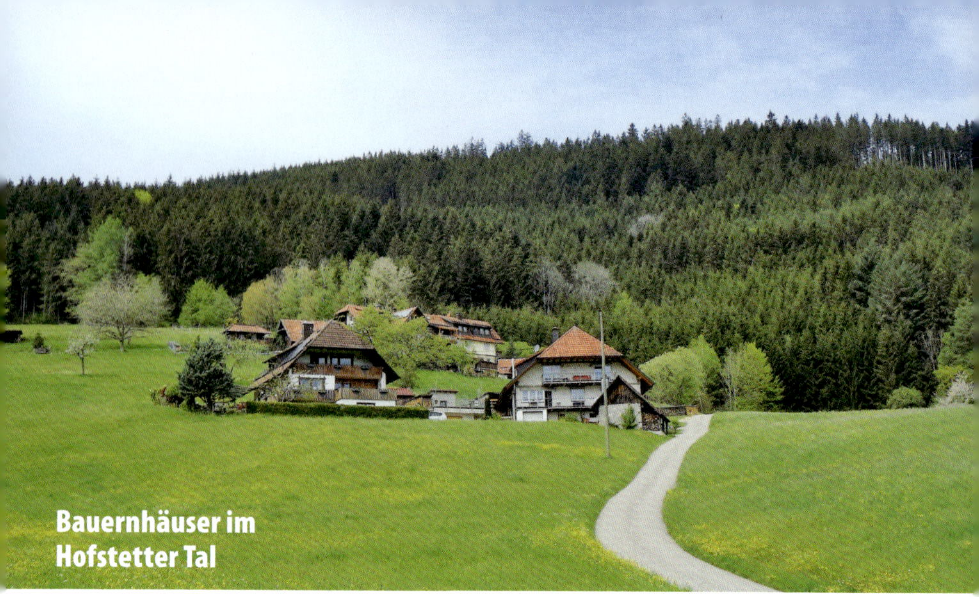

Bauernhäuser im Hofstetter Tal

saftig grünen Wiesen umgeben wandern wir zur **Breitebene** und halten uns vor einem weißen Jesuskreuz halb links. Immer wieder schweift der Blick rechts hinauf zu den Hubhöfen, die sich in die idyllische Landschaft schmiegen. Und weiter wandern wir ins Hofstetter Tal hinein. Unser gleichmäßiger Schritt und das Zirpen der Grillen vermitteln Ruhe und Gelassenheit. Die blühenden Wiesen sind gesprenkelt mit unzähligen kleinen, bunten Farbtupfern. Auch die vielen Apfelbäume stehen in voller Blüte und lassen die Landschaft friedlich und heimelig wirken. Vor uns erkennen wir die stattlichen Moserhöfe inmitten einer bezaubernden Bergwelt. Tief saugen wir diesen herrlichen Anblick in uns auf. Dann fließt der wild rauschende Salmensbach neben unserem Weg quirlig dahin. Welch enorme Kraft Wasser doch entwickeln kann! Neben dem Bach führt unser Weg leicht bergauf, bis unterhalb der Moserhöfe der breite **Winterhaldenweg** scharf links in den Wald abzweigt. Rückblickend genießen wir nochmals einige Minuten die Aussicht auf das stille Tal und kommen ganz bei uns selbst, in unserer Mitte, an.

Der Weg, den wir jetzt gehen, ist für alle motorisierten Fahrzeuge gesperrt. Ein kurzer Anstieg – und dann öffnet sich der Wald. Er gibt uns linksseitig wieder den Blick auf das Tal frei. Aus der Vogelperspektive sehen wir unseren Anstiegsweg, den wir vorhin gegangen sind. Kaum zu glauben, wie viel wir an Höhe gewonnen haben. Wir befinden uns ziemlich genau auf Augenhöhe mit den Moserhöfen an der gegenüberliegenden Talseite. Eine bezaubernde Ruhe umgibt uns. In der Ferne ragt der markante Brandenkopf (945 m) auf.

Nach ein paar Minuten schließt sich der Wald, und der Winterhaldenweg leitet leicht talwärts. Wohlklingender Vogelgesang begleitet uns. Durch die lichten Bäume erblicken wir schon die ersten Hofstettener Hausdächer. Plötzlich gelangen wir an einen moosbe-

Als Kolumbus gerade Amerika entdeckt hatte, bewirtete man im Gasthof ***Drei Schneeballen*** *bereits die ersten Gäste. Auch der Heimatschriftsteller Heinrich Hansjakob (1837 bis 1916) residierte gern in dem Traditionshaus. Heute genießt dessen saisonale badische Küche einen ausgezeichneten Ruf.*

Für die Seele

Nach langen Regentagen sind die Schwarzwaldbächlein prall gefüllt, die bunten Wiesenblumen blühen in allen Farben – der Alltag kann getrost zu Hause bleiben!

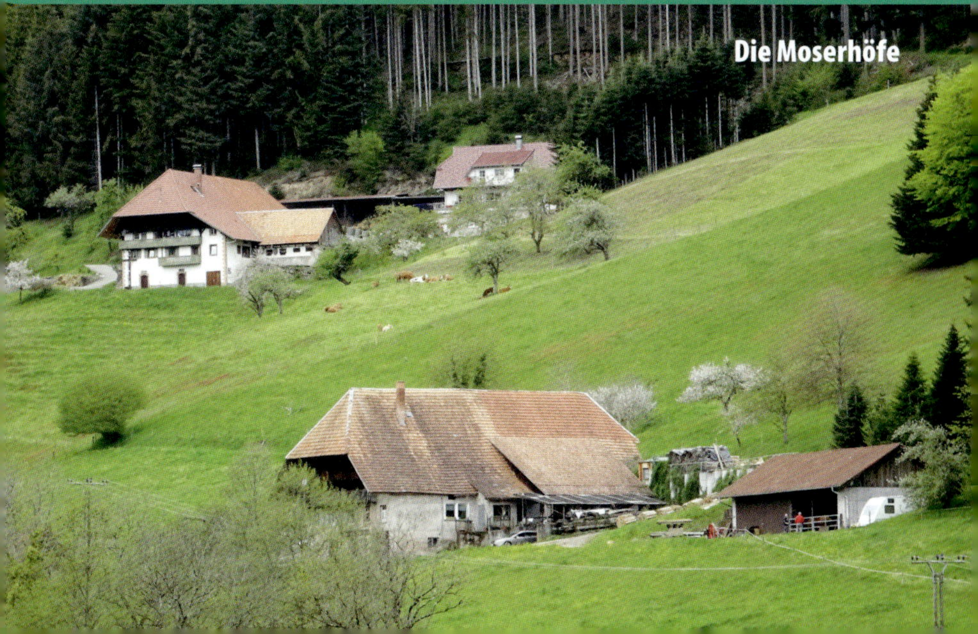

Die Moserhöfe

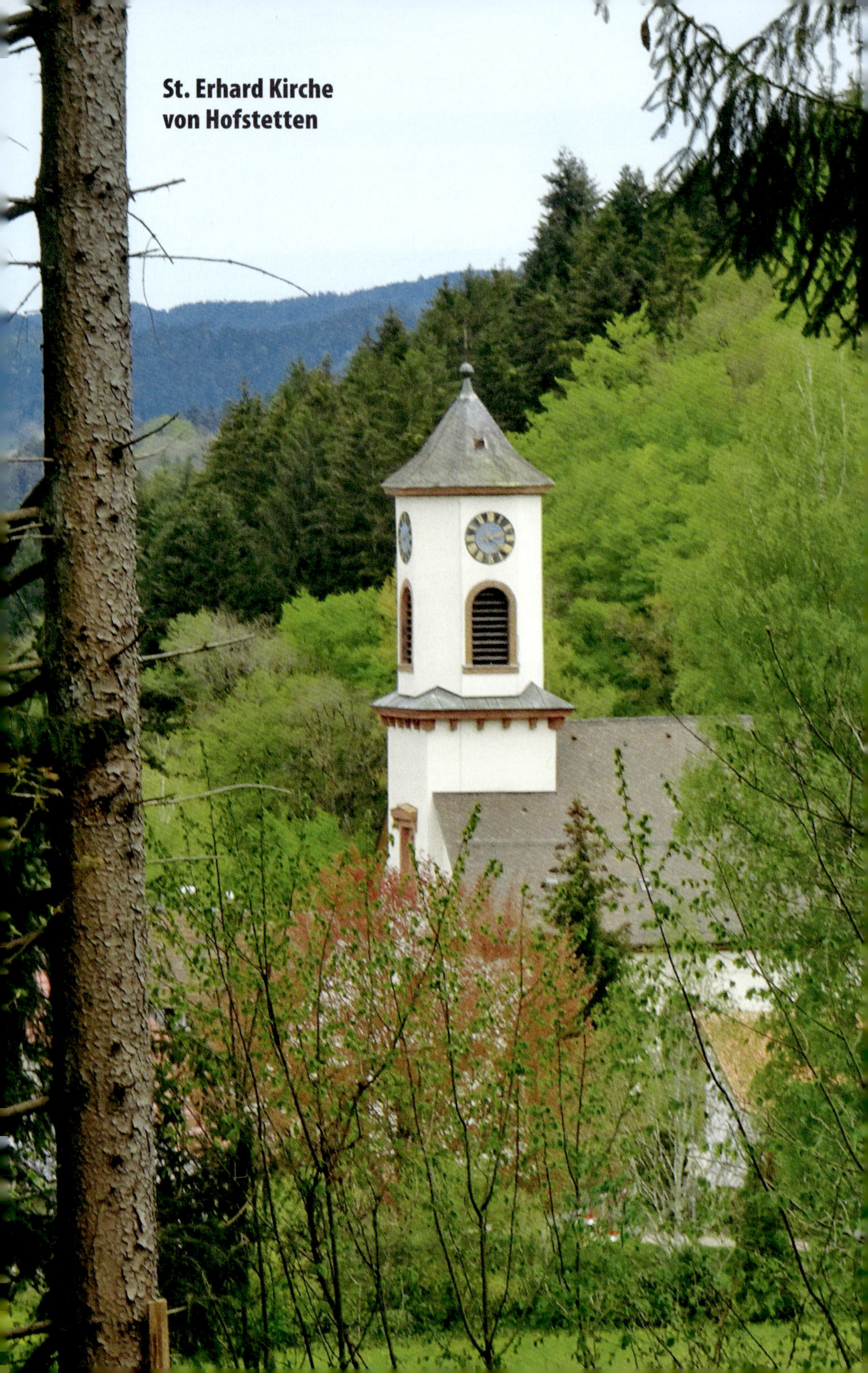

St. Erhard Kirche
von Hofstetten

wachsenen **Quellbrunnen** ❶, der so manchem durstigen oder erhitzten Wanderer eine kühle Erfrischung bietet. Das ist besonders an heißen Tagen ein wahrer Segen. Nach einem weiteren kurzen Anstieg verlassen wir an der **Winterhalde** den Wald und wandern links hinab in Richtung Hofstetten. Gemütlich schreiten wir an der weiß getünchten katholischen **Kirche St. Erhard** vorbei und kommen zu dem Traditionsgasthaus **Drei Schneeballen** ❷, das uns zur Rast einlädt.

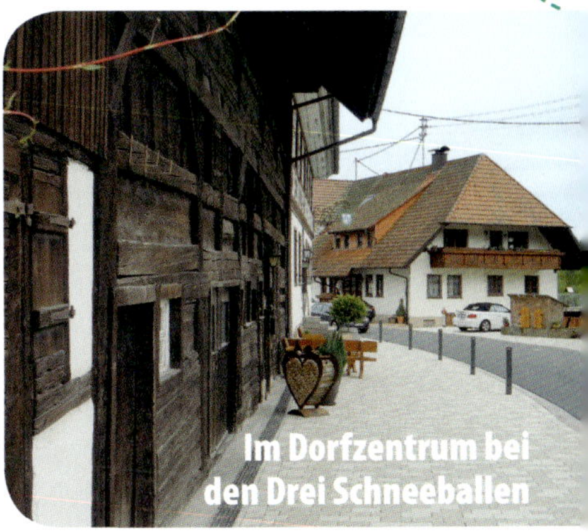
Im Dorfzentrum bei den Drei Schneeballen

Hinter dem Hofstetterbach erreichen wir bereits nach wenigen Schritten unseren Ausgangspunkt. Eigentlich viel zu früh, und daher entschließen wir uns kurzerhand, eine kleine Zusatzrunde zu gehen. Hinter dem Parkplatz **(Henry-Heller-Platz)** erkennen wir in Sichtweite eine mächtige **Mühle** ❸. Sie gehörte, wie die einst 17 Anwesen von Hofstetten, in früheren Zei-

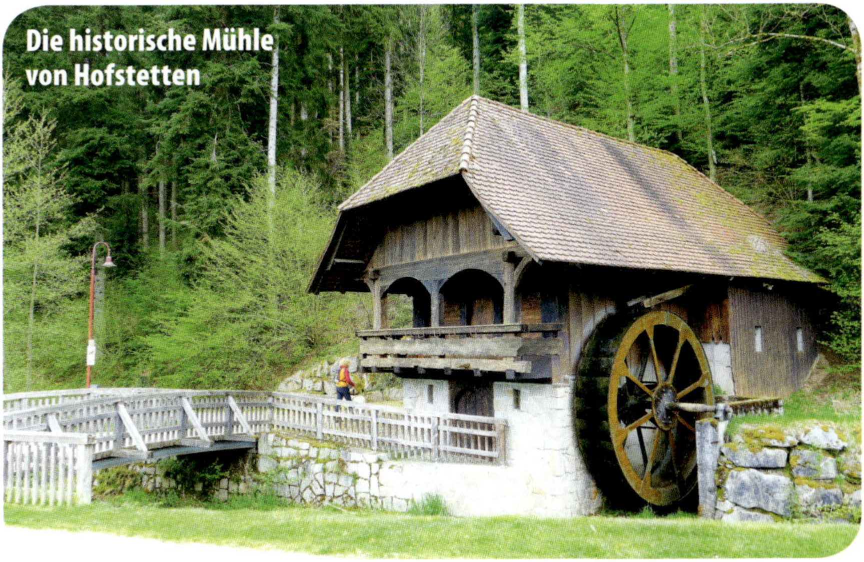
Die historische Mühle von Hofstetten

Die Kombination aus Tradition und Freude am Neuen kennzeichnet das Gasthaus Linde. Man ist stolz darauf, größtenteils mit Produkten aus der Region zu kochen. Zu den Spezialitäten des Hauses zählen die Forelle Müllerinart und »'s Pfännle«, Schweinemedaillons auf Käsespätzle.

ten zum Kloster Walderbach. Das gewaltige Mühlrad dreht sich bis heute.

Wir queren den Hofstetterbach und gehen zwischen zwei Wasserläufen zu einem hübschen **Weiher**, den wir umrunden. Herrliche Blumen und Sträucher säumen den Weg. Verlockende Düfte der Natur steigen in unsere Nasen. Wer möchte, kann sich auch im angrenzenden **Solar-Freibad 4** in die Fluten stürzen oder sich im Kneipp-Becken die Füße abkühlen. Dann wartet schräg gegenüber von unserem Parkplatz noch eine Einkehrmöglichkeit auf uns: das **Gasthaus Linde 5**, wo wir die badische Gastfreundschaft erproben dürfen.

Am Ende des Tages ziehen wir eine hundertprozentig positive Bilanz: Eine kurze, aber deshalb nicht weniger attraktive Wanderung zum Genießen, die mit Wasserrausch und Gaumenschmaus verwöhnt.

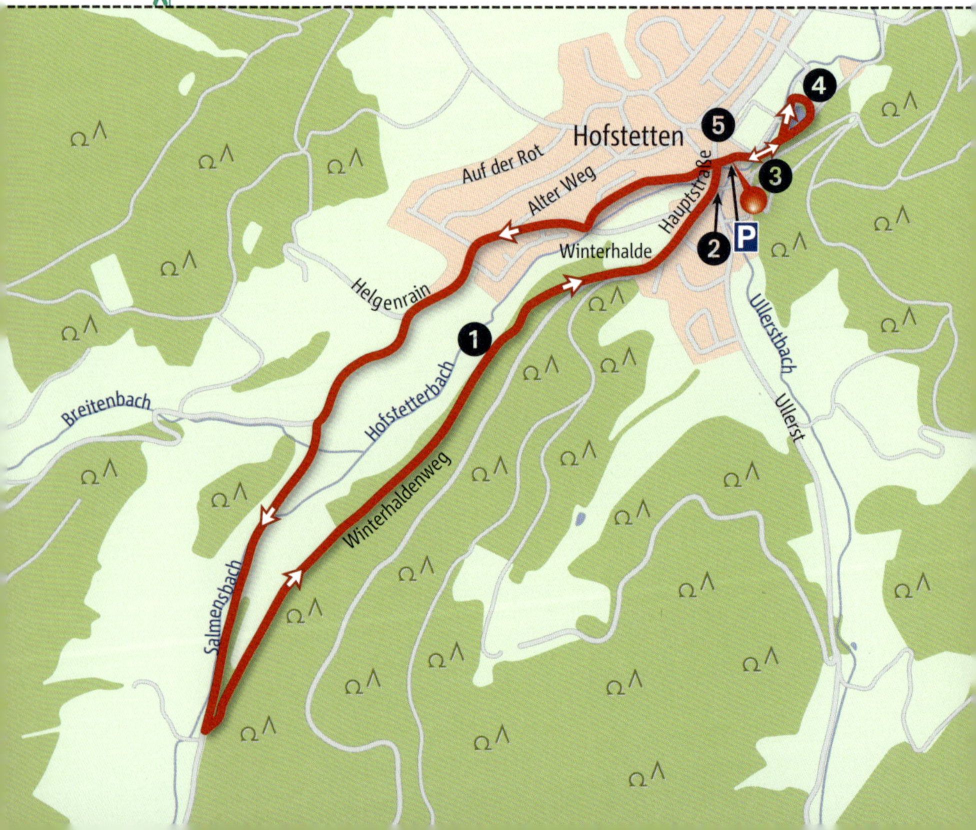

Alles auf einen Blick

WIE & WANN:
Asphaltierte Wege und Waldwege; beste Zeit April bis November

HIN & WEG:
Auto: Parken links hinter dem Rathaus Hofstetten, Hauptstraße 5/Henry-Heller-Platz, 77716 Hofstetten (GPS: 48.258386, 8.069137)
ÖPNV: Ab Offenburg Bf/ZOB oder Hausach Bf Bus 7160 bis Hofstetten (Kinzigtal), Haltestelle Rathaus (Sa., So. kein Verkehr)

ESSEN & ENTSPANNEN:
Drei Schneeballen ❷ Hauptstraße 11, 77716 Hofstetten, Tel. (0 78 32) 28 15, www.drei-schneeballen.de
Gasthaus Linde ❺ Hauptstraße 1, 77716 Hofstetten, Tel. (0 78 32) 99 99 20, www.gasthaus-linde-hofstetten.de

Entspannung ✱✱✱✱✱
Genuss ✱✱✱✱✱
Romantik ✱✱✱✱✱

ENTDECKEN & ERLEBEN:
Quellbrunnen ❶
Mühle ❸
Solar-Freibad ❹ Waldseeweg 2, 77716 Hofstetten, Tel. (0 78 32) 56 12

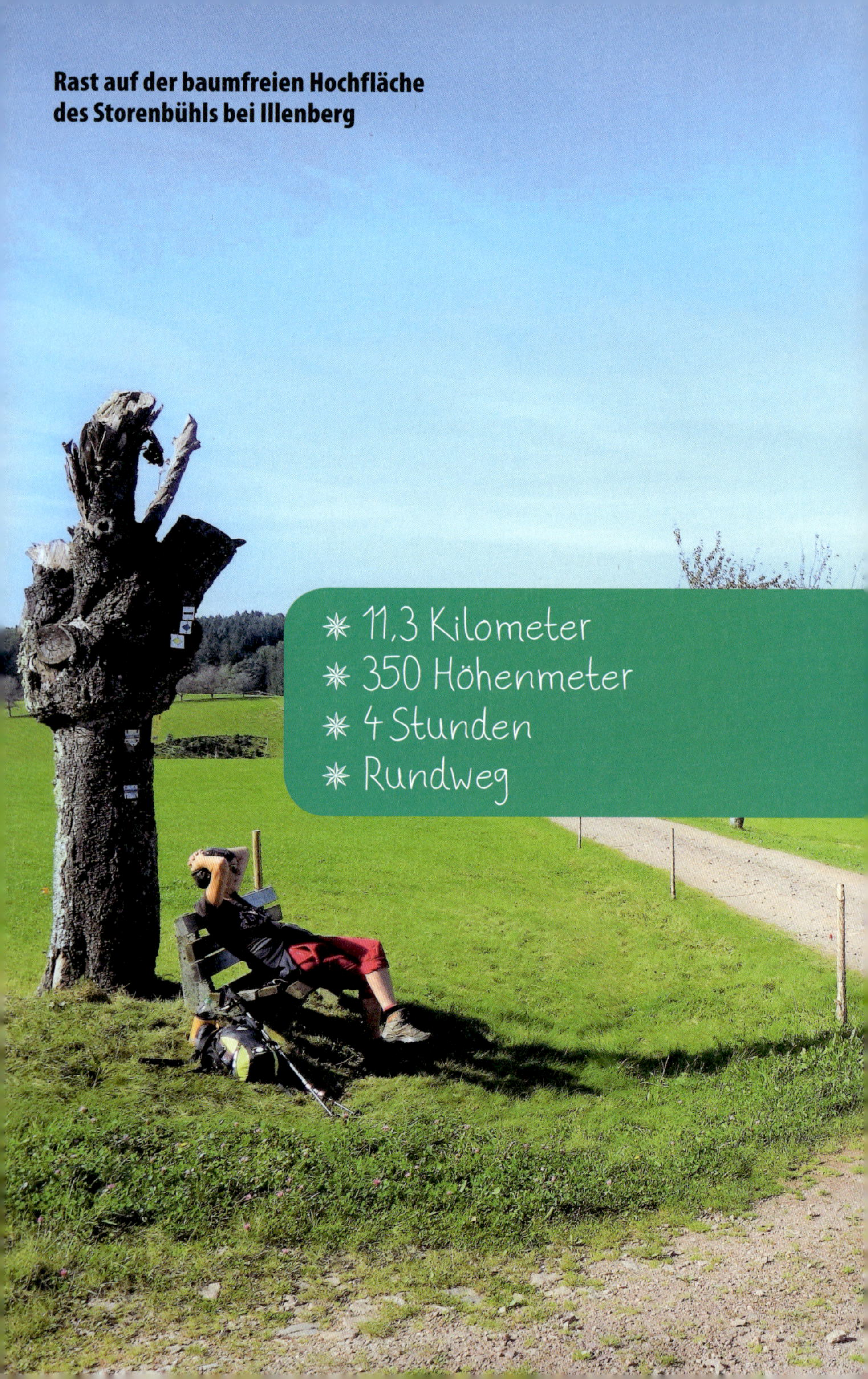

Rast auf der baumfreien Hochfläche des Storenbühls bei Illenberg

- 11,3 Kilometer
- 350 Höhenmeter
- 4 Stunden
- Rundweg

Unsere heutige Tour verspricht uns mit himmlischen Weitblicken zu verwöhnen. In bester Stimmung stellen wir das Auto in Biederbach-Dorf am ausgewiesenen Parkplatz gegenüber dem Kindergarten bei der Schwarzwaldhalle ab. Der Wettergott ist uns wieder einmal hold, blauer Himmel unverstellt.

Wir schnüren hurtig die Stiefel und gehen ein paar Schritte in Richtung Zentrum. In der **Bäckerei Schätzle** ❶ holen wir uns spontan noch zwei Brezeln als zusätzlichen Proviant. Am Markierungspfosten gegenüber dem Laden orientieren wir uns und folgen der Ausschilderung **Kreuzeckle-Tour,** die uns vorbei am **Rathaus** sowie dem **Gasthof Hirschen-Dorfmühle** ❷ leitet. Neben uns vernehmen wir das schüchterne Rauschen

Die Backwaren der Bäckerei Schätzle sind mit Liebe gemacht. Es ist ein Traditionsbetrieb, in dem noch das Handwerk und nicht die Masse zählt.

Schönes Leben

Kreuzeckle-Tour bei Biederbach

des Hintertälerbachs. Gegenüber erblicken wir auf dem Berghang die Kapelle St. Martin. Der Druck der Alltagssorgen fällt augenblicklich von uns ab. Nach dem letzten Haus biegen wir zum **Gschächleweg** halb links in den Wald ab. Rasch gewinnen wir an Höhe und füllen unsere Lungen ganz tief mit der herrlich frischen Luft. Die Markierung, eine **gelbe Raute,** fest im Blick, folgen wir dem Forstweg hinauf zum **Gschächle** und gehen dort scharf rechts auf einem Waldpfad weiter. Während des Aufstiegs achten wir immer wieder auf unseren Wegweiser. Die besondere Atmosphäre des Waldes bringt es mit sich, dass wir ganz in uns selbst versunken sind und alles um uns herum vergessen. Das verleiht uns neue Energie. Den schweißtrei-

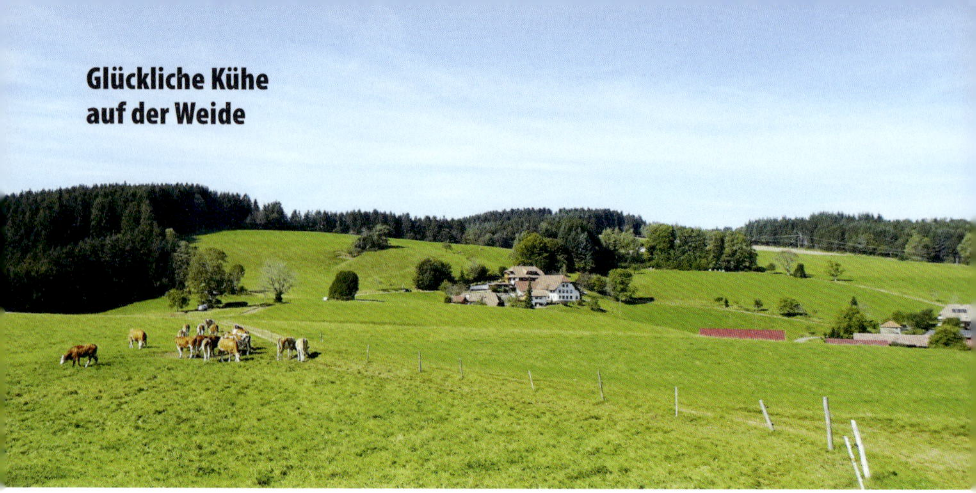

Glückliche Kühe auf der Weide

benden Anstieg bewältigen wir mit Leichtigkeit. Als wir uns endlich wieder bewusst umschauen, stellen wir verblüfft fest, dass die Steigung nachlässt und wir bereits beim Wegweiserpfosten **Lupferlandelswald** angekommen sind. Jetzt biegen wir nach rechts. Die Markierung ändert sich, ab hier folgen wir kurzzeitig der **blauen Raute**.

Als wir aus dem Wald heraustreten, saugen wir den Anblick, der sich uns bietet, förmlich in uns auf. Landidylle pur! Wie beflügelt wandern wir weiter, beim **Balzen-Kreuz** marschieren wir durch einen kleinen Forst. Anschließend leitet ein Landweg an satten

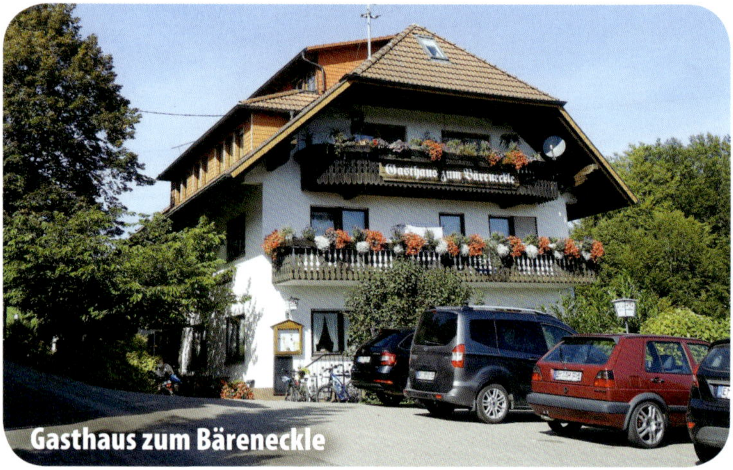

Gasthaus zum Bäreneckle

grünen Weidewiesen hinüber zum **Joosenmartinshof**. Hier oben erscheint uns der Himmel zum Greifen nah. Die **gelbe Raute** führt uns auf einem Grasweg weiter, zunächst parallel zum Fahrweg. Erst nach einem Wasserspeicher knickt die Wanderroute rechts ab. Hier gehen wir hinauf zu **Vor Bäreneckle** und wenden uns im angrenzenden Forst links. Nach dem Wald erst entdecken wir rechts das schmucke **Gasthaus zum Bäreneckle** **3**, das uns zur Rast einlädt.

Erholt und frisch gestärkt wandern wir nach einer ausgiebigen Ruhepause halb rechts einen Wiesenpfad hinab. Vor uns baut sich ein grandioses Bergpanorama auf. Als der liebe Gott dieses weitläufige Hochplateau geschaffen hat, muss er wohl einen besonders

*Das **Gasthaus zum Bäreneckle** liegt inmitten einer idyllischen Landschaft. Bei der Zubereitung der badischen und internationalen Gerichte, die auf der Speisekarte stehen, hat der Chef selbst seine Hand im Spiel.*

Für die Seele

Abseits der Hauptrouten entdecken wir wunderschön gelegene Bergbauernhöfe und begegnen grasenden Rindern. Wandererherz, was willst du mehr?

Eine kleine Streichelzeit für Kühe

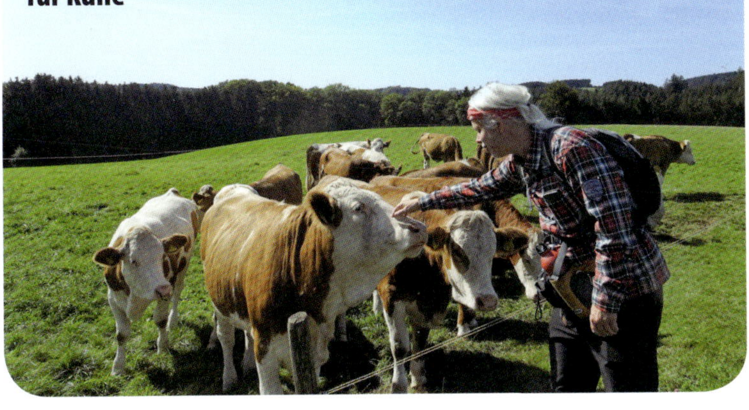

guten Tag gehabt haben. Die Kühe scheinen das ähnlich zu empfinden. Offenbar in stiller Zufriedenheit grasen sie auf den umliegenden Viehweiden. Wir bleiben immer wieder stehen, um die besondere Energie dieses Platzes in uns aufzunehmen. Beschwingt folgen wir dem Hohlweg durch einen dichten Wald hinab zu ein paar wunderschön gelegenen Bauernhöfen.

Unterhalb des Singlersbergs wandern wir auf einem landwirtschaftlichen Weg weiter. Wir haben den Eindruck, dass uns das Weidevieh im Vorbeigehen beobachtet.

Kurze Zeit später sind wir schon wieder im Nadelwald. Der moosbewachsene Boden sieht aus wie ein übergroßer Teppich aus grünem Samt. Fast märchenhaft, wie er im Sonnenlicht diamantgrün schimmert. Wir biegen an der Freifläche **Dischereck** links ab und wenden uns bereits 100 Meter weiter **Ob dem Kuryhäusle** rechts. Zwischen Wald und Wiese wandern wir mit einem wahren Traum-Ausblick weiter. Durch Wald geht es hinunter zum **Rauchenjörgenhof**. Dort folgen wir einem Streuobstwiesenweglein ostwärts zum **Breienwaldweg,** der sich abwärtsschlängelt. Bei der **Steinmühle** queren wir das lauschige Tal des Breienbachs und gehen auf der anderen Seite **Am Moserberg** für etwa 200 Meter steil empor, bis rechts ein Waldpfad abzweigt. Diesem folgen wir weiter hinauf und treffen

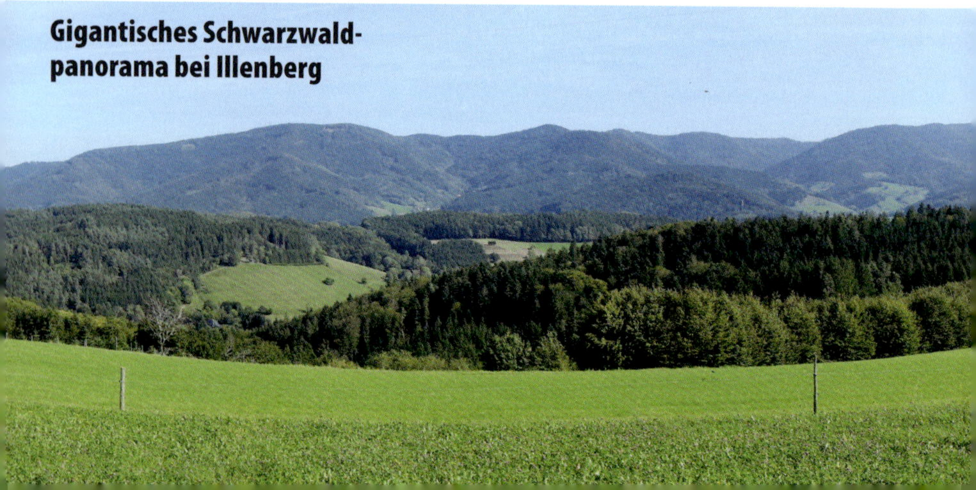

Gigantisches Schwarzwald-panorama bei Illenberg

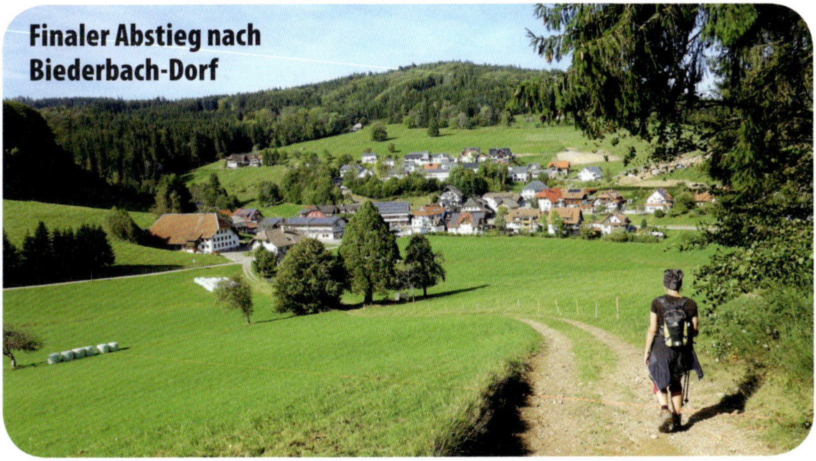

auf den **blau markierten Ortenau-Baar-Weg**. Dieser bringt uns nach links, bis uns der Forst freigibt und wir auf der baumfreien Hochfläche des **Storenbühls** ❹ die Häuser von Illenberg vor uns erkennen. Auf einer nahe gelegenen Sitzbank legen wir eine kurze Pause ein und erfreuen uns am ländlichen Charme der Umgebung. Wir beobachten, wie in weiter Ferne ein Landwirt mit dem Traktor das Gras mäht, er ist so weit entfernt, dass das Motorengeräusch kaum zu uns herüberdringt. In völligem Einklang mit der Natur verzehren wir unsere beiden Brezeln und wandern kurze

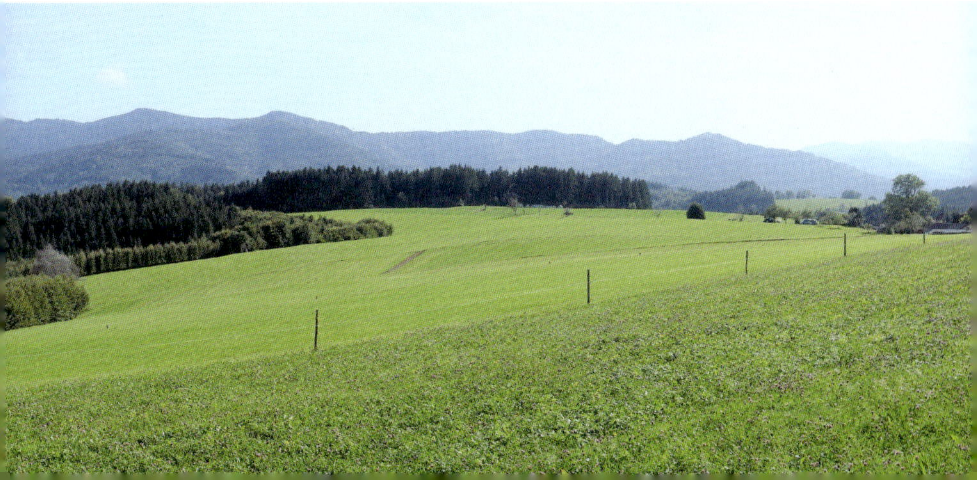

Zeit später mit enormer Leichtigkeit nach **Illenberg** weiter. Uns durchzuckt eine wertvolle Erkenntnis: »Das Leben kann sooo schön sein, wahrlich, hierfür braucht es nicht viel!«

Beim Haus mit der Nummer 6 biegen wir rechts aufwärts und verlassen schon wieder den heimeligen Ort. Ein letztes Mal grüßt die gigantische Bergkette zu uns herüber, bevor wir am Lest nach links abbiegen und durch den **Ristenwald** hinab zum **Lupferswald** wandern. Bevor wir unser Auto erreichen, steht noch eine nicht ganz leichte Entscheidung an: Sollen wir bei der Dorfbäckerei Schätzle Kaffee und Kuchen verzehren oder aber die Wanderung im Landgasthof Hirschen-Dorfmühle ausklingen zu lassen? Nach kurzer Qual der Wahl hat die Bäckerei gewonnen – jedenfalls für dieses Mal.

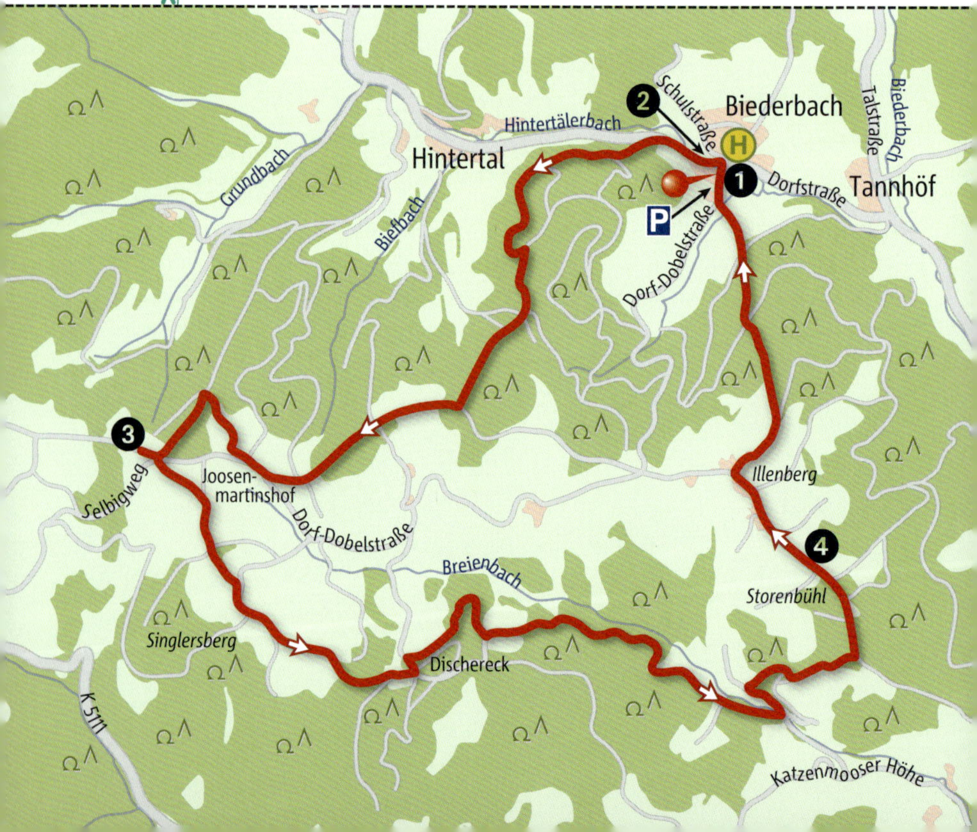

Alles auf einen Blick

WIE & WANN:
Überwiegend weiche Pfade; beste Zeit April bis November

HIN & WEG:
Auto: Parkplatz in Biederbach-Dorf gegenüber der Schwarzwaldhalle, Dorf-Dobelstraße, 79215 Biederbach (GPS: 48.193289, 8.033535)
ÖPNV: Ab Elzach Bf Bus 7206 bis Biederbach, Haltestelle Rathaus

Entspannung ✱✱✱✱✱
Genuss ✱✱✱✱✱
Romantik ✱✱✱✱✱

ESSEN & ENTSPANNEN:
Bäckerei Schätzle ❶ Dorfstraße 8, 79215 Biederbach-Dorf, Tel. (0 76 82) 2 62, www.baeckerei-schaetzle.de
Gasthof Hirschen-Dorfmühle ❷ Dorfstraße 19, 79215 Biederbach-Dorf, Tel. (0 76 82) 3 27, www.hirschen-dorfmuehle.de
Gasthaus zum Bäreneckle ❸ Selbig 17, 79215 Biederbach, Tel. (0 76 82) 83 58, www.baereneckle.de

ENTDECKEN & ERLEBEN:
Storenbühl ❹

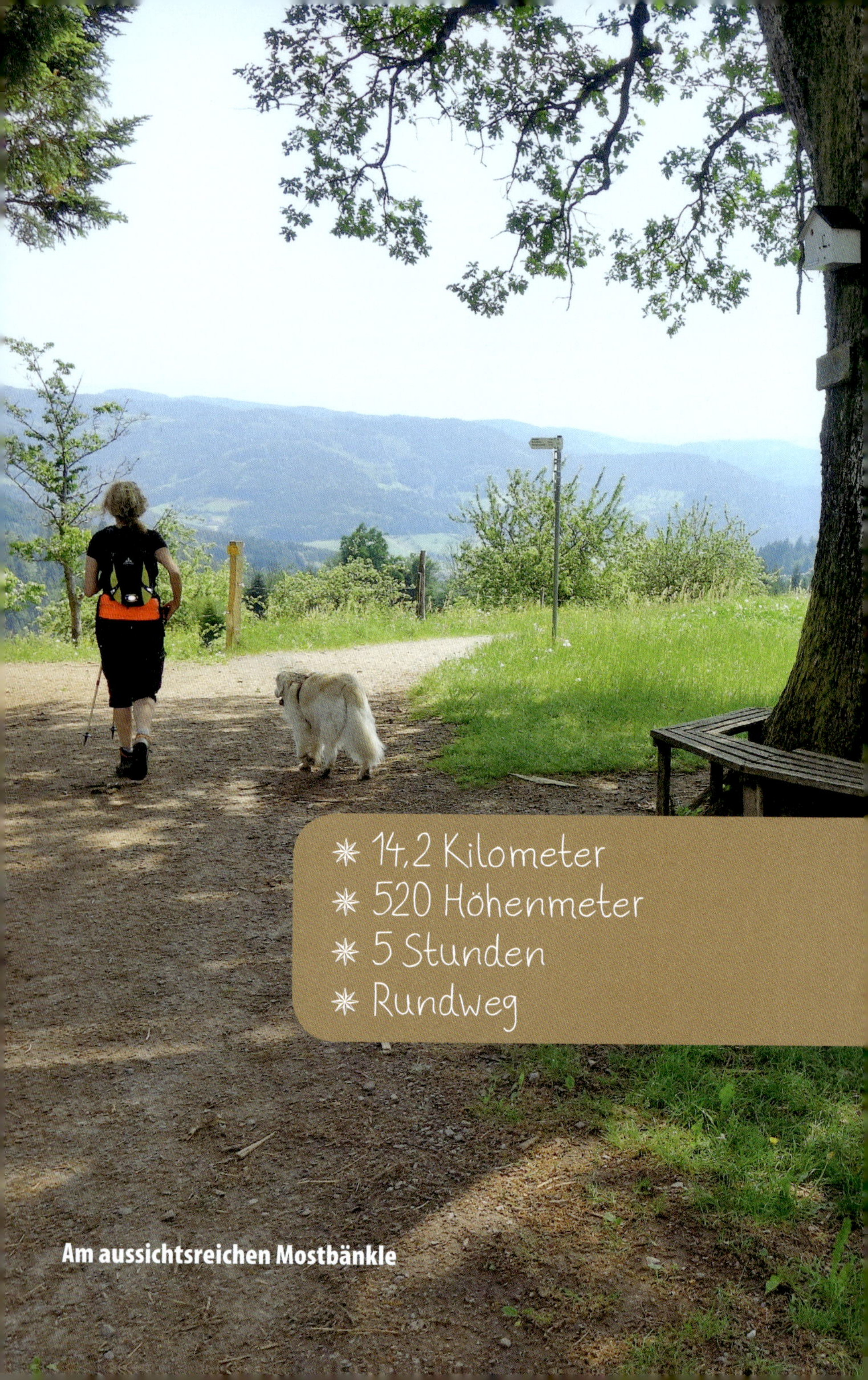

- 14,2 Kilometer
- 520 Höhenmeter
- 5 Stunden
- Rundweg

Am aussichtsreichen Mostbänkle

Die ganze Woche freuen wir uns schon darauf, dass wir endlich die Wanderstiefel schnüren und den Rucksack auf den »Buckel«, wie mir Schwaben saget, nehmen dürfen.

Wir starten in Unterharmersbach beim Gasthaus **Schwarzer Adler** ❶, in dem thailändische Spezialitäten serviert werden. Nicht weit vom Gasthaus, neben dem Spielplatz, befindet sich ein großer Wanderparkplatz. Auf dem Programm steht die als **Genießerpfad** ausgeschilderte **Hahn-und-Henne-Runde**. Der Zeller Premiumweg soll durch seine einzigartigen Bilderbuch-Panoramaaussichten bestechen. Er führt zwischen üppig bunt blühenden Blumenwiesen und saftig grünen Viehweiden hindurch zu stattlichen Bergbauernhöfen, so wurde uns berichtet. Heute können wir uns davon überzeugen.

Das weltberühmte Hahn-und-Henne-Motiv, das in Zell am Harmersbach seine Geburtsstätte hat, ziert Geschirr, Tassen und Eierbecher. In traditioneller Handarbeit wird es auf die Keramik gemalt. Auf der ***Hahn-und-Henne-Runde*** *ist es immer wieder präsent.*

Wir folgen dem Weg entlang am Schottenhöfer Bächle, der uns in den nahen Wald leitet. Dort passieren wir den sogenannten Quarzbrunnen und gelangen zur **Wassertretstelle Hinterhambach** ❷. Schade, wir haben ja erst mit der Tour begonnen, für eine Kneipp-

Hahn und Henne

Natur und Tradition am Harmersbach

anwendung ist es noch zu früh. Aber vielleicht kehren wir später noch einmal hierher zurück, als Abschluss.

Jetzt geht es erst mal scharf rechts zu einem Serpentinenweglein in den Wald, das uns rasch an Höhe gewinnen lässt. Plötzlich erwartet uns eine Hühnerleiter, die uns weiter zu einem Forstweg bringt. Eine wirklich nette Idee: Ein Baumstamm wurde mit Stufen versehen. Weiter geht's nach rechts, und ein Stück weiter bei der Waldöffnung wandern wir halb rechts hinauf. Wir blicken über Viehweiden hinab nach Zell am Harmersbach, es stellt sich ein Gefühl ein, als ob wir Vertrautes wiedersähen. Am zauberhaften **Rastplatz Jägereckle** ❸ angekommen, bestaunen wir die Aussicht weit übers Harmersbachtal und hinüber zum alles überragenden Brandenkopf. Die Melodie des alten Volksliedes »Zwischen Berg und tiefem Tal« kommt uns in den Sinn – schon verrückt, welche Verknüpfungen in unseren Köpfen so stattfinden. Anschließend führt die Hahn-und-Henne-Runde wieder in den Nadelwald, und wir verspüren Kühle, wie man sie an heißen Sommertagen ersehnt.

Im weiteren Verlauf achten wir darauf, dass wir den Abzweig nach links nicht verpassen, der uns über den Kamm des Katzenschrofens bringt. Wir fühlen uns eins mit der Natur und beginnen über das Wandern zu philosophieren: Für uns ist es mehr als nur eine Freizeitbeschäftigung, nämlich eine Art der Selbst-

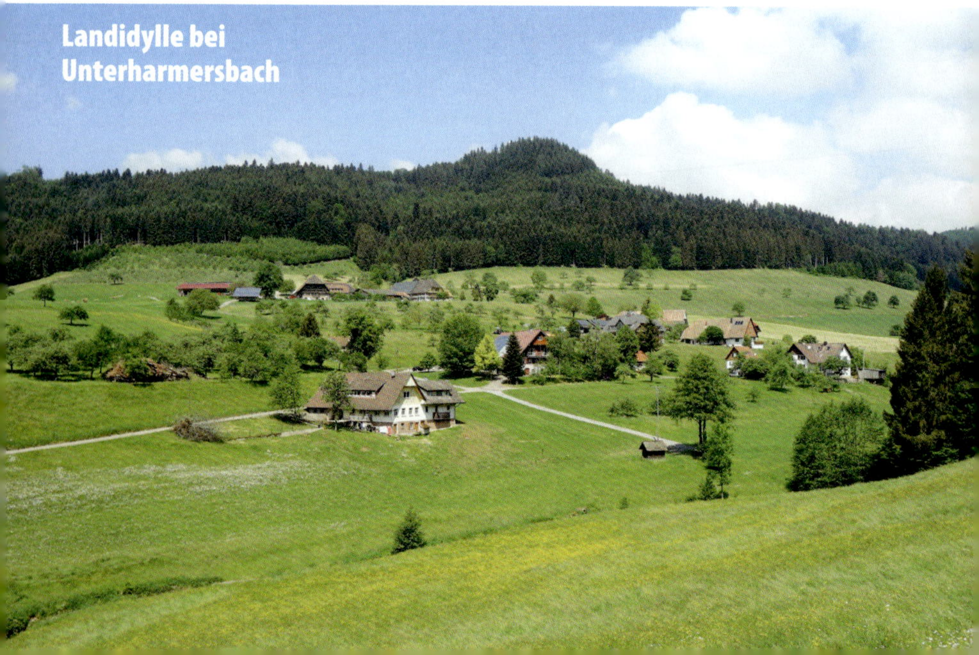

Landidylle bei Unterharmersbach

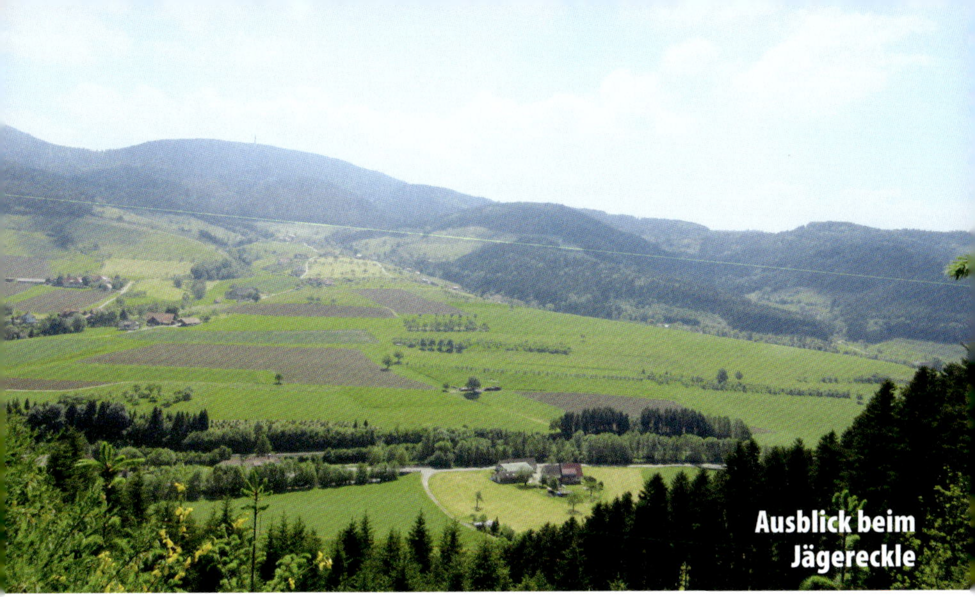

Ausblick beim Jägereckle

begegnung, die es uns ermöglicht, »runterzukommen« und neue Kraft zu tanken.

Auf herrlich weichem Boden erreichen wir die Lichtung **Höllhaken** ❹ und können uns an einer **Getränkestation** erfrischen. In genüsslichen Zügen trinken wir unsere Apfelschorle aus. Wir haben zwar immer genügend Wasser dabei – aber so eine zischige

Für die Seele

Das alte Keramikmotiv aus dieser Region, Hahn und Henne, begleitet uns durch eine Schwarzwaldlandschaft wie aus dem Bilderbuch.

Schorle ist etwas ganz anderes, sie erfrischt zusätzlich von innen.

Geradeaus geht es gleich wieder in den Wald, und beim Wegweiser **Sodlach** biegen wir halb rechts ab. An der nun folgenden Weggabel entscheiden wir uns für den mittleren der Wege. Es dauert nicht sehr lange, dann erreichen wir auch schon den idyllisch gelegenen

Bergbauernhof ⑤, der uns mit einer Vesperzeit zur zünftigen Wandereinkehr lockt.

Zufrieden und gestärkt steigen wir flotten Schrittes an den duftenden Weidewiesen vorbei hinauf zu einer Kreuzung und wandern dort neben den berühmt-berüchtigten Schwarzwälder Kirschbäumen nach links in den Wald. Wir folgen weiter der Ausschilderung, die uns den Weg hinauf zur **Lichtung Reutegut** (570 m) weist. Der steile Anstieg geht mächtig in die Beine und fordert etliche Tropfen Schweiß. Oben angekommen, atmen wir kurz durch und gehen dann weiter, bis sich der Wald öffnet und wir umgeben sind von bezaubernd schön blühenden Wiesenblumen. Entspannt schlendern wir eben in nordwestliche Richtung zum **Wegetreff Schlossackern**. Hier angekommen, biegen wir rechts ab und folgen einem breiten Weg in einen Buchenmischwald. Wenn wir aufmerksam sind, nehmen wir nicht nur den Gesang der Waldvögel wahr, sogar das sanfte Rauschen der Buchenblätter ist deutlich zu hören. Zum **Täschwasen** geht es weiter bergwärts. Dort treffen wir auf den **Großen Hansjakobweg**, einen Mehrtages-Rundwanderweg in fünf Etappen. Er wird im Volksmund »Schlapphut« genannt, da sein Logo eine

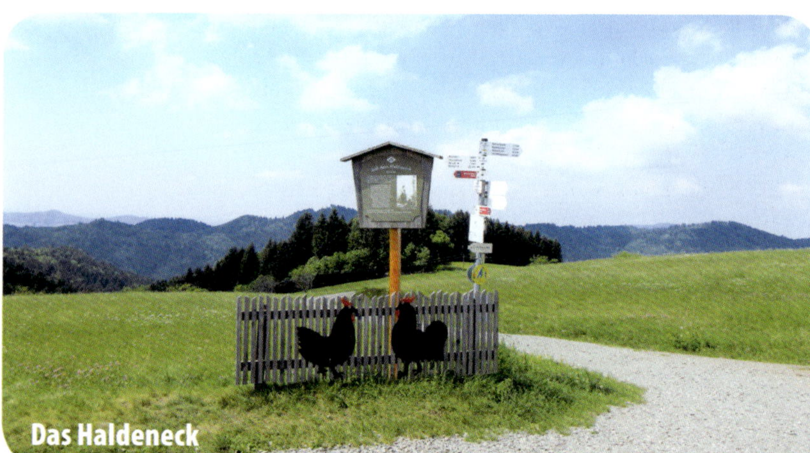

Das Haldeneck

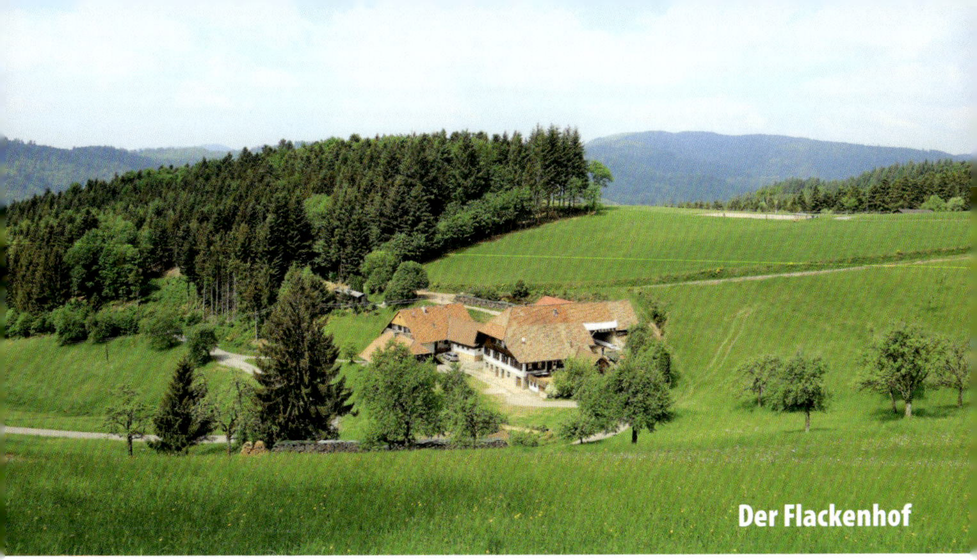

entsprechende Kopfbedeckung darstellt – die das Markenzeichen des Namensgebers Heinrich Hansjakob war. Für einige Kilometer wandern wir mit diesem Weg parallel. Wer die innere Einkehr sucht, dem ist diese Wanderung auf den Spuren des Schwarzwald-Schriftstellers wärmstens zu empfehlen.

Wir wenden uns links und kurze Zeit drauf an einer Wegegabel nochmals links. Der breite Wanderweg leitet uns durch den Fautzenwald zum **Haldeneck** ❻. Ach, ist das schön, so haben wir uns das im Vorfeld bildlich ausgemalt. Wir erfreuen uns an dem freien, weiten Ausblick und machen eine kleine Pause, um alles, was wir um uns herum sehen, hören und riechen, richtig zu genießen. Wozu denn Hektik, wir haben doch genügend Zeit. Jetzt fällt uns auch der Zaun mit der Holzverzierung von Hahn und Henne auf. Wie nett!

Nach einer ausgiebigen Ruhepause wandern wir beflügelt neben dem Waldrand oberhalb des Flackenhofs hinab zum **Mühlsteineck**. Dort finden wir die historische, über 100 Jahre alte Vesperstube **Vogt auf Mühlstein** ❼. Wer jetzt eine Wegzehrung braucht – hier bietet sich die optimale Gelegenheit für einen Einkehrschwung an.

Unsere weitere Tour führt durch eine wunderschöne Wiesenlandschaft, die sich »Uf de Weid« nennt.

!

*Der **Große** und der **Kleine Hansjakobweg** sind Pilger-Rundwanderwege zu Ehren des Theologen und Schriftstellers Heinrich Hansjakob (1837 bis 1916) mit etwa 100 beziehungsweise 50 Kilometern Länge. Beide haben als Markierung den stilisierten Heckenhut, sind aber komplett unabhängig voneinander.*

Dort halten wir uns links. Während wir an saftig grünen Weidewiesen vorbeispazieren, lassen wir unsere Gedanken frei schweifen – beste Voraussetzungen, um gute neue Ideen auszubrüten!

In der Ferne erkennen wir halb rechts die Ruine Hohengeroldseck. Wir sind hoch über dem Nordrachtal, wandern über den **Buchbühl** und gelangen so auf dem **Wolfsdobel** zum urigen **Mostbänkle** (8), das rund um eine uralte Eiche gebaut ist. Die grandiose Aussicht nach links besticht.

Erneut führt die Hahn-und-Henne-Runde in den Wald, und wir folgen einem breiten Weg hinab, gehen links und erkennen den idyllisch gelegenen Heugrabenhof. Am Unterstand **Heugrabeneck-Hütte** verlässt uns der Große Hansjakobweg, wir aber steigen halb links bergwärts. Beim **Wegetreff Überm Heugraben** entscheiden wir uns für eine kleine Kaffepause, dafür nehmen wir einen **Abstecher** (700 Meter einfache

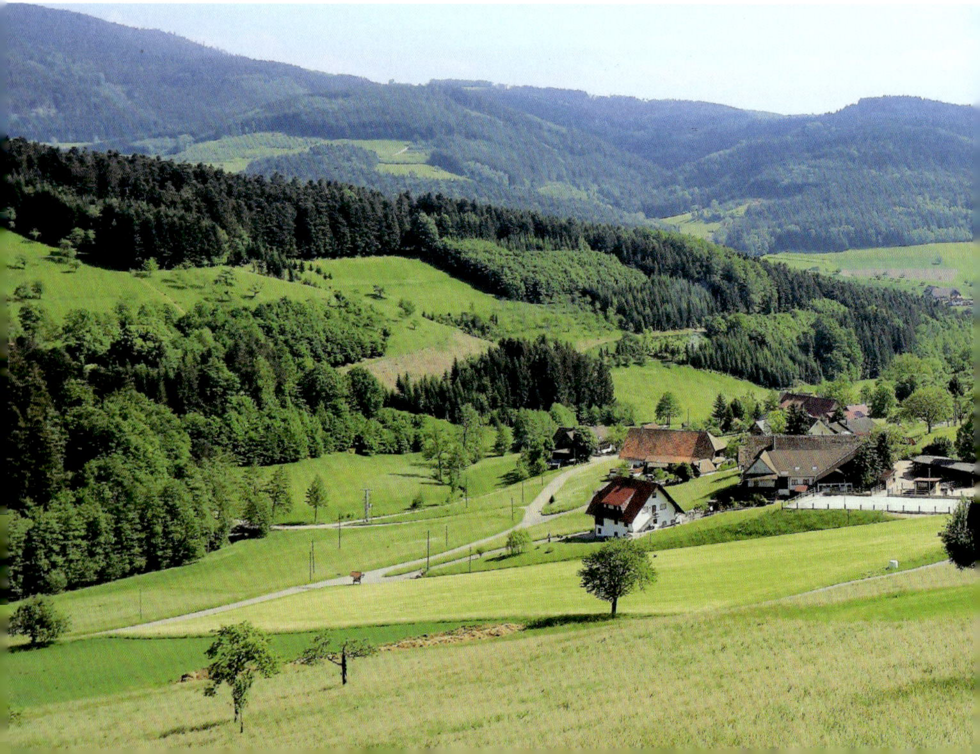

Strecke) zur **Kuhhornkopfhütte** 9 gern in Kauf. Allerdings ist das Wandergasthaus nur an Sonn- und Feiertagen geöffnet.

Wieder zurück am Wegetreff **Überm Heugraben**, folgen wir der Ausschilderung des Genießerpfads, die uns durch Wald bringt. Sobald die Bäume den Blick freigeben, zieht uns ein bilderbuchartiges Schwarzwaldpanorama in seinen Bann. Entzückt wandern wir weiter und erreichen so den **Abzweig Oberburehof**. Links hinunter führt uns ein kurzer **Abstecher** zur etwas abseits gelegenen **Besenwirtschaft Oberburehof** 10, die in der Besenzeit Gäste verköstigt. Bei so vielen Einkehrmöglichkeiten sollte für jeden Geschmack was dabei sein – nur muss man aufpassen, dass nicht am Ende des Tages der Bauch schwerer ist als der Rucksack.

Zurück auf unserem Hauptweg, folgen wir der Markierung über die Standorte **Über Eck** und **Auf Eck**

Besenwirtschaften
(Straußwirtschaften) sind saisonal (meist im Herbst, teils auch im Frühjahr) geöffnete Lokale, die selbst erzeugte Produkte – insbesondere Wein – anbieten. Der bei der Wirtschaft aufgestellte Besen oder Strauß ist traditionell Zeichen, dass geöffnet ist.

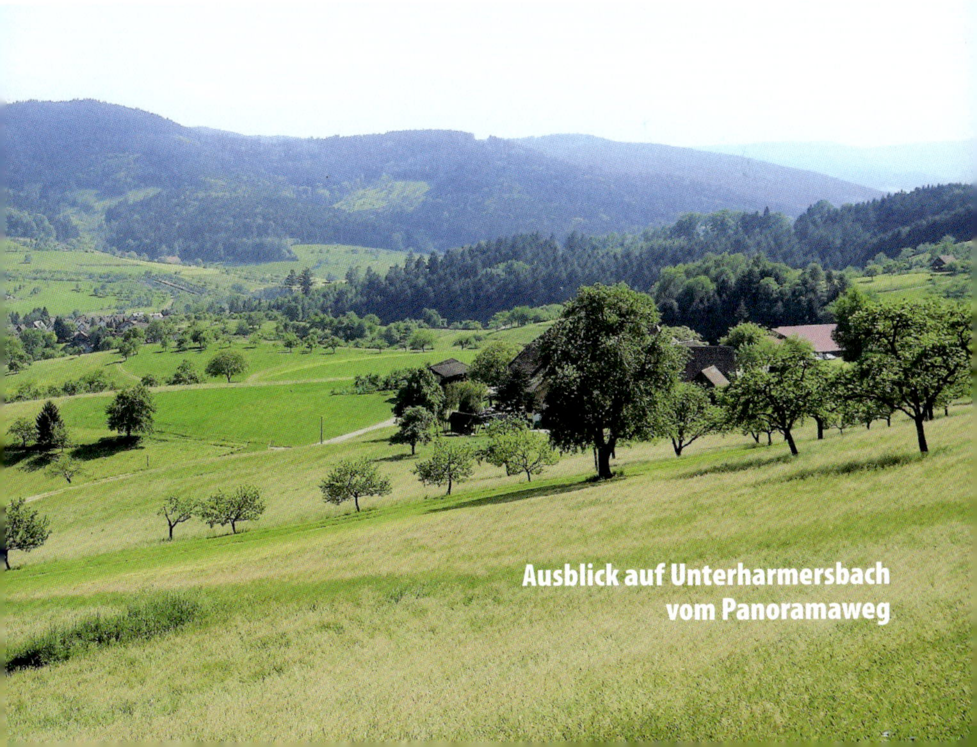

Ausblick auf Unterharmersbach vom Panoramaweg

weiter zum **Eckwald-Pavillon** ⓫. Ein letztes Mal genießen wir die Sicht, die sich uns von hier oben bietet. Dann steigen wir in östlicher Richtung hinab. Das **Eckwaldwegle** bringt uns zurück nach Unterharmersbach, wo unser Auto steht.

Euphorisiert und voller Zufriedenheit beschließen wir, nochmals die Wassertretstelle Hinterhambach aufzusuchen.

Auf dem Rückweg fahren wir über **Zell am Harmersbach** und besuchen dort die **Zeller Keramik Manufaktur** ⓬, einen der traditionsreichsten Handwerksbetriebe im Schwarzwald. Das Städtchen selbst, einst die kleinste Reichsstadt, ist ebenfalls einen Bummel wert: Es ist geprägt durch sein teilweise noch mittelalterliches Flair, durch Fachwerkhäuser und Jugendstilfassaden, romantische Gassen und charmante Winkel.

*Die **Zeller Keramik Manufaktur** ist die Geburtsstätte des Hahn-und-Henne-Dekors. Sie bietet neben einer offenen Produktion, bei der man den Keramikmalerinnen über die Schulter schauen kann, auch Werksführungen und Werksverkäufe an.*

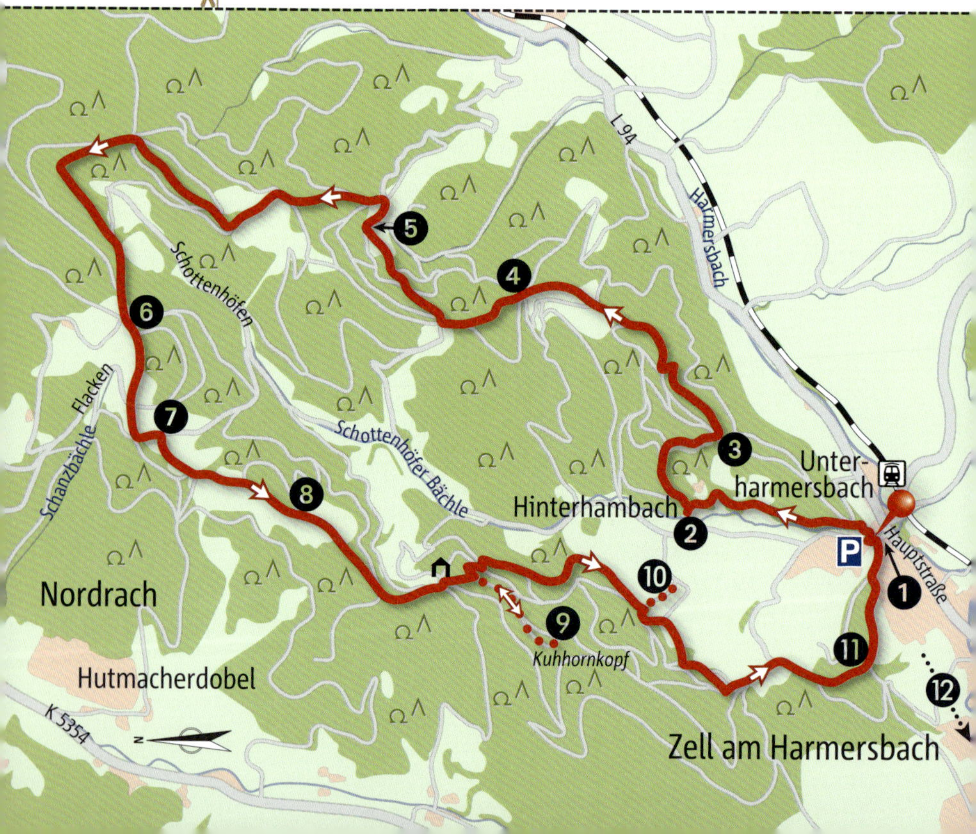

Alles auf einen Blick

WIE & WANN:
Waldwege und Pfade; ein langer, ab der Wassertretstelle recht steiler Anstieg in der ersten Hälfte, sonst reine Genusswanderung; beste Zeit Ende April bis Oktober

HIN & WEG:
Auto: Wanderparkplatz beim Schwarzen Adler Unterharmersbach, Gräbenreute, 77736 Zell am Harmersbach (GPS: 48.355949, 8.087359)
ÖPNV: Von Biberach (Baden) RB 22 bis Unterharmersbach; ca. 5 Min. Fußweg zum Ausgangspunkt über Hippersbach, links Hauptstraße, Gräbenreute

ESSEN & ENTSPANNEN:
Schwarzer Adler ❶ Hauptstraße 205, 77736 Zell am Harmersbach, Tel. (0 78 35) 4 21 99 29, www.adler-unterharmersbach.de
Höllhaken, Getränkestation ❹
Bergbauernhof ❺ Im Berg 1, 77784 Oberharmersbach, Tel. (0 78 37) 8 49, www.bergbauernhof-lehmann.de
Vogt auf Mühlstein ❼ Mühlstein 1, 77787 Nordrach, Tel. (0 78 38) 9 55 94 10, www.vogt-auf-muehlstein.de
Kuhhornkopfhütte ❾ 77736 Zell am Harmersbach, www.wuf-uh.de
Besenwirtschaft Oberburehof ❿ Hinterhambach 11, 77736 Zell am Harmersbach, Tel. (0 78 35) 54 98 30, www.oberburehof.de

Entspannung ✱✱✱✱✱
Genuss ✱✱✱✱✱
Romantik ✱✱✱✱✱

ENTDECKEN & ERLEBEN:
Wassertretstelle Hinterhambach ❷ **Rastplatz Jägereckle ❸**
Haldeneck ❻ **Mostbänkle ❽** **Eckwald-Pavillon ⓫**
Zeller Keramik Manufaktur ⓬ Hauptstraße 2, 77736 Zell am Harmersbach, Tel. (0 78 35) 7 86-0, www.zeller-keramik.de

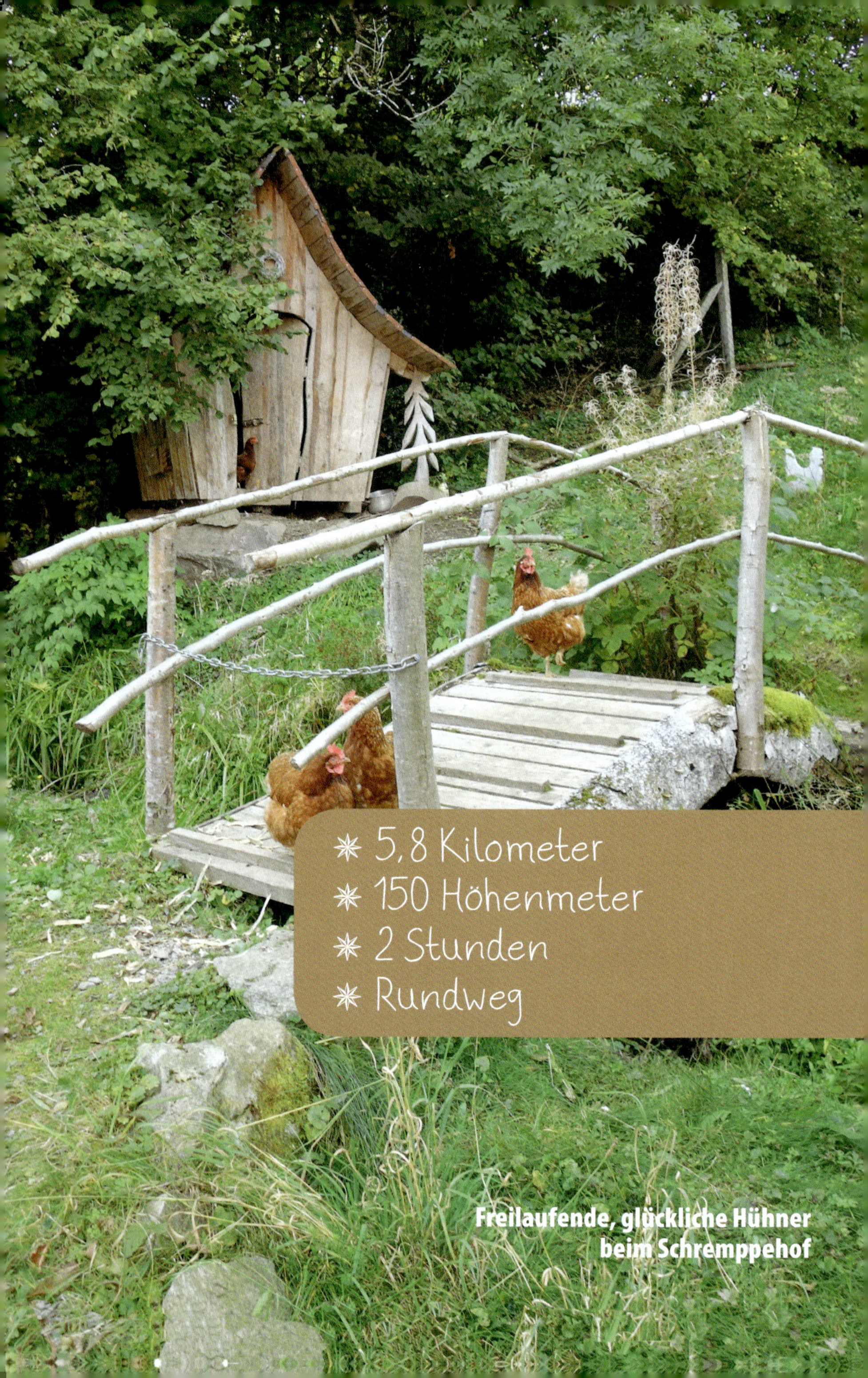

- 5,8 Kilometer
- 150 Höhenmeter
- 2 Stunden
- Rundweg

Freilaufende, glückliche Hühner beim Schremppehof

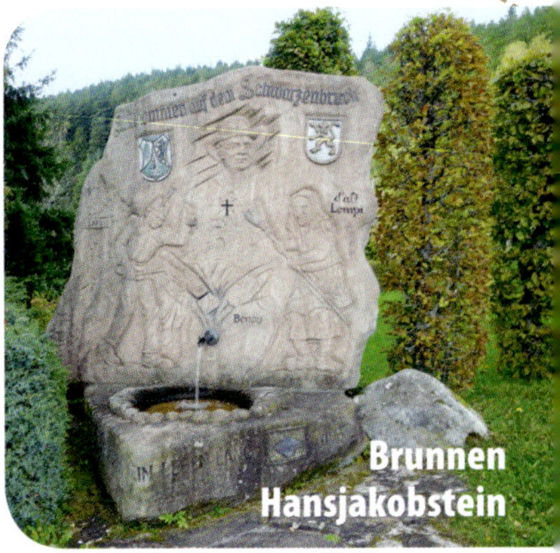

Brunnen Hansjakobstein

Heute steht der Panoramaweg Schwarzenbruch auf unserem Wanderprogramm, das heißt: grandiose Aussichten und Weitblicke, Geschichtliches sowie klare Luft mitten im Herzen des Schwarzwalds.

Schon die Anreise mit dem Auto ist etwas Besonderes: Auf der Wolftalstraße von Bad Rippoldsau-Schapbach in Richtung Oberwolfach erkennen wir auf Höhe der Bushaltestelle Dohlenbach ein Schild mit der Aufschrift »Zum Schmalzerhisli« und biegen rechts ab. Die einspurige Bergstraße mit Ausweichstellen führt uns zum Wanderparkplatz Schwarzenbruch, immerhin schon auf 725 Meter Meereshöhe gelegen. Gleich beim Aussteigen weht uns herrlich klare Bergluft um die Nase. Ein toller Weitblick lässt die Vorfreude immens ansteigen.

Unweit des Parkplatzes entdecken wir den **Brunnen Hansjakobstein** 1. Das Kunstwerk mit dem Bildnis des Schriftstellers Heinrich Hansjakob gleicht einem

Bergbau & Sage

Panoramaweg Schwarzenbruch

Segelschiff, das entgegen der Sonne in die Zukunft fährt. Es erinnert aber auch an die Zeit, als auf dem Schwarzenbruch noch Bergbau betrieben wurde.

Wir sind auf dem Mehrtageswanderweg **Hansjakobweg** (siehe Tour 13, Kasten S. 123) mit seiner **Hut-Markierung**, gehen links des Brunnens und entdecken

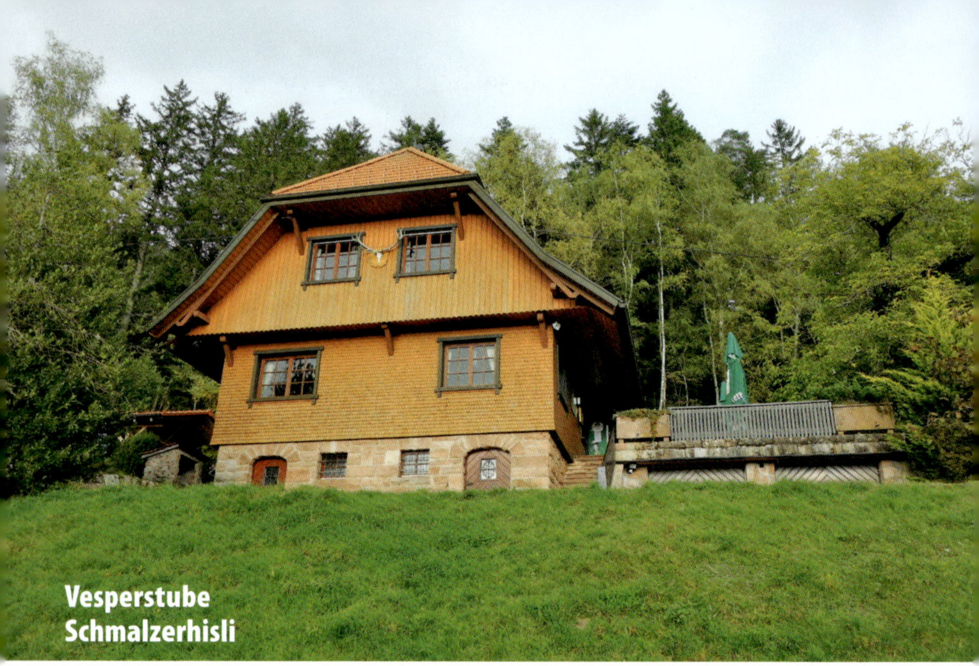

Vesperstube Schmalzerhisli

sogleich die **Vesperstube Schmalzerhisli** ❷. Wir folgen einer Wiesenspur, die unterhalb des Hasenhauses an einer Kuhweide vorbeiführt. Wenn wir kurz vor dem Wald zurückblicken, haben wir eine großartige Aussicht. Die fast waldfreie Hochfläche wird vom 821 Meter hohen Gütschkopf überragt.

1908 ging eine über 3 Kilometer lange Seilbahn in Betrieb, die Schwerspat aus der Grube Clara an den Hängen des Kleinen Hundskopfs ins Tal zur Landstraße förderte. Bis zur Betriebseinstellung 1967 transportierte sie etwa 1 Million Tonnen.

Wir biegen halb links in den Wald ab und entdecken zwischen den Bäumen ein Metallgerüst: die Stütze einer nicht mehr vorhandenen Drahtseilbahn. Es handelt sich um ein Relikt aus den noch gar nicht so lange zurückliegenden Zeiten, als hier Bergbau betrieben wurde.

Auf der **Schremppenhöhe** biegen wir halb links ab und treten schon bald aus dem Wald heraus. Der **Schremppenhöhenweg** führt über einen ehemaligen Weidberg. Die vielen Birken fallen uns besonders auf. Eine Tafel informiert uns darüber, dass bis zur Einführung der modernen Stallwirtschaft das Vieh häufig in den Wald getrieben wurde. Die typischen Weidberge waren locker mit Wacholder, Birken und verschiedenen Laubbäumen sowie vereinzelten Nadelbäumen bepflanzt.

Die Tour führt uns jetzt leicht bergab, und wir wenden uns bei einem querenden Weg nach links. Bald eröffnet sich uns eine prachtvolle Aussicht auf das schöne Umland. Heute ist der Blick besonders gut, sodass sich die wellenförmige Silhouette der großen Schwarzwaldberge am Horizont wunderbar klar abzeichnet. Wir wandern vorbei an einer großen Pferdekoppel. Wow, hier haben die Tiere enorm viel Auslauf. In einer Linkskurve wandern wir hinab zum **Schremppehof**, der sich inmitten tiefgrüner Bergwiesen romantisch an den Hang schmiegt. Dort beobachten wir frei laufende Hühner, die sogar ein Hexenhäusle als Stall haben. Weiter geht's leicht bergab. Der Blick in das ruhige Hochtal des Dohlenbachs ist einfach unbeschreiblich schön. Ein Fotomotiv nach dem anderen bietet sich hier, auch die alten bäuerlichen Anwesen von **Schwarzenbruch** ❸ mit dem Moosbauernhof sowie dem stattlichen Hermeshof, auf dessen Grund eine kleine Mühle steht, sind jedes Foto wert.

Völlig entzückt von den schönen Fotomotiven, sind wir inzwischen bei der Bergstraße angekommen,

Im Schwarzenbruch soll einst die reiche Bergbaustadt Benau gelegen haben. Der Sage nach ging sie unter, weil die Bewohner das goldene Kalb anbeteten, soll heißen, sie hatten zu viel edles Erz abgebaut. Ihre Gier beschwor die Himmelsstrafe herauf.

Für die Seele

Der Schwarzenbruch ist wie ein Stückchen vom Paradies, das der liebe Gott bei der Schöpfung vom Himmel fallen ließ.

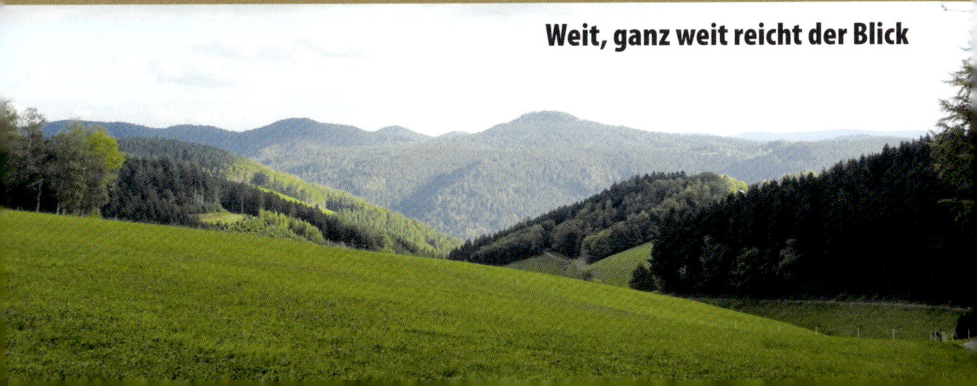

Weit, ganz weit reicht der Blick

die wir von der Auffahrt bereits kennen. Diese gehen wir für circa 200 Meter talwärts, dann führt die **Hut-Markierung** halb links in den Wald hinein und leitet uns über einen Bach. Hier halten wir uns rechts und gehen beim zweiten Abzweig scharf links hinauf. Sobald der Forstweg abknickt, orientieren wir uns halb rechts und steigen weiter bergan. Wenn sich links der Forst öffnet, bietet sich uns ein schöner Landblick. Das bleibt so, bis wir oben am **Abzweig Überm Hanselehof** ankommen. Hier laufen wir links und genießen den Blick zu einem idyllischen Bauernhof mit friedlich grasenden Kühen. Mittlerweile sind wir **Auf dem Schlegel** angekommen. Dort biegen wir beim Strommasten links ab. Ein letztes Mal müssen wir durch ein kleines Waldstück hindurch, und am Waldeck geht's kurz rechts und gleich wieder links zu einem schönen Grasweg.

Hier halten wir noch einmal inne und staunen nicht schlecht, denn aus der Ferne grüßen die

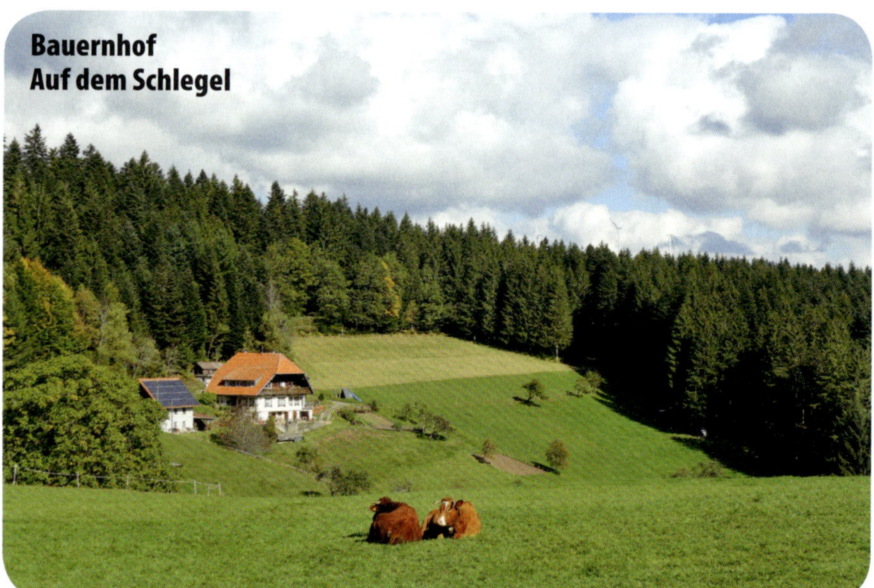

Bauernhof Auf dem Schlegel

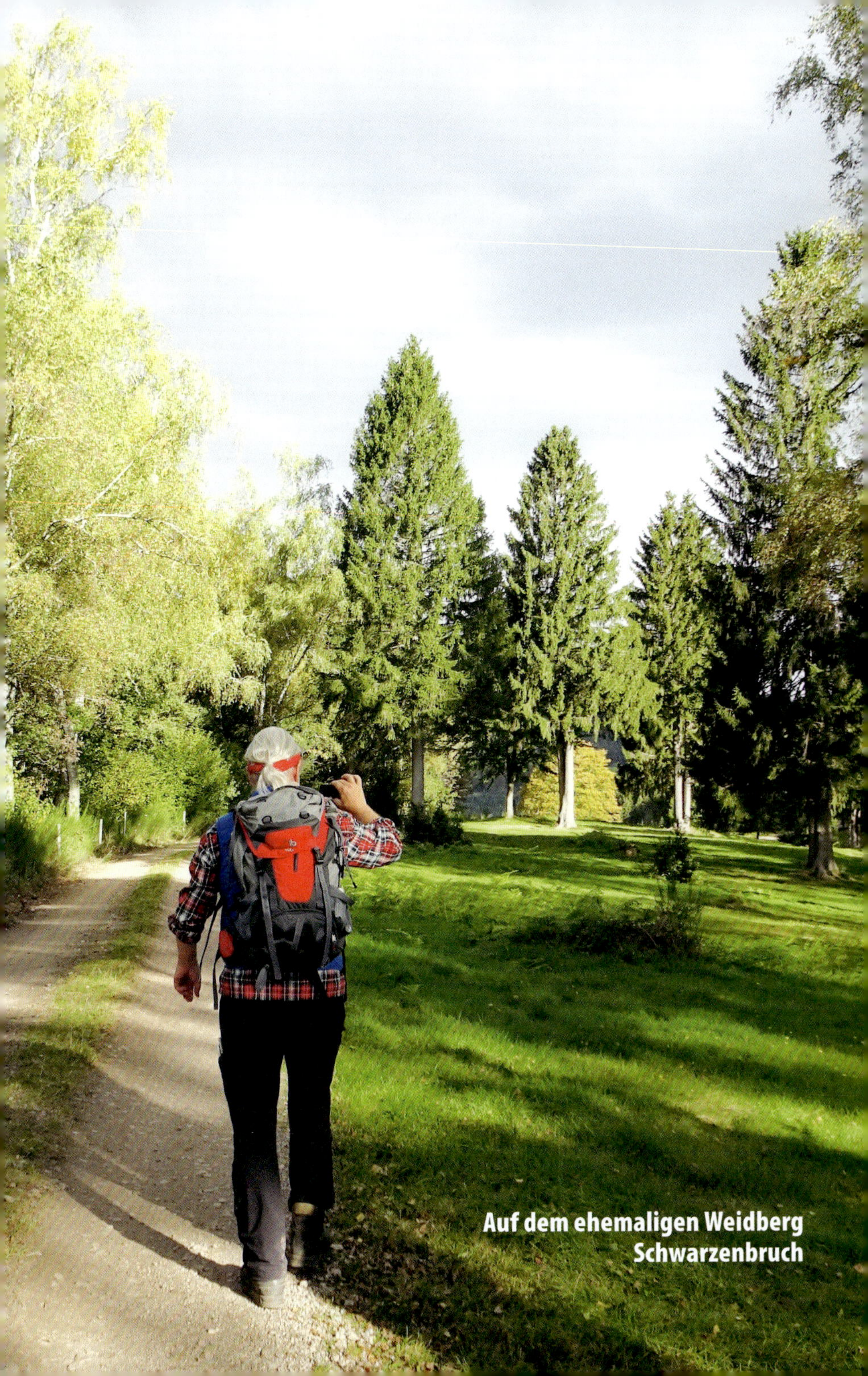

Auf dem ehemaligen Weidberg
Schwarzenbruch

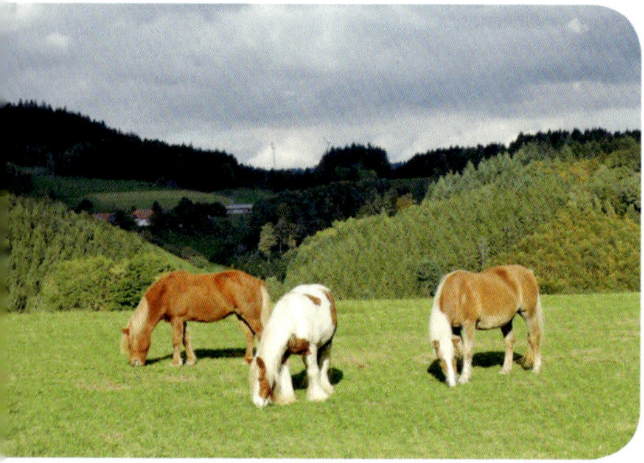

Schwarzwaldberge zu uns herüber. Umso weiter sie entfernt sind, desto blasser werden sie, gerade so, als ob sie mit Wasserfarbe gemalt wären. Wunderschön und doch so echt. Am liebsten würden wir Wurzeln schlagen, denn eins ist uns klar geworden: Die Natur ist nicht nur unsere zweite Heimat, sondern ein Grund-Lebensgefühl.

Mit dieser wichtigen Erkenntnis wandern wir zurück zum nahen Parkplatz. Bevor wir das enge Sträßchen zurückfahren, werden wir im Schmalzerhisli auf jeden Fall noch ein gemütliches Vesper einnehmen.

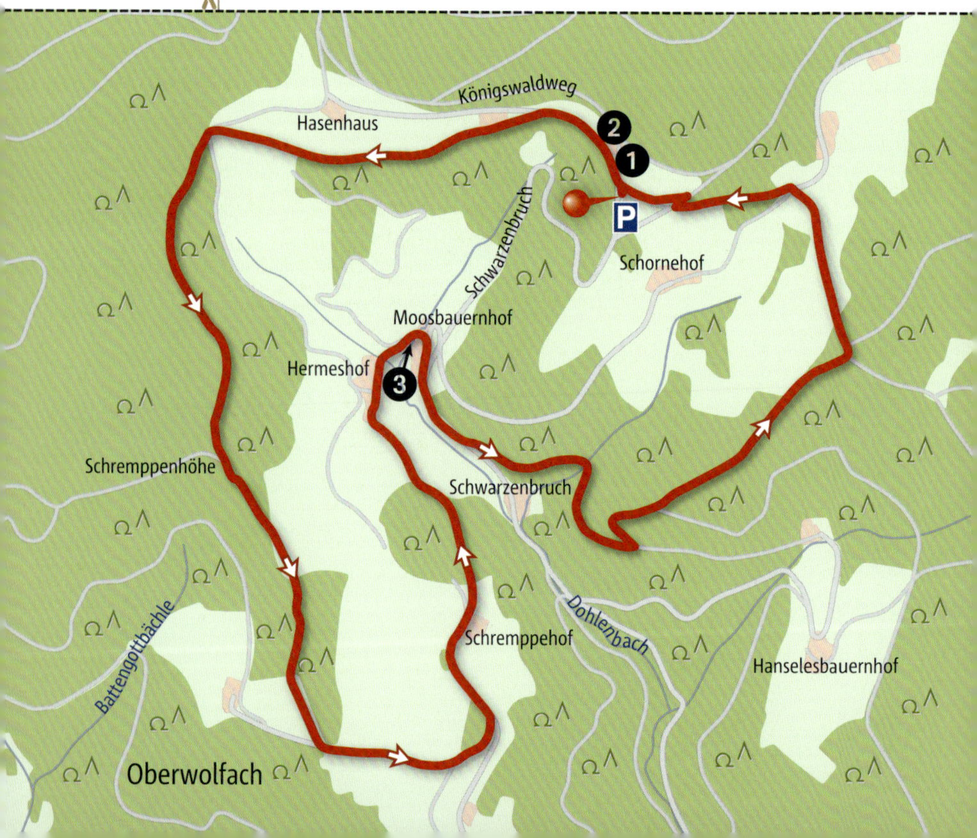

Alles auf einen Blick

WIE & WANN:
Gut begehbare Wald- und Wiesenwege; steiler Anstieg im Wald zum Abzweig Hanselehof; beste Zeit April bis Anfang November

HIN & WEG:
Auto: Wanderparkplatz Schwarzenbruch, 77709 Oberwolfach (GPS: 48.375047, 8.250736)
ÖPNV: Keine Anbindung

ESSEN & ENTSPANNEN:
Vesperstube Schmalzerhisli ❷ Schwarzenbruch 12, 77709 Oberwolfach, Tel. (0 78 34) 16 75, www.schmalzerhisli.de (So., saisonal auch Sa. geöffnet)

ENTDECKEN & ERLEBEN:
Brunnen Hansjakobstein ❶
Schwarzenbruch ❸

Entspannung ✱✱✱✱✱
Genuss ✱✱✱✱✱
Romantik ✱✱✱✱✱

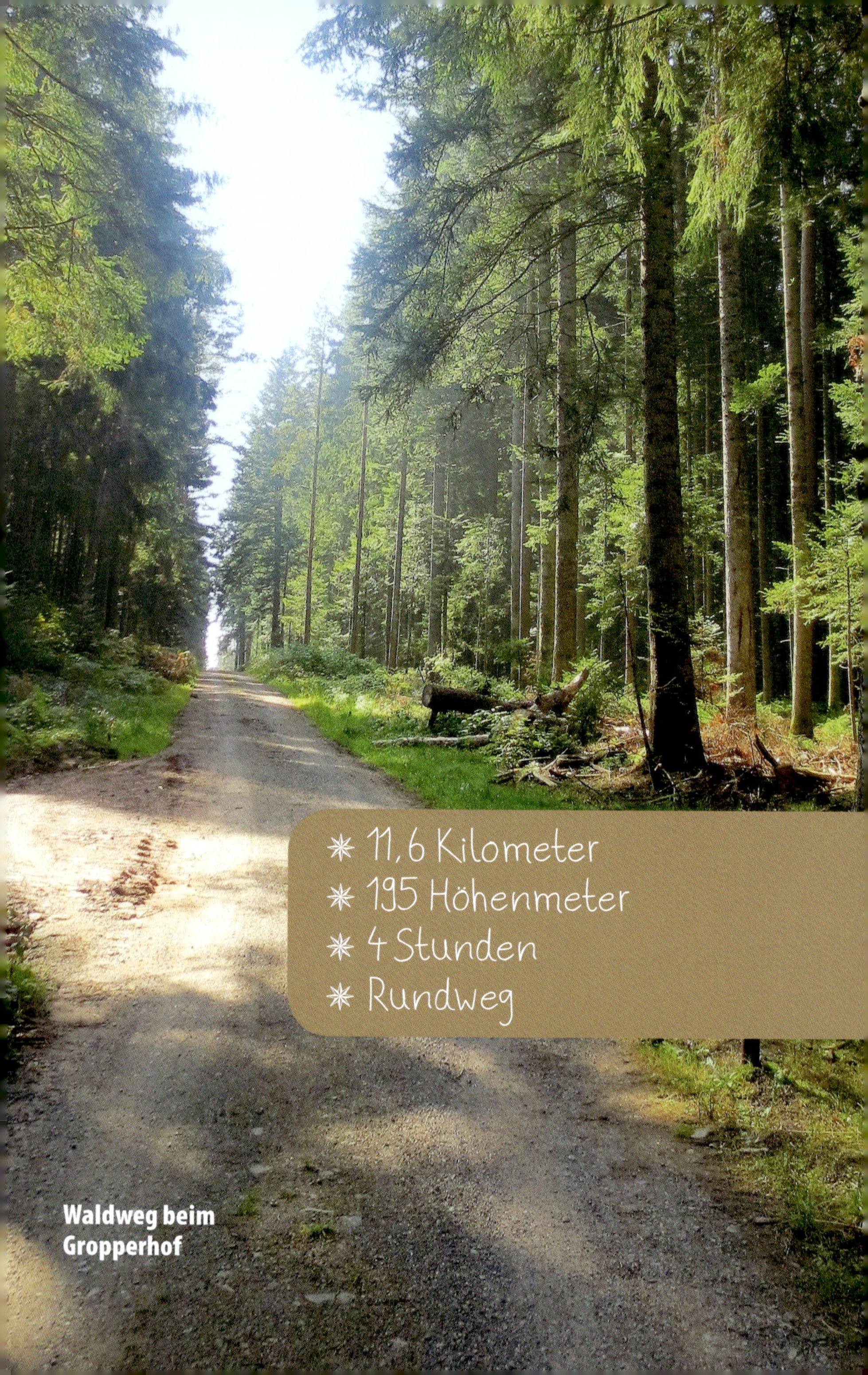

Waldweg beim Gropperhof

Diese Tour führt uns ins beschauliche Groppertal. Wir erinnern uns noch gut daran, als wir den Ostweg gemacht haben (im Schwäbischen »wandert« man einen Weg nicht, sondern man »macht« ihn). Seinerzeit sind wir schon einmal durch das Groppertal gekommen. Der idyllische Wegabschnitt ist uns bis heute sehr gut in Erinnerung geblieben. Grund genug, uns hier einmal genauer umzusehen.

Am Stadtrand von Villingen parken wir gegenüber dem Diakonissenhaus Tannenhöhe (752 m) am Wanderparkplatz unser Fahrzeug. Als Orientierung dienen uns heute die **schwarz-rote Ostweg-Raute** sowie die Ausschilderung des **Genießerpfads Waldpfad Groppertal**. Ein Trimm-dich-Pfad führt uns in den Germanswald. Wer Lust verspürt, kann sich an den unterschiedlichen Stationen gleich mal kräftig aufwärmen. Bereits nach wenigen Minuten gelangen wir zum **Armbad-Brunnen** ➊. Das frische Quellwasser aus dem im Jahr 1883 erbauten Brunnen ist eiskalt. Trotzdem wagen wir vorsichtig, einen Unterarm in das Nass zu tauchen. Bereits nach ein paar Sekunden kribbelt es

*Der **Ostweg** verbindet als Fernwanderweg in zwölf Tagesetappen Pforzheim mit dem schweizerischen Schaffhausen und dem bekannten Rheinfall.*

Waldromantik

Waldpfad im Groppertal

gewaltig. Aber wir halten tapfer durch, denn wir wissen: Das alles hat eine positive Wirkung auf unser Immunsystem.

Halb rechts gehen wir weiter und bemerken einen von links heraufführenden Weg, der später unser Rückweg sein wird. Jetzt verläuft unsere Route parallel zu der Eisenbahnstrecke der Schwarzwaldbahn, die

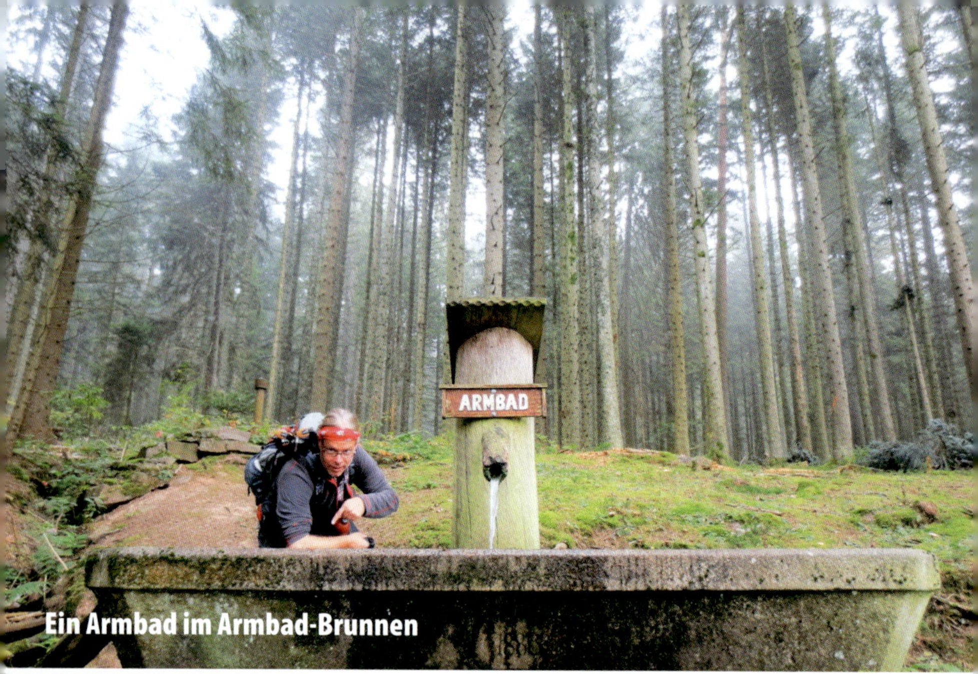

Ein Armbad im Armbad-Brunnen

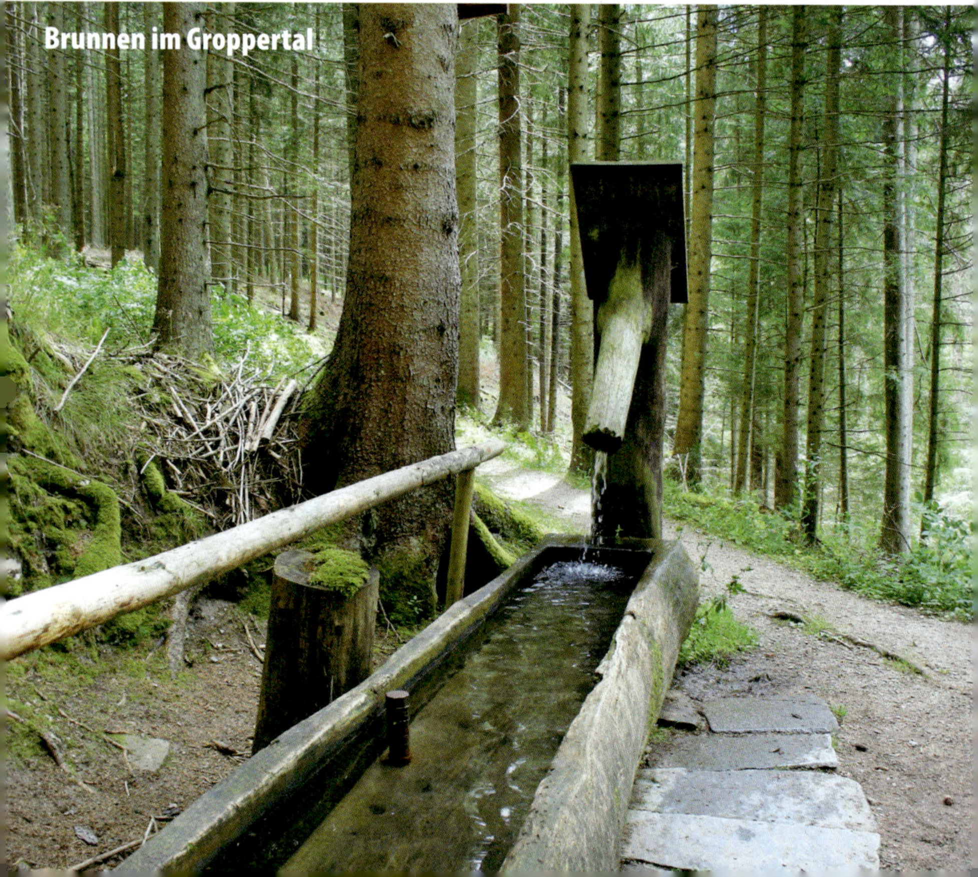
Brunnen im Groppertal

uns in einiger Entfernung beständig im Wald begleitet. Völlig entspannt erreichen wir einen zweiten Brunnen und wenig später den markanten **Uhufelsen ❷**, der rund 20 Meter in die Höhe, respektive aus unserer Sicht in die Tiefe, ragt. Über einen gesicherten Stichweg gehen wir links zu der Felskanzel. Nach der Überlieferung wurde hier im 18. Jahrhundert ein Stollen im Granitsein errichtet, um Brauneisenstein abzutragen. Voller Respekt blicken wir nach unten und erkennen einige Wandsicherungen, die uns vermuten lassen, dass hier so mancher Kletterfreund herumkraxelt.

Unsere warm gelaufenen Füße können wir an einer Wassertretstelle abkühlen, das macht richtig Laune.

Nach dieser herrlichen Erfrischung präsentiert sich der folgende Waldpfad überaus bezaubernd: Fast eben wandern wir durch den moosbegrünten Nadelwald. Ein Duft von trockenem Holz, der an Erdbeeren erinnert, ist vor allem an heißen Sommertagen typisch. Heidelbeerbüsche und Wildkräuter zieren den Wegesrand. Pilze sprießen aus dem Waldboden. Wärmende Sonnenstrahlen werfen ihr Licht durch die

Für die Seele

Heidelbeeren sind eine Freude für Körper und Seele, das große Waldbad wird ergänzt durch ein kleines, erfrischendes Armbad.

Bäume und malen faszinierende Schattenbilder. Waldvögel zwitschern fröhlich, um uns summt und brummt es. Irgendwie erscheint die ganze Szenerie wie aus einem verzauberten Märchenwald.

Ohne merkliche Anstrengung wandern wir weiter zu einem kleinen, rauschenden Wildbach. Unser Weg

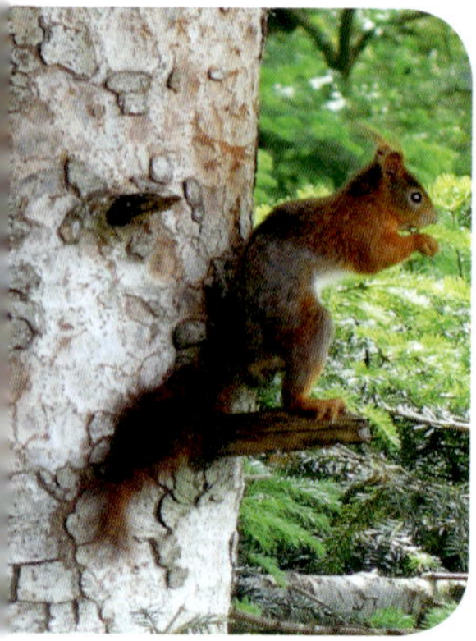

knickt nach links ab und überquert beim Wegweiser **Groppertal** einen Schotterweg. Nach weiteren 400 Metern gelangen wir zum **Meleck**. Hier verlassen wir den Ostweg und folgen weiter dem **Genießerpfad** sowie der **gelben Raute**. Einige Minuten später wenden wir uns dem ins Tal führenden Pfad zu und laufen rechts zu dem Fußweg über die Holzbrücke.

Wir passieren das ehemalige Gasthaus **Groppertal-Forelle** ❸. Welche Geschichten dieses alte Schwarzwaldhaus wohl erzählen könnte? Wir lassen das Gebäude rechts liegen und folgen für ein paar weitere Schritte der Groppertalstraße zu einem Bahnübergang. Hier wenden wir uns links über die Gleise und überqueren auch das Flüsschen Brigach. Sofort kommt uns der bekannte Lern-Merkspruch aus der längst ver-

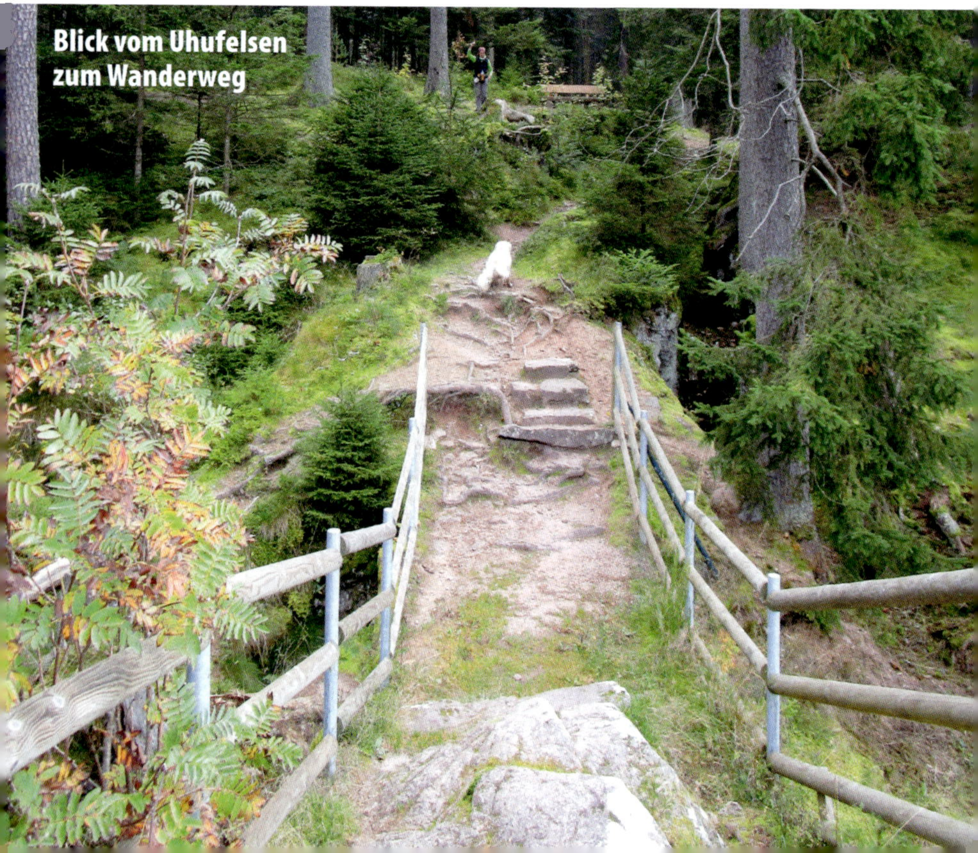

Blick vom Uhufelsen zum Wanderweg

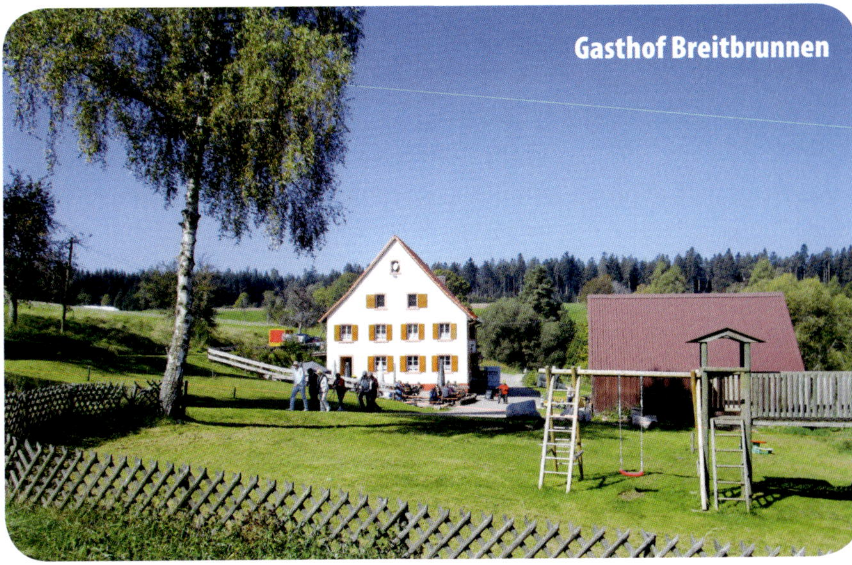

Gasthof Breitbrunnen

gangenen Schulzeit in den Sinn, der da lautet: »Brigach und Breg bringen die Donau zuweg.«

Ein Fahrweg leitet links flussabwärts und wir gelangen zu der Streusiedlung **Gründle**. An der ersten Weggabelung wandern wir rechts hinauf. Ein Wiesenweg führt uns vor einem bäuerlichen Anwesen linker Hand in den Wald. Die angenehme Stille, die uns umgibt, ist einfach unbezahlbar. Der Alltag mit seinem Lärm und seinen Ablenkungen scheint weit weg zu sein. Mit etwas Glück und geschultem Auge entdecken wir ein Eichhörnchen, das in den Tannenzweigen herumtollt.

Im sanften Anstieg gehen wir in Richtung Südwesten weiter und geben acht, den Rechtsabzweig auf einen Wald- und Wiesenpfad nicht zu verpassen. Dieser Pfad bringt uns direkt zum urigen **Gasthaus Breitbrunnen** ❹. Es hat sich zu einem echten Geheimtipp für die Villinger Gegend gemausert. Auch wir kehren ein und genießen auf der schönen Gartenterrasse die Sonnenstrahlen.

*Das **Gasthaus Breitbrunnen** geht auf das 16. Jahrhundert zurück, allerdings brannte es 1843 ab und wurde wieder aufgebaut. Es bietet neben Schnitzel und Wurstsalat auch Flammkuchen und schwäbische Maultaschen. Als Dessert ist der warme Apfelstrudel empfehlenswert.*

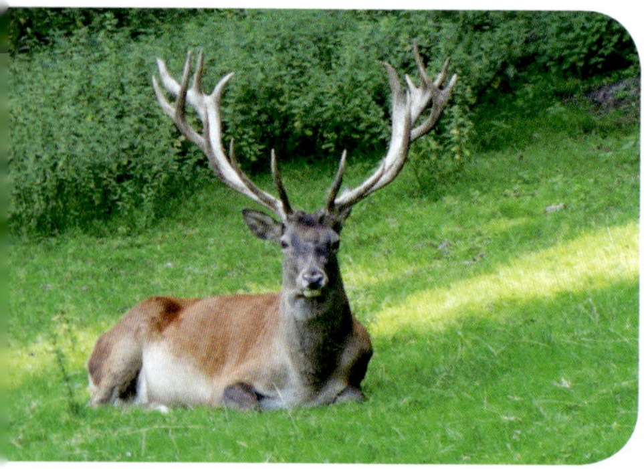

Zufrieden nach der ausgiebigen Einkehr und dem herzhaften Essen, folgen wir mit Leichtigkeit einem Schotterweg, von unserer bisherigen Richtung kommend im 90-Grad-Winkel nach links, also in Richtung Südosten, und gelangen so zu dem großen **Wegetreff Breitbrunnen**, bei dem wir uns zunächst links und nach 50 Schritten schon wieder rechts halten.

Hoch gewachsene Nadelbäume umgeben uns, unzählige Tannenzapfen liegen am Boden. Zeit, um den Tastsinn zu schulen: Wir heben ein paar unterschiedlich große Zapfen auf und untersuchen mit geschlossenen Augen deren Beschaffenheit: Wie fühlen sie sich an? Auf die gleiche Art lässt sich der Geruchssinn sensibilisieren. Diese Sinnesschulungen sind sehr empfehlenswert, gerade auch wenn man sie mit Kindern durchführt.

Nach dieser Pause der besonderen Art folgen wir unserer Ausschilderung an den Rand einer großen Waldlichtung. Weites Ackerland und dunkle Tannen am Horizont bestimmen den Blick in die Landschaft. Völlig entspannt und leichten Schrittes laufen wir am Waldrand entlang und achten bewusst auf die knacksenden Geräusche aus dem Unterholz. Hat sich hier etwa eine kleine Maus ängstlich und flink vor uns verkrochen?

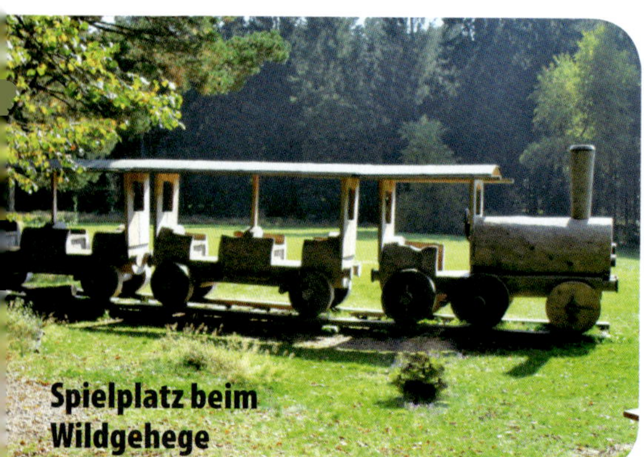

Spielplatz beim Wildgehege

Es dauert nicht allzu lange, bis uns der breite Wirtschaftsweg wieder in den Wald bringt. Ein Rechtsabzweig auf einen überaus idyllischen Pfad erwartet uns. Unzählige Pflanzenarten wachsen im wilden Durcheinander, viele Tausende Heidelbeerbüsche versüßen uns die weitere Wanderung.

Am Wegweiser beim **Gropperhof** wenden wir uns nach rechts dem **Salvestweg** zu. Fortan wandern wir schnurgerade in südwestliche Richtung zum rund um die Uhr zugänglichen **Wildgehege Salvest** ❺. Dort können wir Rehe beobachten, auch ein Hirsch ist dabei, im Gehege verlieren sie sogar ihre angeborene Scheu.

Jetzt treffen wir auf den **Schwarzwald-Jura-Bodensee-Weg** und folgen der **grünen Raute auf gelbem Grund**. Ein Waldlehrpfad leitet zum alten **Römerweg**. Auf teils groben Steinen schreiten wir hinab zum **Ganter-Denkmal** ❻, das an einen Pionier der Walderholung erinnert.

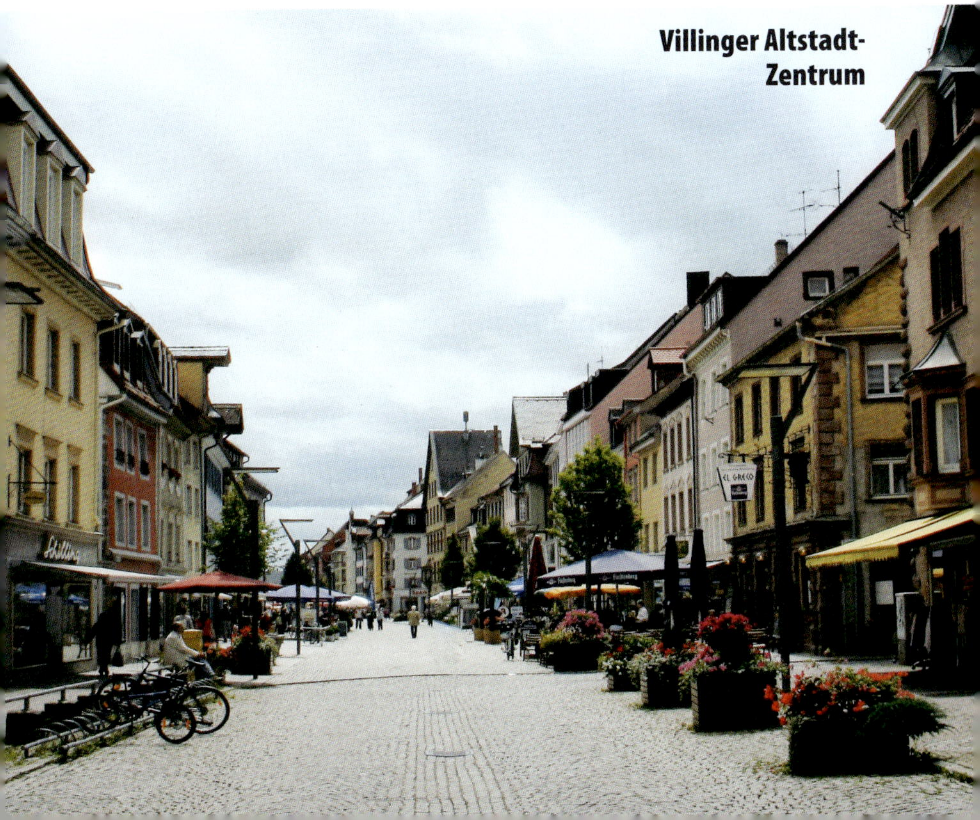

Villinger Altstadt-Zentrum

Entschleunigungstour 15

Hubert Ganter (1848 bis 1895) war von 1876 bis zu seinem Tod Dienstvorstand des Städtischen Forstamts Villingen. Schon damals erkannte er die Wichtigkeit des Waldes für den Menschen, lehnte dessen Kahlschlag kategorisch ab und erbaute zahlreiche Wanderwege.

Im Kirnachtal gehen wir beim Granitfelsen am Kapf rechts über die Brigachbrücke zu dem **ehemaligen Kirnacher Bahnhof**. Nach dem Gebäude überqueren wir das zweite Mal die Bahngleise und folgen dahinter für wenige Schritte der **Oberen Waldstraße**. Dann steigen wir Stufen hinauf und stehen unvermittelt wieder am **Armbad-Brunnen**. Noch einmal tauchen wir unsere Arme ganz tief in das erfrischend kühle Quellwasser, dann treten wir den Rückweg zum **Parkplatz bei der Tannenhöhe** an.

Nach der ausgedehnten Wanderung wollen wir noch etwas Trubel und statten der schönen Villinger Altstadt einen Besuch ab. Jetzt noch ein gutes Eis, und der Tag ist perfekt. Irgendwo hinter dem runden Torbogen entdecken wir ein Eiscafé und lassen den Tag gemütlich ausklingen.

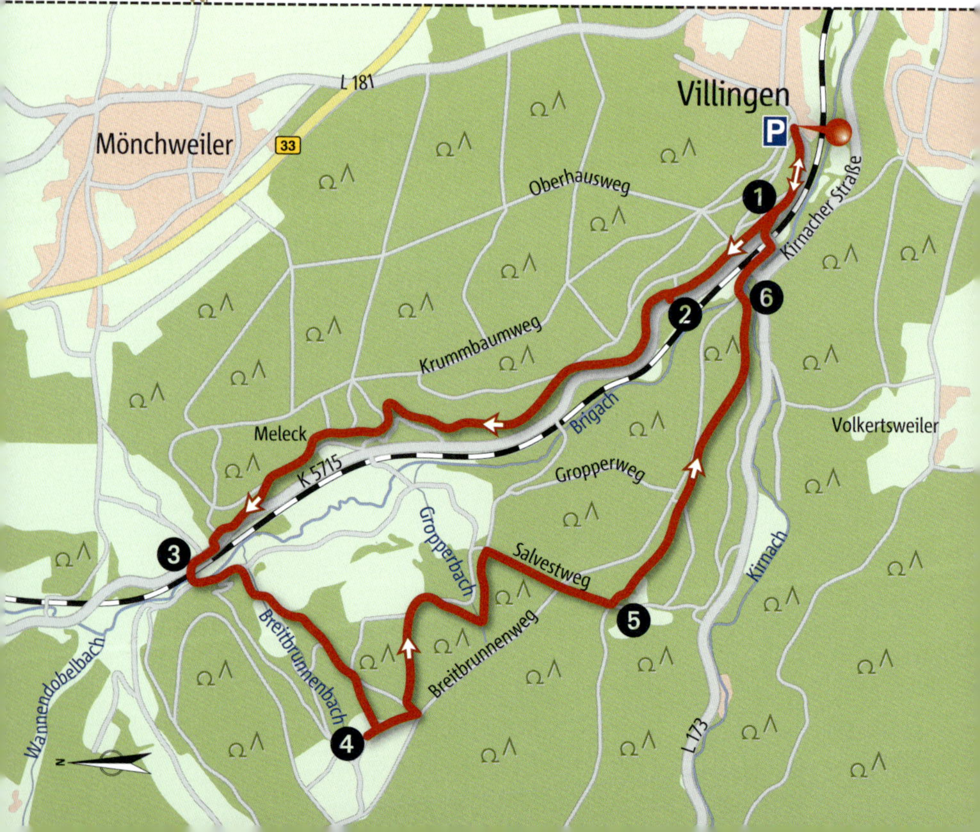

Alles auf einen Blick

WIE & WANN:
Auf weiten Strecken weicher Waldboden; beste Zeit Mitte April bis Anfang November

HIN & WEG:
Auto: Wanderparkplatz beim Haus Tannenhöhe, 78048 Villingen-Schwenningen (GPS: 48.070181, 8.428014)
ÖPNV: Von Villingen (Schwarzw.) Bf Bus 6 bis Villingen Tannenhöhe; So. Rufbusverkehr, Anmeldung 30 Min. vorher unter Tel. (0 77 21) 82 82 82

ESSEN & ENTSPANNEN:
Gasthaus Breitbrunnen ❹ Breitbrunnen 1, 78089 Unterkirnach, Tel. (0 77 21) 9 98 16 94, www.gasthaus-breitbrunnen.de

ENTDECKEN & ERLEBEN:
Armbad-Brunnen ❶
Uhufelsen ❷
Groppertal-Forelle ❸
Wildgehege Salvest ❺
Ganter-Denkmal ❻

Entspannung ✱✱✱✱✱
Genuss ✱✱✱✱✱
Romantik ✱✱✱✱✱

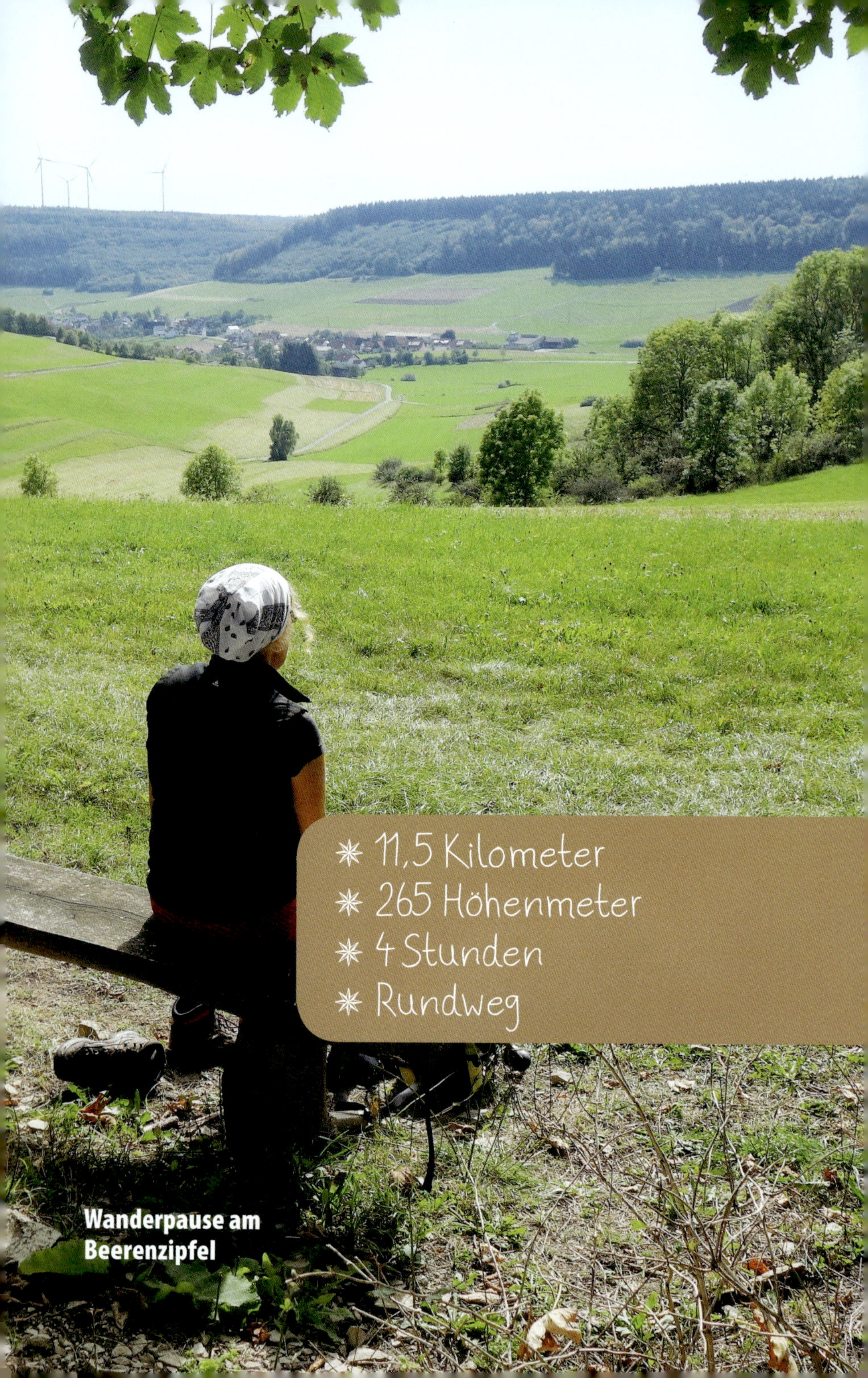

* 11,5 Kilometer
* 265 Höhenmeter
* 4 Stunden
* Rundweg

Wanderpause am Beerenzipfel

Für heute steht im wahrsten Sinne des Wortes ein himmlisches Vergnügen auf unserem Wanderprogramm, denn die Himmelberg-Runde verspricht allerschönste Aussichten. Der Genießerpfad startet in der Nähe von Bad Dürrheim in dem netten Örtchen Öfingen. Unsere Tour beginnt am **Wanderparkplatz** oberhalb des hiesigen Feriendorfes. Von dort aus führt ein Zuweg in den Ort. Wir gehen entlang der **Bühlstaße** zum Brunnen bei der **Bushaltestelle Öfingen Bühlstraße**. Die **Haugenrainstraße** führt scharf rechts. Wir folgen der Markierung des **Genießerpfads Himmelberg-Runde**, die hier zusammen mit der **schwarz-roten Rautenmarkierung** des legendären **Ostwegs** (siehe Tour 15, S. 137) durch das schön angelegte Feriendorf leitet. Erinnerungen werden wach. Vor fast 13 Jahren waren wir hier schon auf dem Ostweg unterwegs. Ach, wie schnell doch die Zeit vergeht. Eines ist uns jedenfalls geblieben, die unbändige Leidenschaft fürs Wandern.

Bad Dürrheims höchstgelegener Stadtteil Öfingen gilt als »sonniges Dorf der Baar«. Bei gutem Wetter hat man von hier Aussichten über die Baar bis zum Feldberg und an sehr klaren Tagen sogar bis zu den Schweizer Alpen.

Am Ende des Feriendorfs erwartet uns schon eine erste Himmelsliege, auf der man eine kurze Ver-

Himmlische Runde

Zum Himmelberg bei Bad Dürrheim

schnaufpause an einem schönen Platz einlegen könnte. Uns aber zieht es weiter, die Markierung leitet durch einen von Hecken und Gras gesäumten Weg. Alsbald biegen wir links ab und gehen am oberen Wiesenrand einen traumhaft schönen Panoramaweg entlang, der wirklich keine Wanderwünsche offenlässt. Wir ergattern herrliche Blicke über den Schwarzwald-Baar-Kreis sowie in den Südschwarzwald. Aussichtsreiche Sitzbänke laden zur Rast ein. Der Wiesenpfad bringt uns in den Wald, wo wir rechts gehen und rasch zum **Stockacker** hinaufgelangen. Von dort aus gehen wir geradeaus am Feldrand weiter. Auf dem weichen Boden lässt es sich bequem wandern. Vorbei an einem kleinen Nadelwald, zwischen Wiesen und Ackerland, führt unsere Tour auf einen Wald zu, an dessen Rand wir uns nach rechts wenden. Ein leichter Wind weht uns um die Nase, er vermittelt ein Gefühl von Freiheit. Kurz bevor der Weg endet, biegen wir nach links in den Wald ab. An warmen Sommertagen verspricht das eine angenehme Frische. Der Waldweg verwandelt sich in einen Heckenpfad, teilweise schließt sich das Grün über uns wie ein Dach – ein großartiger Lebensraum für unzählige Pflanzenarten und Kleinstlebewesen.

Weiter geht's über tiefgrüne Wiesen. Wir fühlen uns völlig im Einklang mit Mutter Natur und geraten

Himmelsliegen an der Himmelberg-Runde

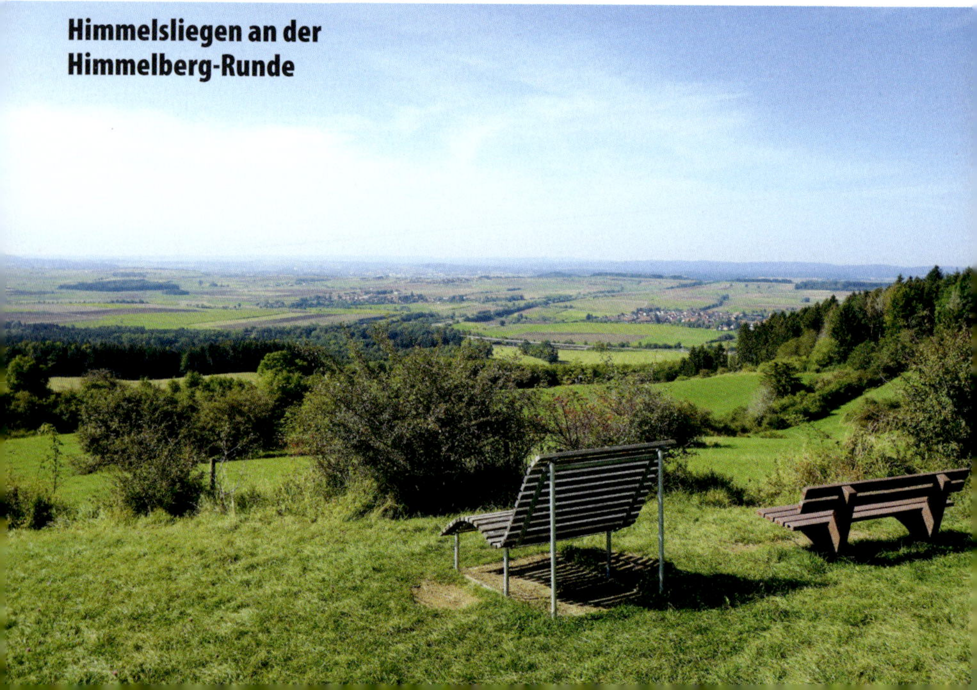

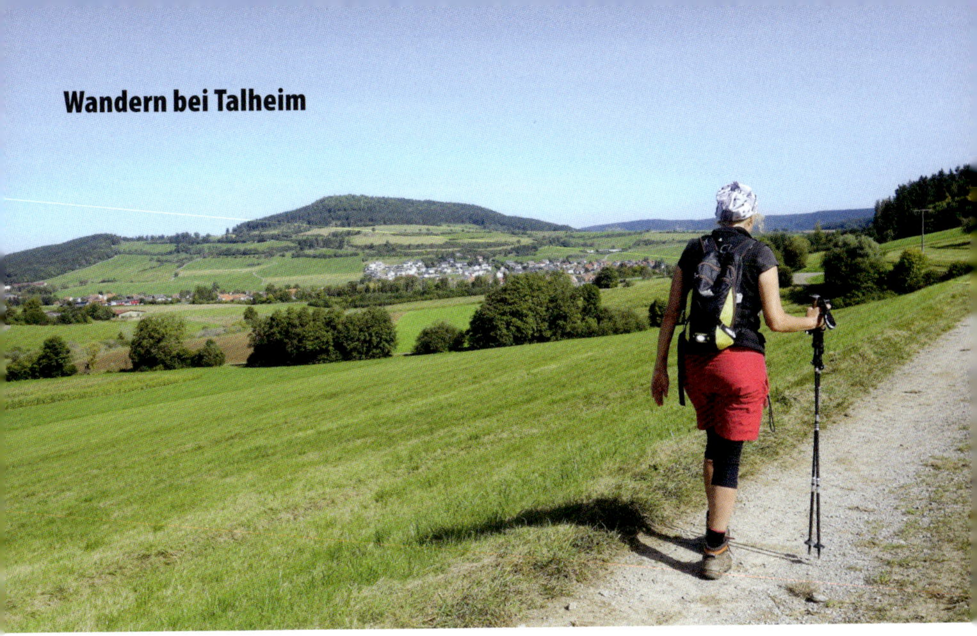

Wandern bei Talheim

in einen fast meditativen Zustand. Ein Schotterweg bringt uns nach rechts hinab, wir durchqueren ein Wäldchen und folgen dann einem Feldweg. Ein romantisch anmutender Wiesenpfad leitet rechts in eine Talmulde. Gegenüber steigen wir links am Waldrand entlang hinauf bis zu einer Landstraße, die wir über-

Für die Seele

Herrlich weiche Wiesenpfade bringen uns zum Himmelberg, von wo die wahrhaft himmlische Aussicht bis zum Südschwarzwald reicht.

queren. Unser Blick schweift zu den Häusern der Ortschaft Talheim mit ihrem Hausberg. Sanft dringen die Klänge der Kirchenglocken zu uns herauf und begleiten uns noch einige Meter auf dem land- und forstwirtschaftlichen Weg. Dieser führt in seinem weiteren Verlauf hinauf in den Wald. Wir sind jetzt auf dem **Lin-**

senbühl angelangt und gehen gemütlich auf einem Forstweg weiter. Hoch über Talheim biegen wir dann an der **Lindensteige** zweimal rechts ab. Beim Anstieg achten wir bewusst auf den Linksabzweig, der uns zum **Beerenzipfel** ❶ führt. Dort öffnet sich ein tolles Panoramafenster. Spontan entschließen wir uns, eine kurze Pause auf einer der Sitzbänke einzulegen. Wir lassen unseren Gedanken freien Lauf, während unsere Augen den Blick auf die bezaubernde Landschaft um die Ortschaft Ippingen auskosten.

Als wir uns endlich wieder losreißen können, wandern wir in den Forst hinein. Der Weg führt uns steil hinauf zum **Himmelberg** (941 m) ❷. Wir verewigen uns mit ein paar netten Zeilen im Gipfelbuch. Eine schöne Hütte bietet auch an Regentagen eine trockene Gelegenheit für eine Vesperpause. Die Aussicht ist herrlich. So können wir den rund 50 Kilometer entfernten Feldberg erkennen, ebenso den Brend, der

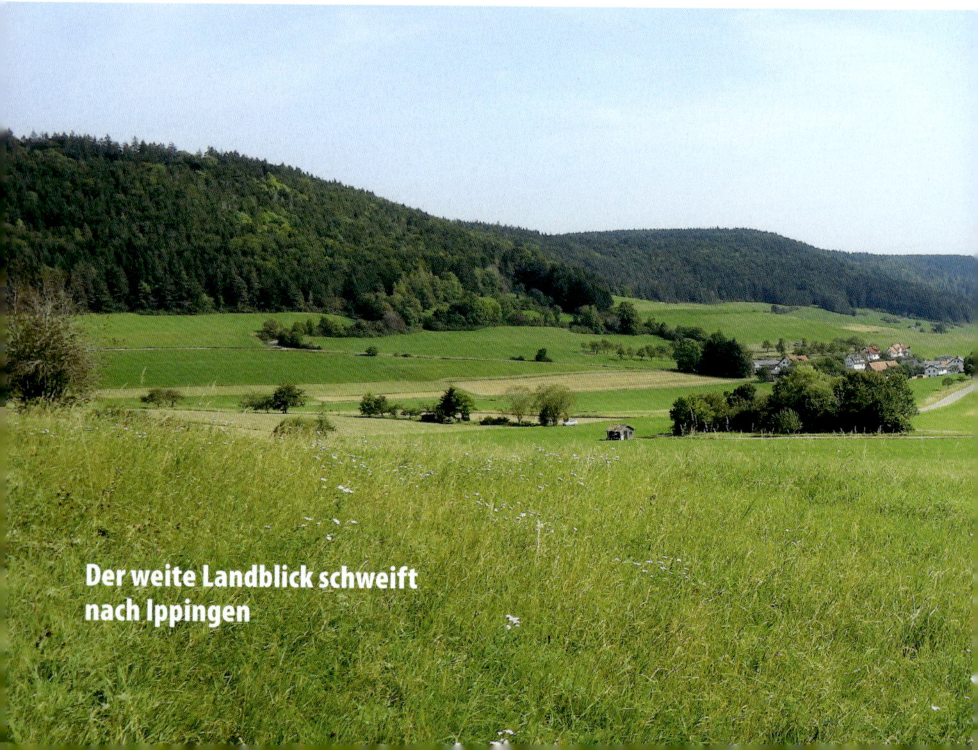

Der weite Landblick schweift nach Ippingen

grob 40 Kilometer weit weg ist. Der Schwarzwald-Baar-Kreis liegt quasi zu unseren Füßen. An klaren Sonnentagen ein herrliches Panorama, das unbedingt fotografiert werden möchte.

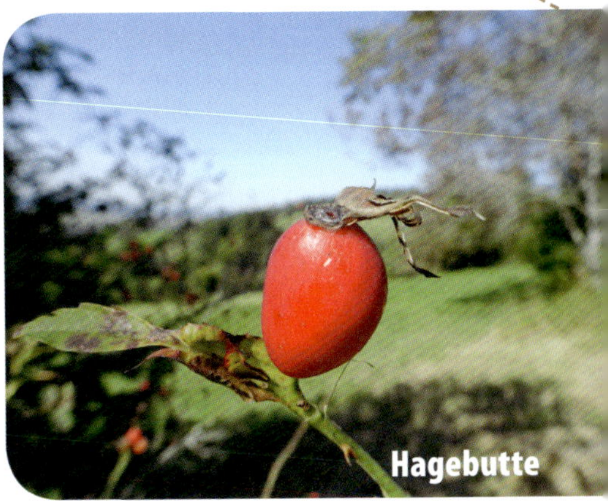

Hagebutte

Nach der erholsamen Gipfelrast gehen wir den Weg mit der **Genießerpfad**-Markierung hinab und biegen kurz darauf scharf links zu einem Waldpfad ab. Der knorrige, von unzähligen Wurzeln durchwachsene Weg führt uns abwärts. Wir nutzen die Gelegenheit für eine kleine Achtsamkeitsübung und konzentrieren uns bewusst auf das Gehen. Sollte sich bei jemandem bisher noch keine vollkommene Ruhe und Gelassenheit eingestellt haben, dann ist es spätestens jetzt so weit.

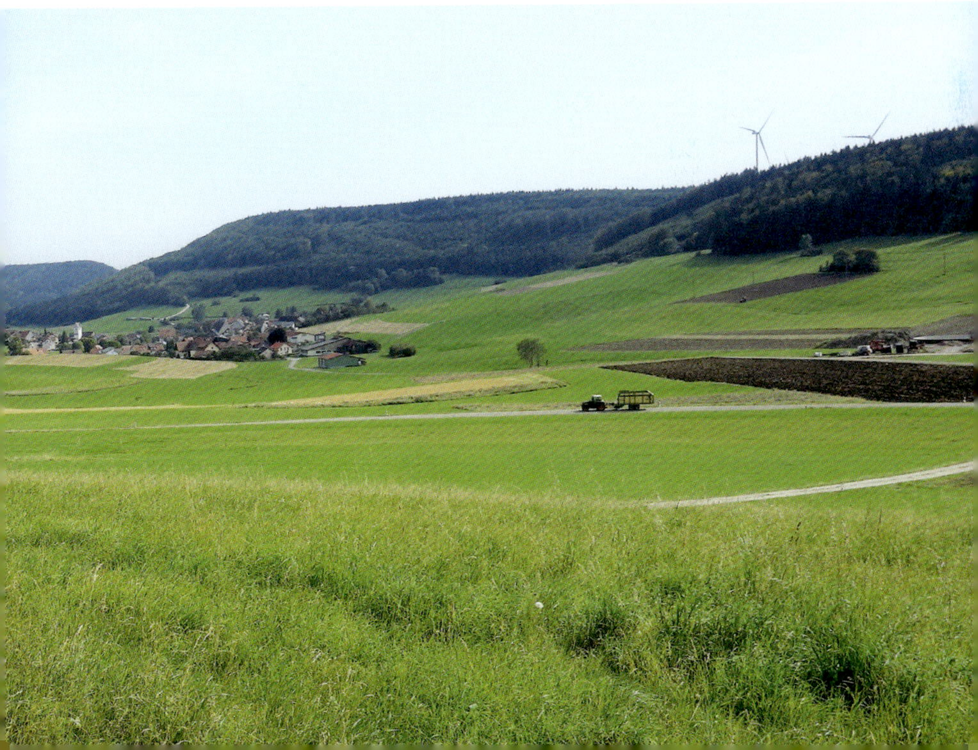

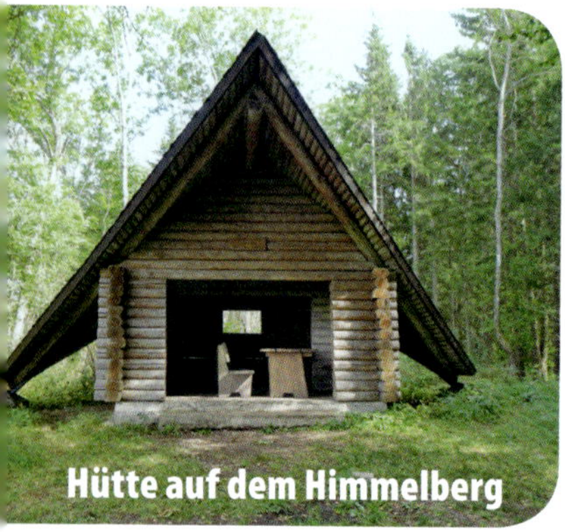

Hütte auf dem Himmelberg

Im Abstieg öffnet sich der Wald, wir blicken über idyllisches Bauernland. Hiernach biegen wir rechts ab und schreiten an einer Wiese entlang, bis wir den **Himmelgraben** erreichen. Von da aus gehen wir erst rechts, dann wieder links und bald nach rechts ein Wiesenwegle hinauf. Oben angekommen, folgen wir der Markierung des **Genießerpfads** nach Öfingen zurück. Und weil das Wandern ja bekanntlich hungrig macht, beschließen wir, zum Tagesabschluss im **Landhaus** ③ beim Feriendorf einzukehren.

Einmal mehr stellen wir fest, dass diese Wanderung ein wahrhaft himmlisches Vergnügen und Erlebnis geboten hat. Wehmütig blicken wir noch einmal zum Himmelberg hinüber – schön war's.

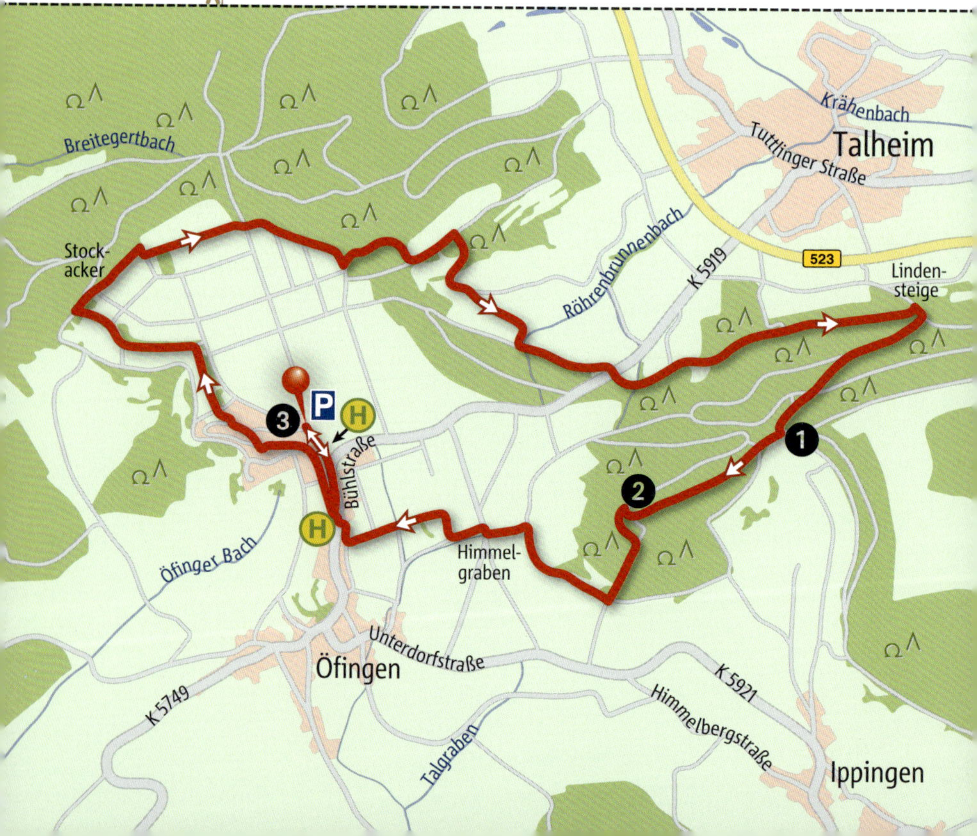

Alles auf einen Blick

WIE & WANN:
Wiesenpfade sowie Feld- und Waldwege, wenig asphaltierte Straßen; beste Zeit April bis Oktober

HIN & WEG:
Auto: Wanderparkplatz beim Feriendorf Öfingen, 78073 Bad Dürrheim (GPS: 47.999519, 8.634423)
ÖPNV: Von Villingen (Schwarzw.) Bf Bus 610 bis Öfingen Bühlstraße; Einstieg in die Tour dort; Sa., So. Rufbusverkehr, Anmeldung 60 Min. vorher unter Tel. (0 77 21) 9 13 20 20

ESSEN & ENTSPANNEN:
Landhaus (Gasthaus im Feriendorf Öfingen) ❸ Feriendorfstraße 1–2, 78073 Bad Dürrheim-Öfingen, Tel. (0 77 06) 92 23 46, www.oefingen-landhaus.de

ENTDECKEN & ERLEBEN:
Beerenzipfel ❶
Himmelberg ❷

Entspannung ✸✸✸✸✸
Genuss ✸✸✸✸✸
Romantik ✸✸✸✸✸

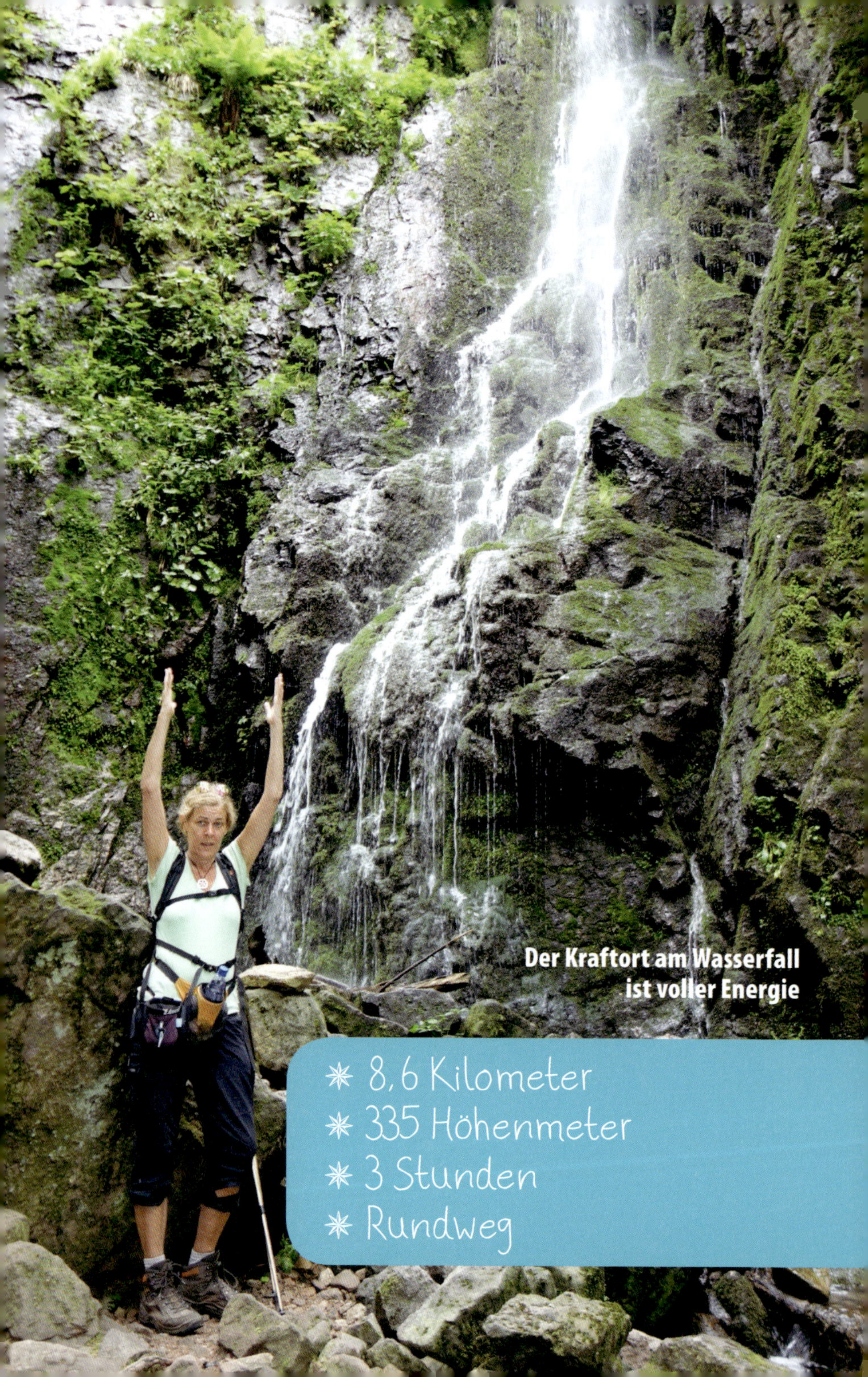

Der Kraftort am Wasserfall ist voller Energie

- 8,6 Kilometer
- 335 Höhenmeter
- 3 Stunden
- Rundweg

Exakt zum Wochenende scheint uns die Sonne hold zu sein. Azurblau strahlt der Himmel, nur mit ein paar vereinzelten weißen Wolkentupfern gesprenkelt. Für heute haben wir uns den **Genießerpfad Klösterle-Schleife** im Wolftal vorgenommen. Eine abwechslungsreiche Tour, die nicht nur schöne Aussichten verspricht, sondern auch die Begegnung mit einem spektakulären Wasserfall. Als weitere Höhepunkte erwarten uns ein ehemaliges Kloster und die Wallfahrtskirche Mater Dolorosa – es ist also für jeden Geschmack etwas geboten. Startpunkt der Tour ist der Wanderparkplatz vor Burgbach. Dort überqueren wir die Landstraße L 96, auch Wolftalstraße genannt. Wir entdecken die **gelben Rauten** des Schwarzwaldvereins sowie auch eine **Genießerpfad**-Markierung und folgen den Wegweisern in Richtung Nordosten. Etwa 400 Meter später biegen wir links in den **Greifshaldeweg** ein und wandern entspannt und urgemütlich neben der rauschenden Wolf dahin. Problemlos erreichen wir die Jochemsbrücke. Hier folgen wir bergwärts einem Weg in den Wald. Beständig steigen wir bergauf und gelangen nach einem halben Kilometer, mit immerhin 70 Höhenmetern in den Beinen, zur **Greifshalde**. Nach dem Anstieg halten wir kurz inne und schnaufen erst einmal kräftig durch. Als unser Puls sich wieder

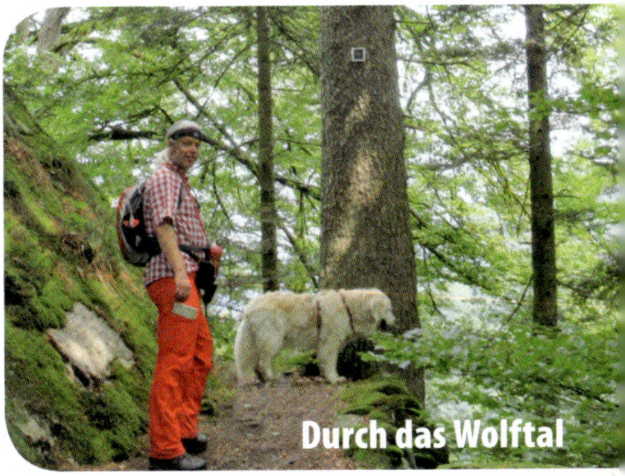

Durch das Wolftal

Zum Wasserfall

Klösterle-Schleife im Wolftal

normalisiert hat, wenden wir uns rechts, einem abzweigenden Pfad zu. Dieser schlängelt sich überaus romantisch durch den schönen Wald. Die schmale Pfadspur macht so richtig Laune auf das, was uns heute noch alles erwartet. Der Waldboden ist übersät mit moosgrün überwucherten Steinen, Heidelbeerbüsche wachsen überall. Aus dem Talgrund vernehmen wir beständig das sanfte, beruhigende Rauschen der Wolf. Von einer Sitzbank, die leicht rechts versetzt zum Wanderweg steht, erfreuen wir uns an dem grandiosen Blick auf den Ort Klösterle. Wir halten inne und saugen die unsagbare Kraft der Natur ein. Inspiriert folgen wir dem Traumpfad weiter und wandern an einer Gabelung nach rechts. Wir sind auf einem **Abstecher** zum etwa 150 Meter entfernten **Schießhüttele** ①. Der Ausblick vom Pavillon auf Klösterle ist einfach wundervoll und macht unsere Wanderrast an dieser Stelle noch schöner.

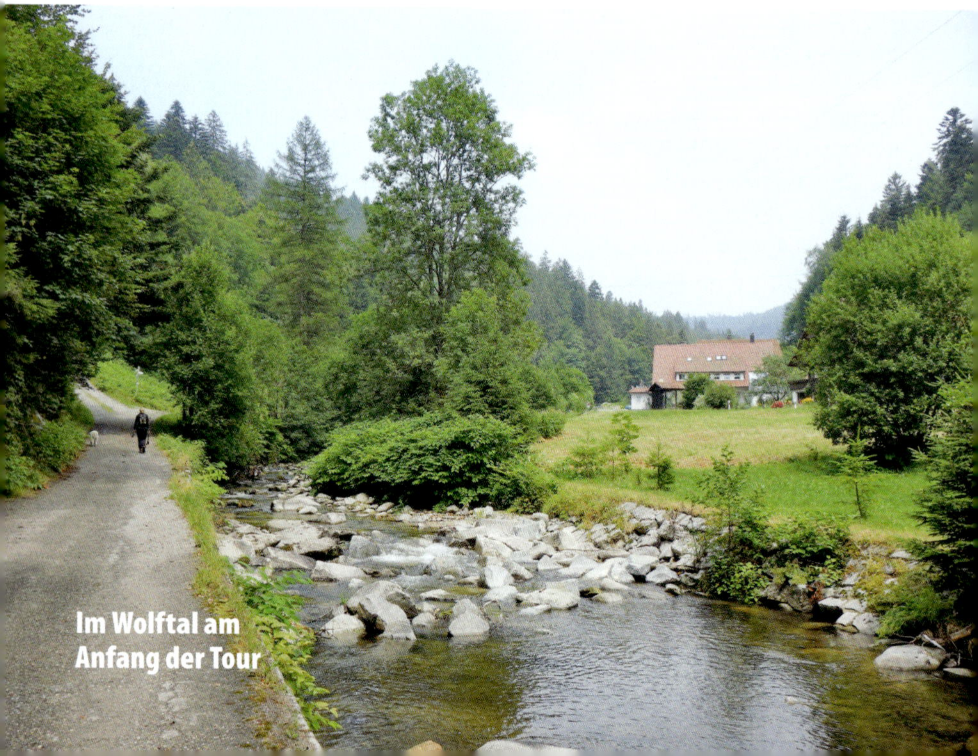

Im Wolftal am Anfang der Tour

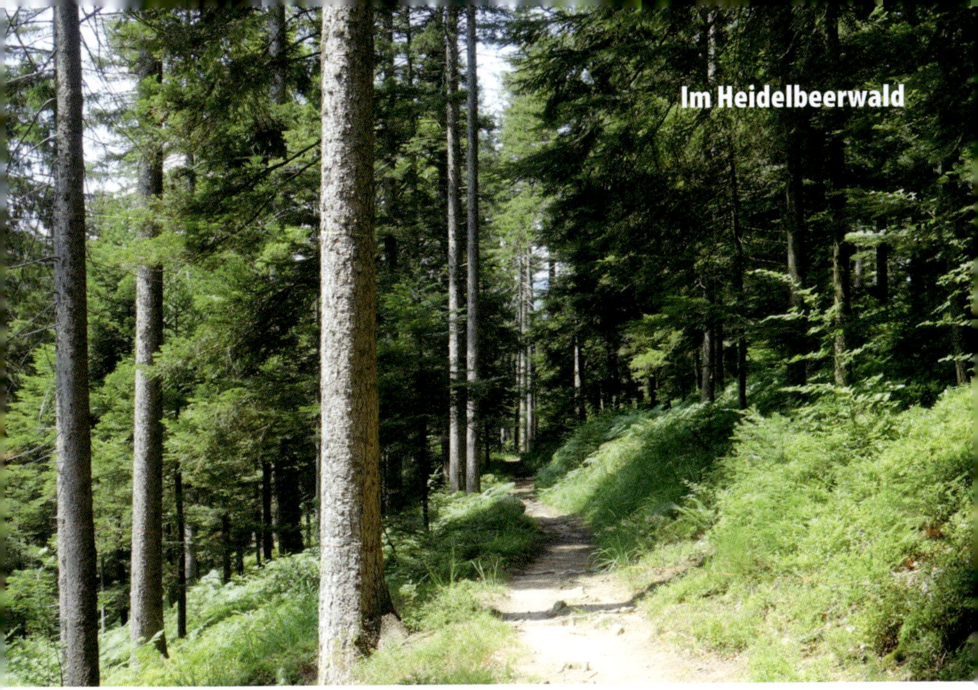

Im Heidelbeerwald

Frisch gestärkt und voller Euphorie kehren wir wieder zurück zum Abzweig. Hier führt der **Panoramaweg** in Richtung **Gaisbach**, wo wir halb rechts auf einen farnbewachsenen Waldpfad abbiegen. Nun geht es permanent in Kehren abwärts bis ins Wolftal, wo wir zur **Kurhausbrücke** gelangen. Hiernach folgen wir dem **Wolftalweg** flussabwärts und haben bald den Ort **Bad Rippoldsau-Schapbach-Klösterle** erreicht. Überaus mächtig wirkt das markante Gebäude des **Klosters und der Pfarrei Bad Rippoldsau** ❷.

Wir gehen zum **Minigolfplatz** und setzen dort auf der **Nepomukbrücke** über die Wolf. Auf der anderen

*Das **Kloster Rippoldsau** wurde im 11. Jahrhundert gegründet und fiel im Dreißigjährigen Krieg schwedischen Truppen zum Opfer. Die klassizistische Kirche mit ihrer Doppelturmfassade ist heute Pfarr- sowie Wallfahrtskirche und berühmt für viele Gebetserhörungen.*

Für die Seele

Zwei Aussichtspavillons, eine abenteuerliche Felsenschlucht, ein Wasserfall, Heidelbeerwald und ein altes Gotteshaus: Die Tour erfüllt vielerlei Wünsche.

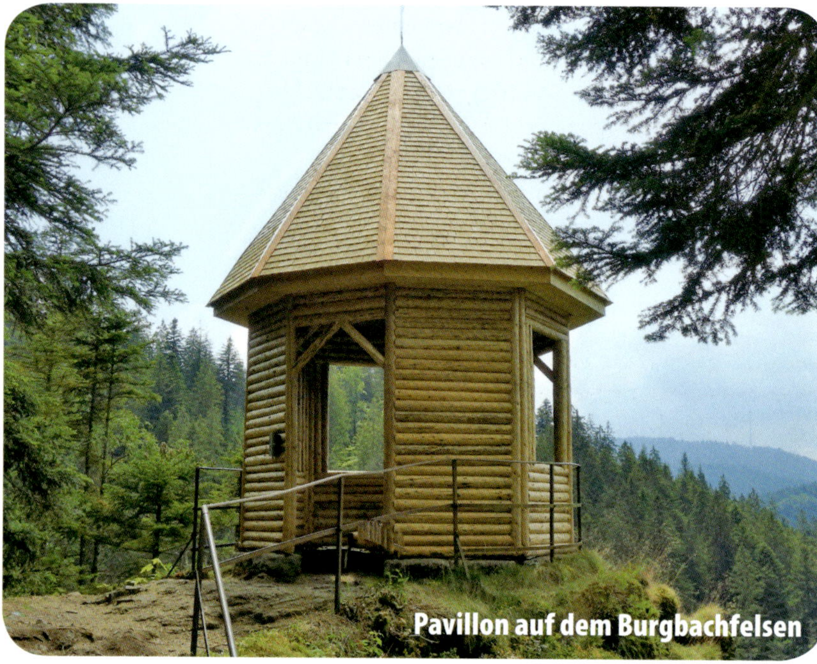
Pavillon auf dem Burgbachfelsen

Seite der Wolftalstraße können wir im **Schwarzwaldgasthof Klösterle-Hof** ③ gepflegt einkehren.

Gestärkt und mit neuer Kraft folgen wir dem **Genießerpfad**, der gleich wieder bergan aus dem Ort führt. In erhöhter Hanglage blicken wir in das liebliche Reichenbachtal. Bei einem Fahrweg gehen wir links und vor einem Haus halb rechts relativ steil dem Wald entgegen. Dort erwartet uns ein steindurchsetzter Pfad. **An der Steig** biegen wir rechts auf einen breiten Wanderweg. Bereits 80 Meter weiter wenden wir uns dem links abzweigenden schmalen **Burgbachfelsen-Grenzweg** zu. Zum Glück flacht der schweißtreibende Anstieg bald ab. Wahnsinn – ein Meer von Heidelbeerbüschen, wohin das Auge blickt. In den Sommermonaten kann man hier genüsslich Heidelbeeren pflücken, oder »zopfen«, wie der Schwarzwälder zu sagen pflegt.

Nach rechts versetzt kreuzen wir einen Forstweg, um dann einen etwas steileren Hang zu queren, und gelangen so wieder auf den Forstweg. Anschließend überschreiten wir eine Kuppe und achten darauf, den Linksabzweig zu einem schmalen Trampelpfad nicht zu verpassen. Frische Waldluft erfreut unsere Nasen. Entspannt lauschen wir dem Gesang der Vögel. Oberhalb von Burgbach öffnet sich für einen kurzen Moment der Wald und gibt einen fantastischen Talblick frei.

Anschließend gelangen wir in wasserreiches Gebiet und passieren mehrere kleine Bächlein. An der folgenden Gabelung bleiben wir auf dem oberen Weg. Abermals öffnet sich der Wald, und vor einem Bauernhaus wandern wir auf einem romantischen Wiesenweglein zum **Bildstöckle-Felsen**. Von hier aus folgen wir unserer Markierungen nach rechts hinüber zum **Burgbachfelsen** ❹. Dort steht ein weiterer Aussichtspavillon in traumhafter Lage mit Blick in das schöne Burgbachtal. Nach einer intensiven Pause, die wir uns durchaus verdient haben, steigen wir steile Steinstufen hinab, wenden uns danach rechts und erreichen schon

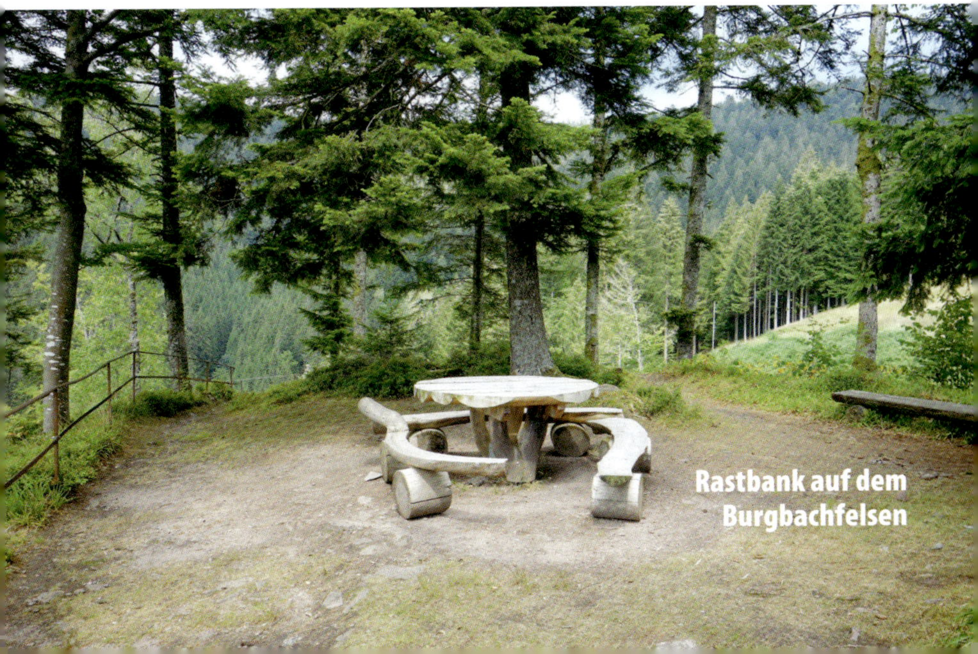

Rastbank auf dem Burgbachfelsen

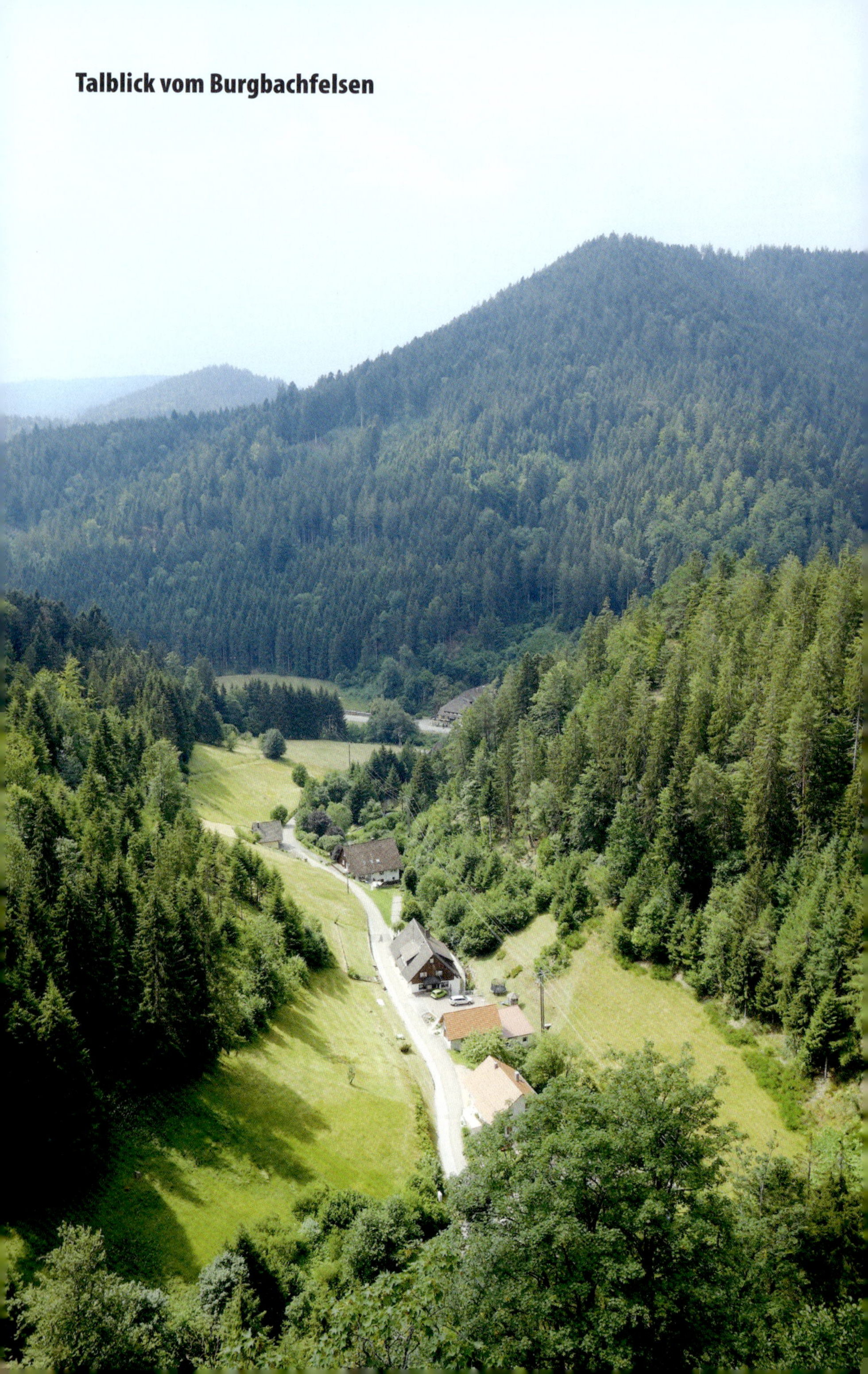

Talblick vom Burgbachfelsen

bald die malerisch und zugleich abenteuerliche **Burgbachfelsenschlucht**. Zwischen hohen, moosbewachsenen Felsen führen zahlreiche Serpentinen-Schleifen spektakulär in die Tiefe. Profilgriffige Wanderschuhe sind jetzt von großem Vorteil. Achtung, konzentriertes Gehen ist hier durchaus angebracht.

Unten angekommen, vernehmen wir von links ganz deutlich das Rauschen von Wasser. Wir vertrauen unserem Gehör, folgen einem stufigen Pfad und dringen schon bald zu dem grandiosen **Burgbachwasserfall** 5 vor. Wir spüren förmlich das Tosen des Wassers, Gischt spritzt uns ins Gesicht. Welche Naturgewalt! Wir setzen uns auf einen Stein und beobachten dieses gewaltige Spektakel einige Minuten lang.

Völlig überwältigt und doch energiegeladen geht's weiter. Wir kehren zu dem stufigen Pfad zurück, hiernach wandern wir auf einem breiten Weg talwärts.

Bei einer Kreuzung folgen wir der Markierung geradeaus zum **Schrofen** und biegen dort nach rechts ab.

*Die Betreiber des **Wolf- und Bärenparks Schwarzwald** haben für ihre Tiere bewusst eine »Freianlage« gestaltet – kein »Gehege«. Es handelt sich um eine großzügig bemessene und naturnahe Anlage auf 10 Hektar Grund.*

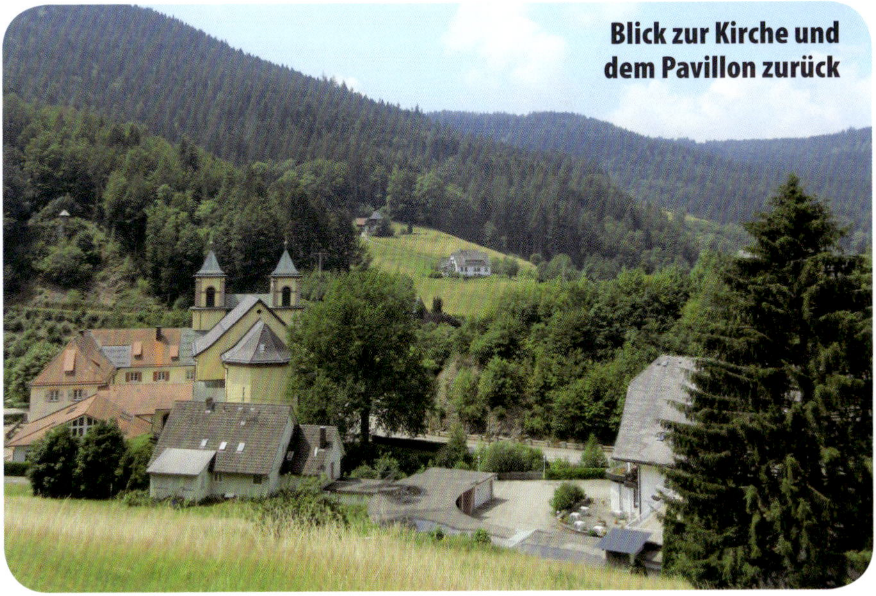

Blick zur Kirche und dem Pavillon zurück

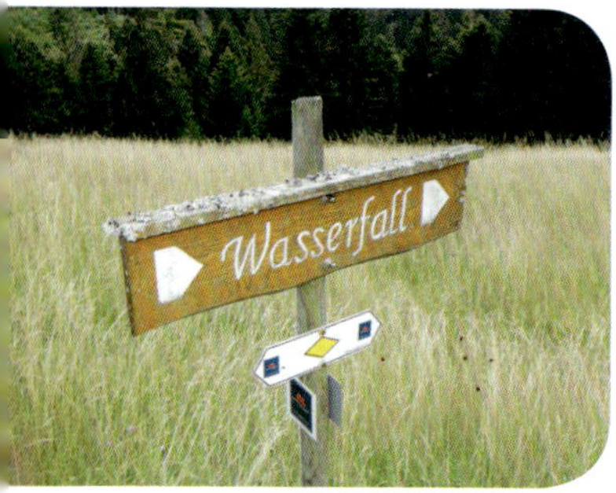

Etwa 200 Meter später wenden wir uns im Moosgrund rechts einem romantischen Weglein zu. Im Wald entdecken wir plötzlich ein vierblättriges Kleeblatt, das nach alter Überlieferung Glück im Überfluss bringen soll. Genial, das können wir gut gebrauchen.

Immer weiter führt uns der Wanderpfad hinab in den Talgrund des Wolftals. Einige Zeit später erreichen wir unseren Parkplatz wieder. Ein großartiger Wandertag, der keine Wünsche offengelassen hat, neigt sich dem Ende zu.

Ein Grund, dieses Ende noch hinauszuzögern. Wir entscheiden uns für einen Besuch im **Alternativen Wolf- und Bärenpark Schwarzwald 6** in Schapbach, um dem gelungenen Ausflug ein weiteres Glanzlicht aufzusetzen.

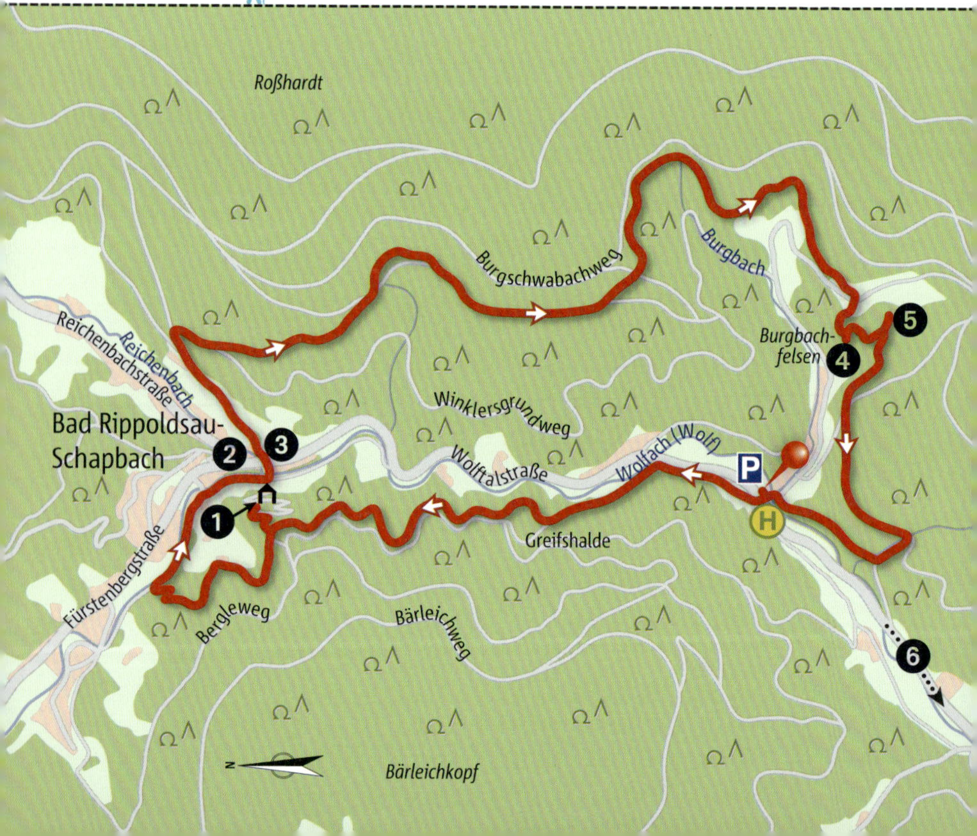

Alles auf einen Blick

WIE & WANN:
Wildromantische, manchmal schmale Waldpfade; steiler Abstieg vom Burgbachfelsen zum Wasserfall; beste Zeit April bis Anfang November

HIN & WEG:
Auto: Wanderparkplatz südlich von Bad Rippoldsau-Schapbach-Klösterle, Burgbachstraße 1, 77776 Bad Rippoldsau-Schapbach (GPS: 48.413226, 8.328773)
ÖPNV: Ab Wolfach Bf Bus 7266 oder F 13 bis Bad Rippoldsau Letztes Gstehr

ESSEN & ENTSPANNEN:
Schwarzwaldgasthof Klösterle-Hof ❸ Klösterleweg 2, 77776 Bad Rippoldsau-Schapbach, Tel. (0 74 40) 2 15, www.kloesterlehof.de

ENTDECKEN & ERLEBEN:
Schießhüttele ❶
Kloster und Pfarrei Bad Rippoldsau ❷
Burgbachfelsen ❹
Burgbachwasserfall ❺
Alternativer Wolf- und Bärenpark Schwarzwald ❻ Rippoldsauer Straße 36/1, 77776 Bad Rippoldsau-Schapbach, Tel. (0 78 39) 91 03 80, www.baer.de

Entspannung ✱✱✱✱✱
Genuss ✱✱✱✱✱
Romantik ✱✱✱✱✱

Unterkirnacher Talsee

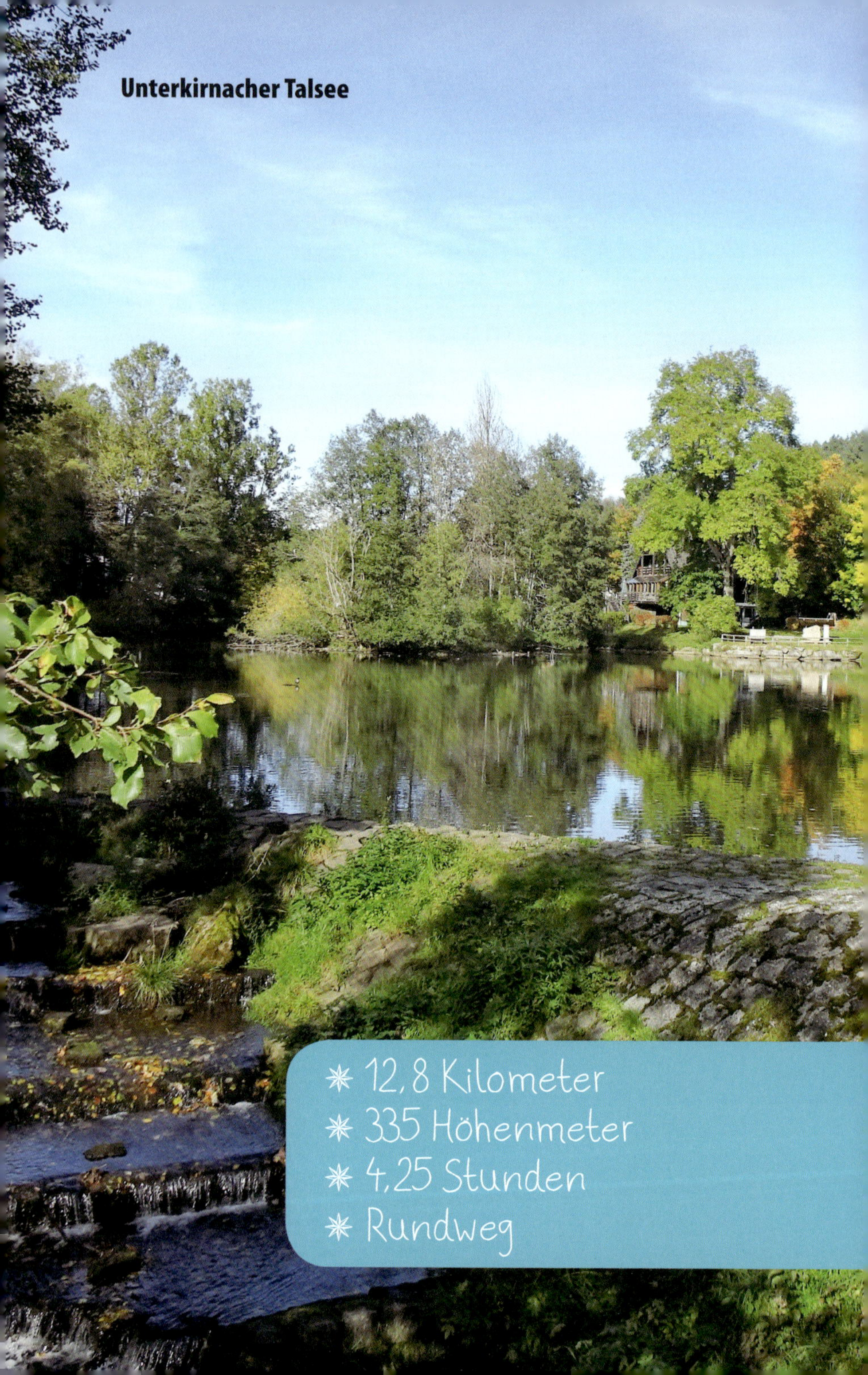

- 12,8 Kilometer
- 335 Höhenmeter
- 4,25 Stunden
- Rundweg

Heute geht's nach Unterkirnach. Der zertifizierte Rundwanderweg **MoosWaldGeher** führt durch magisch wirkende Wälder und zu geschichtsträchtigen Schwarzwaldhöfen. Auch soll er für angespannte Gemüter durchaus beruhigend wirken. Also genau das Richtige, um den Alltag hinter sich zu lassen und Körper, Geist und Seele etwas Gutes zu tun. Das können wir in diesen Tagen sehr gut gebrauchen.

Wir starten auf dem **Mühlenplatz** von **Unterkirnach**. Mehre Tafeln informieren über die vielen verschiedenen Themenwege, die es hier gibt. Es ist also nötig, besonders gut auf die Ausschilderung zu achten.

Wir folgen dem Bachweg zur Christuskirche, gehen dort rechts und gelangen bald zum nett gelegenen **Talsee** ❶. Gegenüber der Seebrücke steigt der Qualitätsweg auf einer Wiese an. Wir blicken immer wieder zum See hinab. Im Anstieg passieren wir eine Himmelsliege sowie ein Insektenhotel. Tafeln am Wegesrand informieren über die Artenvielfalt der heimischen Vögel und Pflanzenarten. Vor einem Wohngebiet gehen wir links den **Lerchenweg** hinauf und wandern zum heckengesäumten Pfad, der zum **Feldkreuz Hart** ❷ leitet. Der Talblick durch ein metallenes Regentor ist wunderschön.

Weiter geht es halb links auf einem Feldweg, der in ein waldumsäumtes Hochtal führt. Die Ruhe und der Frieden,

Am Weg gibt es mehrere Stationen zu dem Thema »Wie wohnt Wasser?« mit entsprechenden Quizfragen. Angesichts so mancher Wasserstelle ist es vorteilhaft, ein Paar Ersatzsocken, ein kleines Handtuch oder auch Gummistiefelchen für die Kinder mitzunehmen.

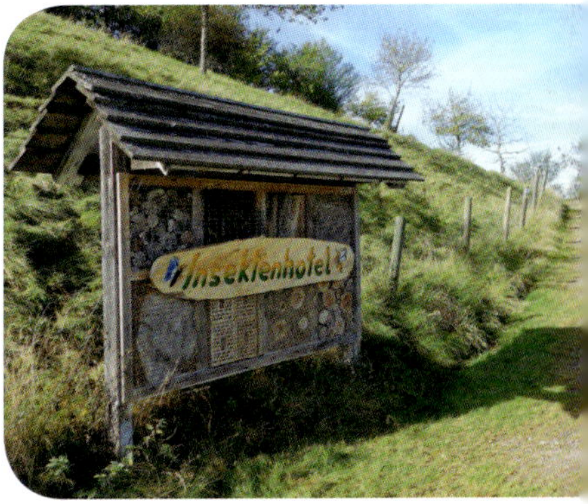

Wald-Magie

MoosWaldGeher Unterkirnach

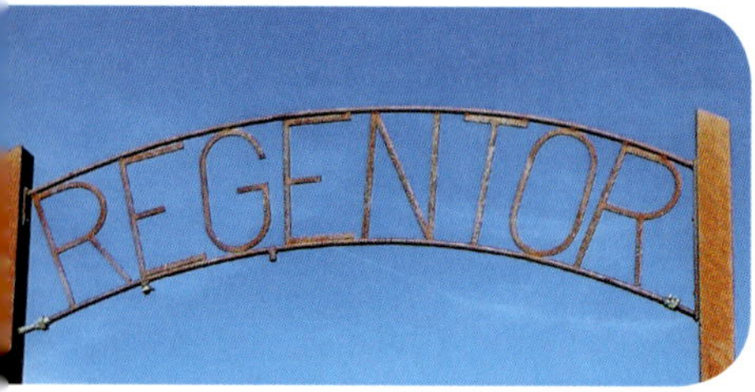

die hier herrschen, tun unserer Seele gut. Vor dem Wald kreuzen wir den kleinen Arbach und können beim **»Unterwassergucker«** sogar Kleinstlebewesen im Wasser durch eine Art Rohr entdecken. Der liebevoll gestaltete Platz ist vor allem für Kinder ein Anziehungspunkt.

Nach einigen Minuten der Entdeckungsreise machen wir uns wieder auf den Weg, der sich nun gemütlich durch den Wald schlängelt. Das satte Grün des Mooses und die vielen Heidelbeerbüsche bestimmen das Bild. An einem Querweg gehen wir rechts und achten schon bald wieder auf den nächsten Rechtsabzweig, der im **Oberen Marbental** ❸ zu den **»Wassergemurmelhörliegen«** führt. Diese Holzliegen stehen direkt an einem kleinen Bachlauf, und wenn man sich hineinlegt, hört man das Wasser besonders intensiv »murmeln«, ein bereicherndes Klangerlebnis. Ebenso

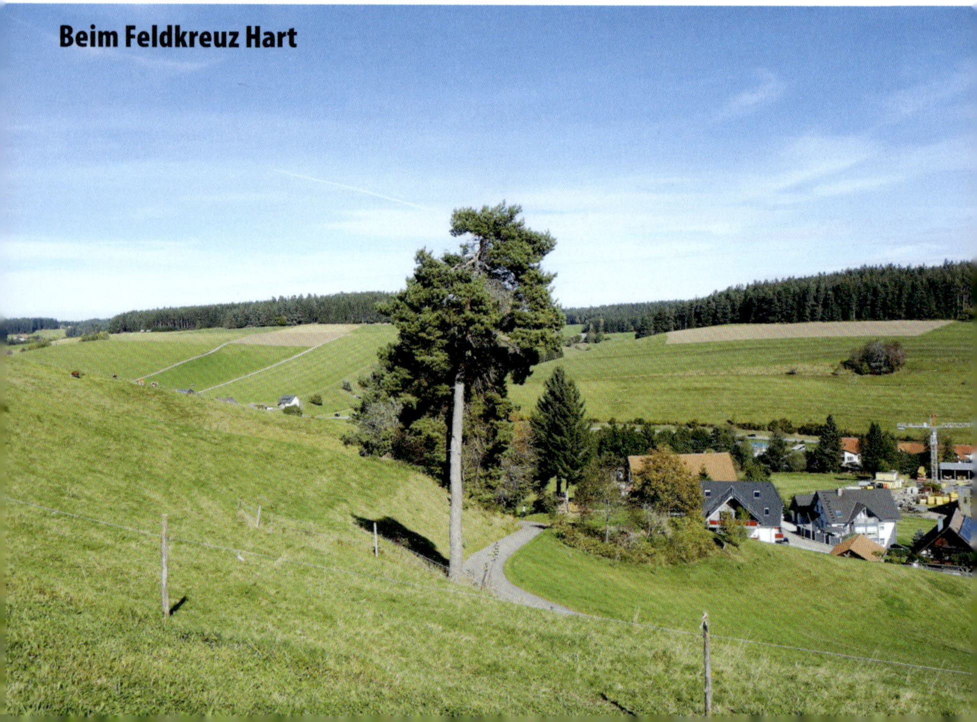
Beim Feldkreuz Hart

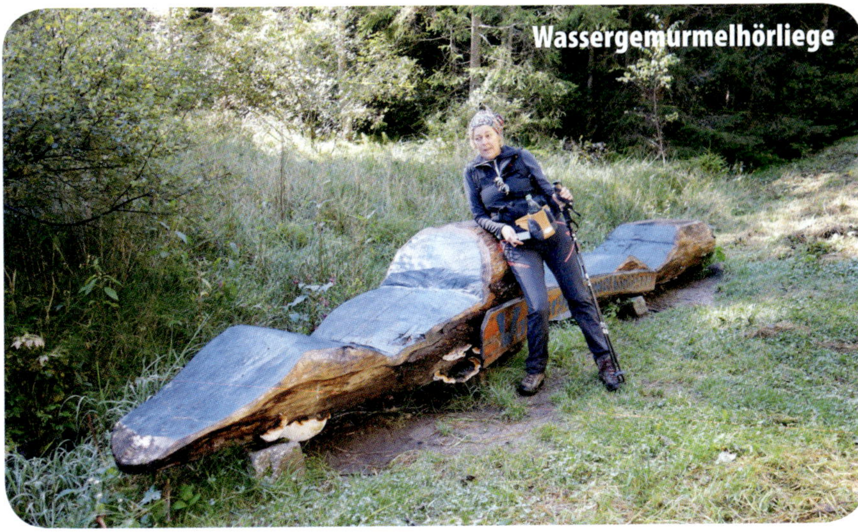

ist an einem Pfosten ein übergroßes Lauschohr angebracht, an dem man das Plätschern des unterirdisch fließenden Wassers vernehmen kann. Eine tolle Sache, durchaus auch für Erwachsene!

Weiter führt uns der MoosWaldGeher rechts in den Wald, zwischendurch ergattern wir einen kurzen Fernblick in Richtung der Schwäbischen Alb – einfach großartig. Beim **zweiten Wegepunkt »Umsetzer«** biegen wir nach einer Kuppe links ab. Wir spüren förmlich, wie die frische Energie des Waldes in uns eindringt. Auch hier überzieht überall samtgrünes Moos den Boden. Moos leistet einen wichtigen Beitrag zum

Für die Seele

Das Wandern über grüne Moospolster in märchenhaft wirkenden Wäldern lässt alle Anspannung von uns abfallen.

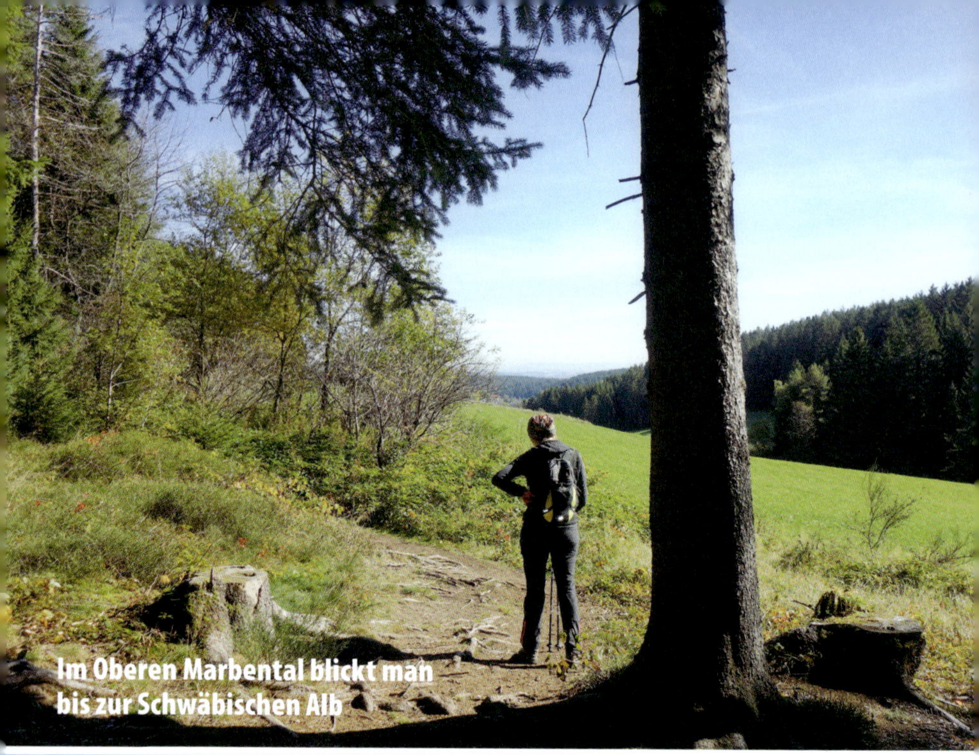

Im Oberen Marbental blickt man bis zur Schwäbischen Alb

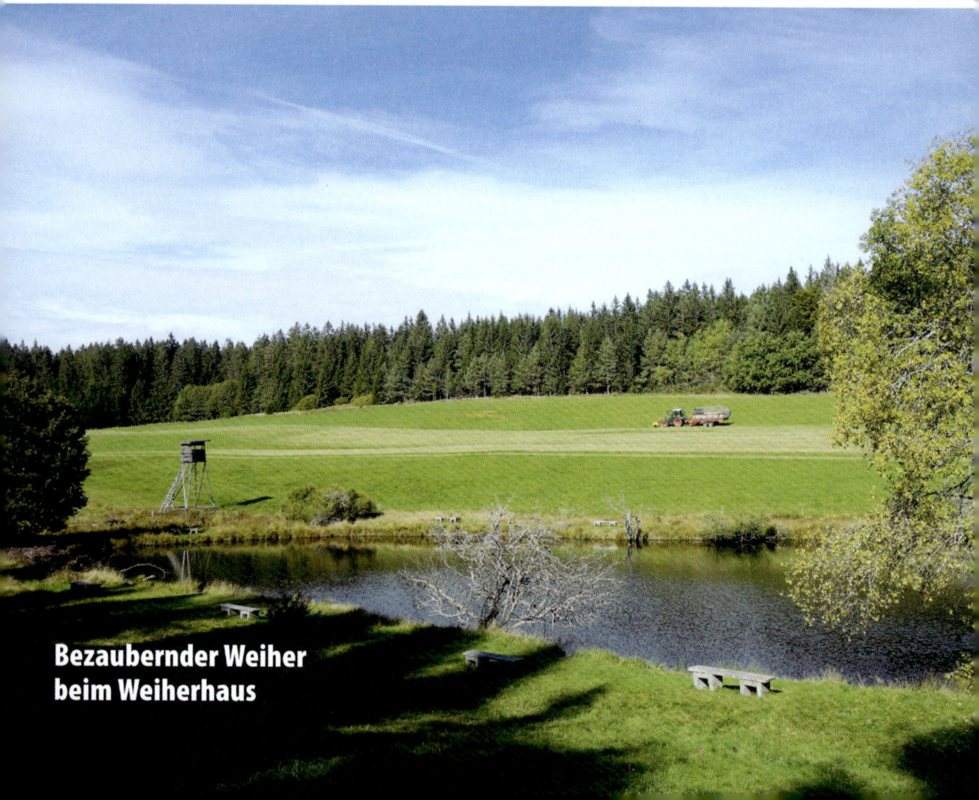

Bezaubernder Weiher beim Weiherhaus

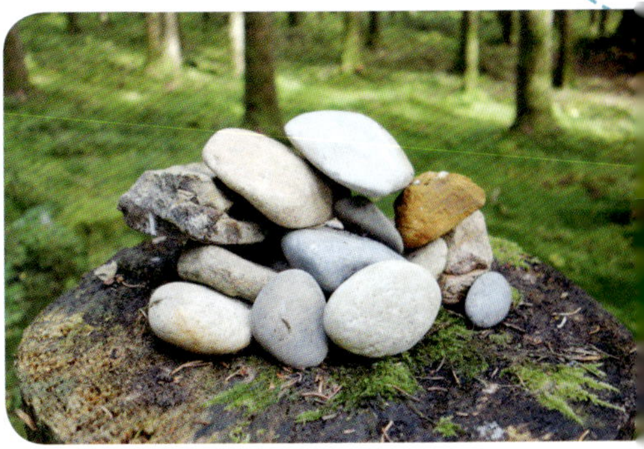

Ökosystem des Waldes – nicht nur als Speicher für Feuchtigkeit, es nimmt auch Schadstoffe aus dem Wasser auf und filtert sie. Zudem dient es zahlreichen Kleinstorganismen als Lebensraum.

Als kleine Achtsamkeitsübung werden wir ganz still, setzen uns ins Moos, fühlen den samtig weichen Untergrund und nehmen sämtliche Gerüche und Geräusche des Waldes in uns auf, bis wir völlig im Einklang mit der Natur sind. Nach einigen Minuten der besonderen Ruhe gehen wir entspannt und mit neuer Tatkraft weiter durch den Dürrheimer Wald. Langsam verlieren wir wieder an Höhe und schreiten in ein Hochtal, wo es rechts zum **Weiherhaus** 4 geht. Der bezaubernde Weiher liegt friedlich inmitten des ländlichen Idylls.

Weiter führt uns die Markierung des Qualitätswegs zum **Hubbauerweg** links hinauf in den Wald. Im Wespenholz gehen wir zweimal rechts hinauf zum **Langenbacherweg** und wandern oben auf der Kuppe zu einem Linksabzweig. Bezaubernde Waldlandschaft umgibt uns. Spontan entschließen wir uns, ein Steinmännchen auf einem Baumstumpf zu bauen. Ursprünglich dienten diese Steinmännchen in unseren Breitengraden der Orientierung, heute jedoch ist es fast schon ein Trend geworden, welche zu bauen, und keiner weiß mehr so recht, warum sie überhaupt entstanden.

Im weiteren Verlauf unserer Route weitet sich der Blick ins Tal Richtung Vöhrenbach, und wir wandern auf die **Friedrichshöhe** (962 m) 5. Von dort gehen wir links zur **Bernhardshütte** und erfreuen uns am Anblick der ländlichen Gegend mit den grünen Viehweiden.

Vor der Hütte biegen wir rechts ab und folgen einem Pfad hinunter ins Tal. Dort entdecken wir die **Leimgru-**

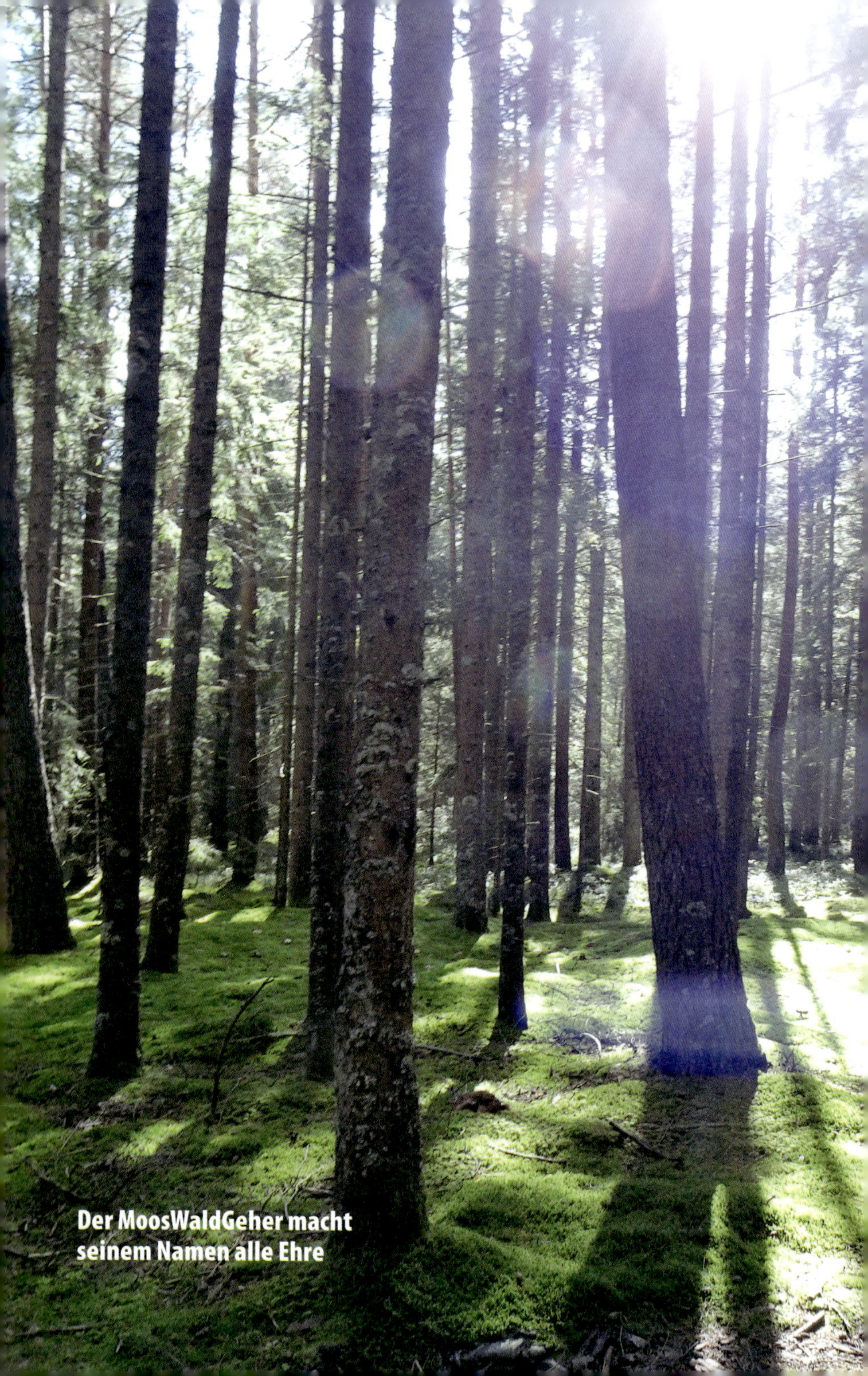

Der MoosWaldGeher macht seinem Namen alle Ehre

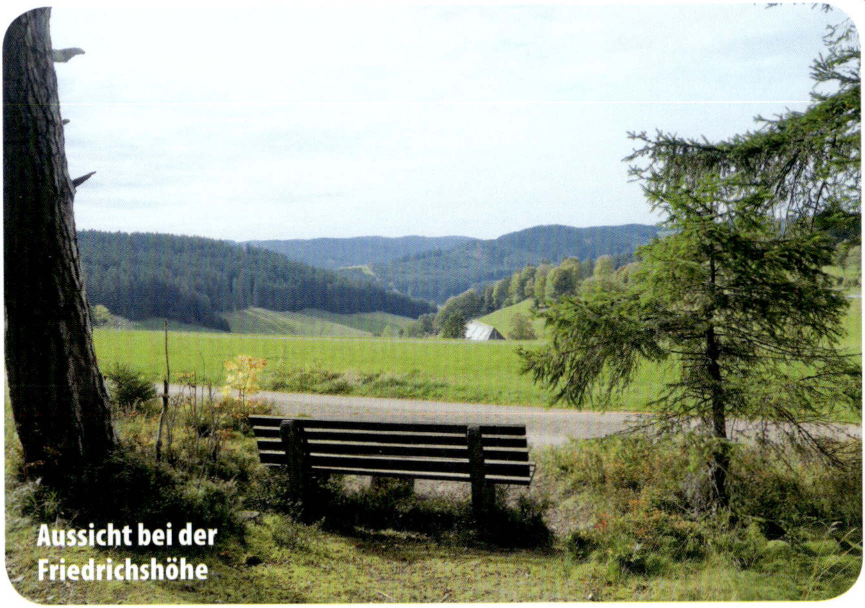

Aussicht bei der Friedrichshöhe

bentobel-Seen. Zart spiegeln sich auf dem Wasser die Tannenspitzen wider, ein eindrucksvolles Schauspiel. Im Talgrund wenden wir uns bei einem Fahrweg für 200 Meter rechts und können auf einer Sitzbank am Schlegelwaldweg 6 eine kurze Rast einlegen.

Nach ein paar Minuten gemütlicher Pause machen wir uns wieder auf die Socken und gehen hinüber zum Lippenhof. Dort wandern wir auf feinschottrigem Untergrund bergwärts, vorbei an weitläufigen Weidewiesen mit frei laufenden Rindern. Unser Weg mündet in einen zauberhaften Märchenwald, die Markierungen führen zielsicher über den Tannenfirst (892 m). Auf dem Schlossberg 7 weichen die Bäume, es öffnet sich ein wunderschöner Blick auf Unterkirnach.

Weiter führt uns die Tour hinab zum Hallenbad Aqualino 8 sowie dem

Kirnachmühle

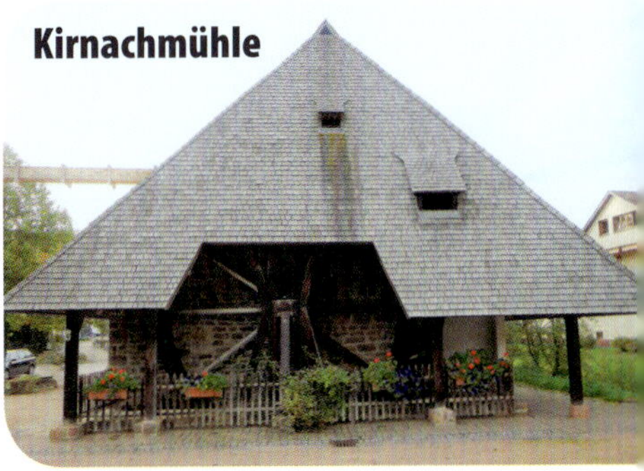

In Unterkirnach standen einst mehr als 20 Mühlen. Leider ist heute keine einzige mehr in Betrieb, die historischen Gebäude verfielen. Deshalb erwarb die Gemeinde in Todtmoos die ***Kirnachmühle,*** *sie wurde in Unterkirnach wiederaufgebaut.*

Spielplatz, bei dem sich Kinder mit einem Holzfloß genüsslich über einen kleinen See ziehen können. Vorbei an Sportanlagen samt Einkehrmöglichkeit im **Schlossbergstüble** ❾ führt uns die Route jetzt zur **Kirche St. Jakobus**. Von dort aus erreichen wir in wenigen Augenblicken wieder unseren Startpunkt, den Mühlenplatz. Dort können wir jetzt noch die **Kirnachmühle** ❿ mit ihrem überdimensioniert erscheinenden Mühlrad besichtigen. Jeweils am Dienstag findet eine Mühlenführung statt, ein- bis zweimal im Monat gibt's zudem einen Backtag mit einem Bäckermeister.

Ein besinnlicher Wandertag geht zu Ende, wir lassen ihn mit einer Einkehr im **Mühlen-Café** ⓫ ausklingen und sind fest entschlossen: Wir kommen wieder, denn hier in Unterkirnach gibt's noch viel zu entdecken.

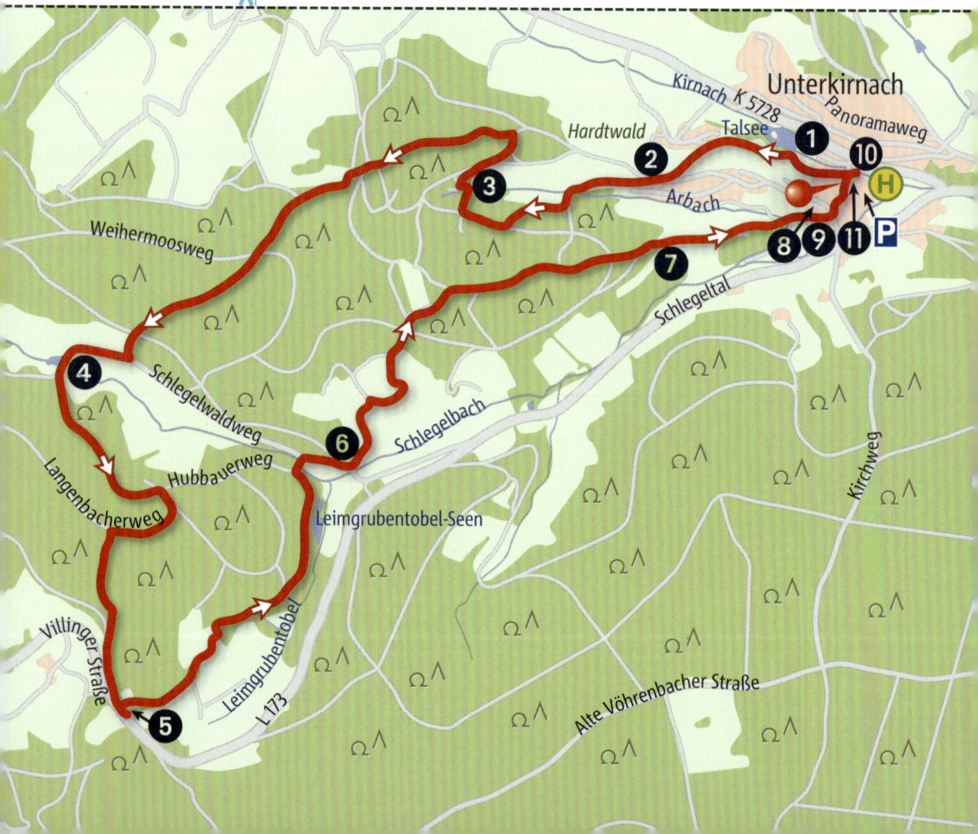

Alles auf einen Blick

WIE & WANN:

Viele naturnahe, weiche Wege; beste Zeit Mai bis Oktober

HIN & WEG:

Auto: Parkplatz am Mühlenplatz, 78089 Unterkirnach (GPS: 48.078009, 8.365516)
ÖPNV: Ab Villingen (Schwarzw.) Bf Bus 61 bis Unterkirnach, Kirnachbrücke;
So. Rufbusverkehr, Anmeldung 60 Min. vorher unter Tel. (0 77 21) 9 13 20 20

ESSEN & ENTSPANNEN:

Schlossbergstüble ❾ Sportlertreff 1, 78089 Unterkirnach, Tel. (0 77 21) 9 16 62 28,
www.schlossbergstueble.business.site
Mühlen-Café ⓫ Mühlenplatz 10, 78089 Unterkirnach, Tel. (0 77 21) 8 07 72 33

ENTDECKEN & ERLEBEN:

Talsee ❶
Feldkreuz Hart ❷
Oberes Marbental ❸
Weiherhaus ❹
Friedrichshöhe ❺
Schlegelwaldweg ❻
Schlossberg ❼
Hallenbad Aqualino ❽ Schlossbergweg 6, 78089 Unterkirnach, Tel. (0 77 21) 8 07 04 50,
https://foerderverein-aqualino.de
Kirnachmühle ❿ Kontakt: Tourist-Information Unterkirnach, Mühlenplatz 8,
78089 Unterkirnach, Tel. (0 77 21) 80 08-37, www.unterkirnach.de

Entspannung *****
Genuss *****
Romantik *****

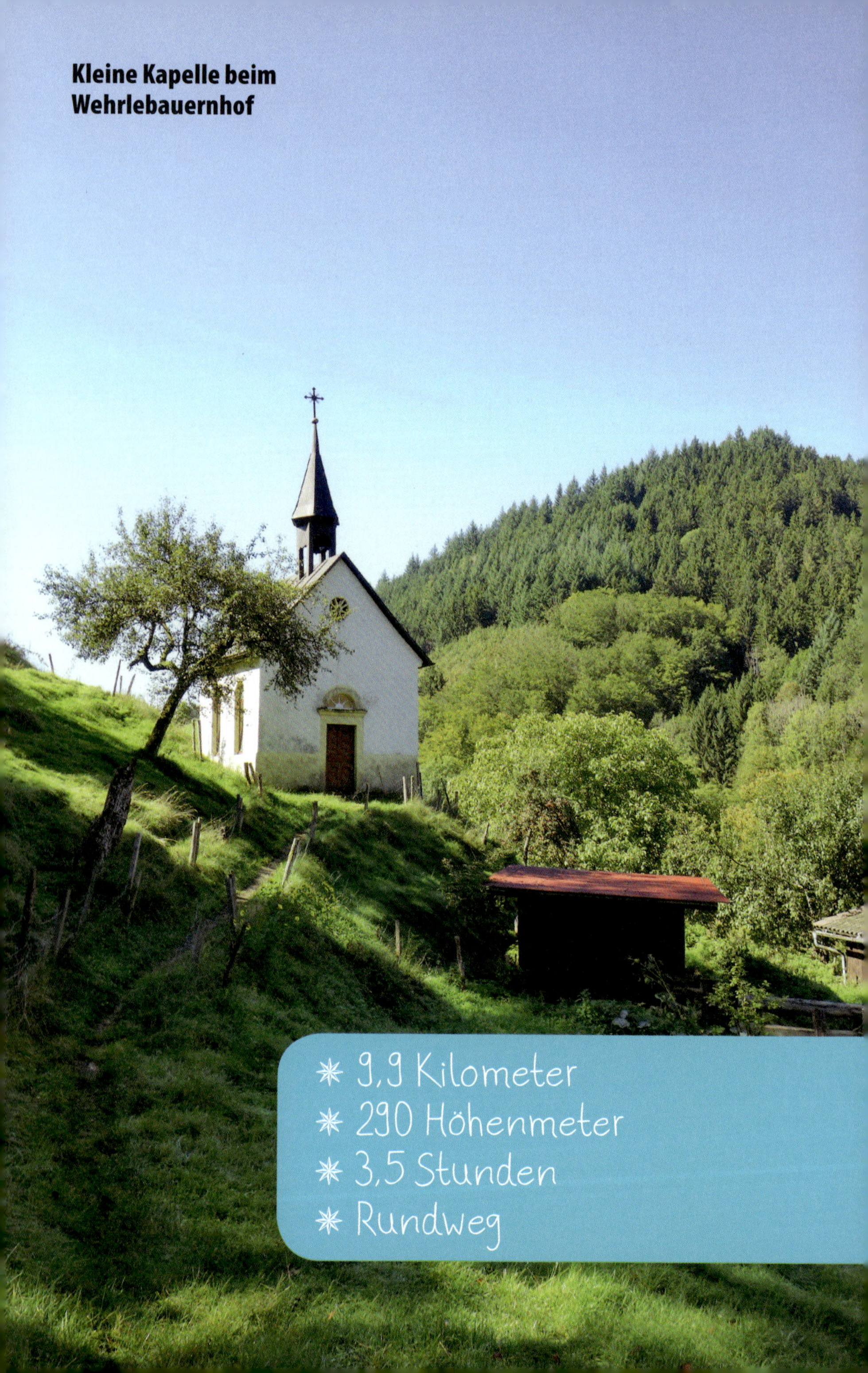

Kleine Kapelle beim Wehrlebauernhof

- 9,9 Kilometer
- 290 Höhenmeter
- 3,5 Stunden
- Rundweg

In Simonswald angekommen, parken wir direkt neben dem Kulturhaus auf dem Sägplatz. Sofort entdecken wir zwei Mühlen sowie einen netten Biergarten – alle drei werden wir uns später noch etwas genauer ansehen. Erst einmal schnüren wir unsere Wanderstiefel und brechen freudig auf zu unserer Mühlenwanderung.

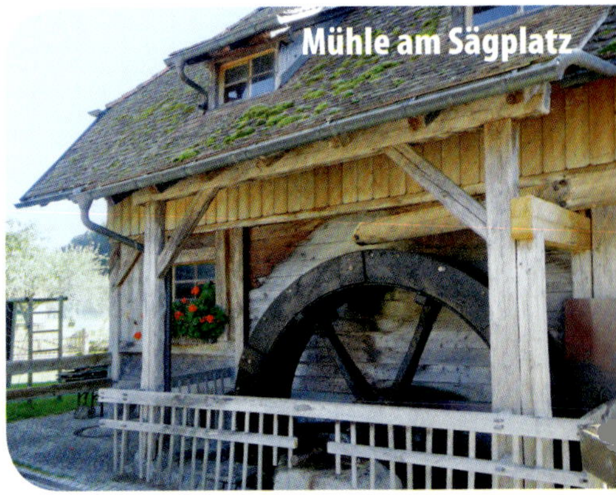

Für die ersten paar Meter wählen wir eine einfachere Variante als die ausgeschilderte Strecke und gehen kurz die **Talstraße** rechts ortseinwärts. Zwischen den zwei Gasthäusern **Krone-Post** ① und **Zum Hirschen** ② biegen wir links in die **Kirchstraße** ab. Das Schloss lassen wir links liegen und entdecken jetzt die **Mühlenweg**-Beschilderung, der wir fortan folgen werden. Der Weg führt hinauf zur Kirche. Vor einem Ortschild leitet der **Paradiesweg** zum Haslachsimonswälder Bach, den wir überqueren. Wir erfreuen uns am Anblick der umliegenden Landschaft und lauschen dem Klang des Wasserrauschens. Ein paar Sitzbänke stehen einladend am Wegesrand in der Bachaue.

Beim **Gasthaus Ratsstüble** ③ steigen wir **Am Sommerberg** hinauf und biegen bei **Haus Nummer 3** rechts ab. Herrlich, wie sich Natur und Gebäude zu einem harmonischen Gesamtbild vereinen. Kühe und Pferde

Alte Mühlen

Unterwegs im Simonswälder Tal

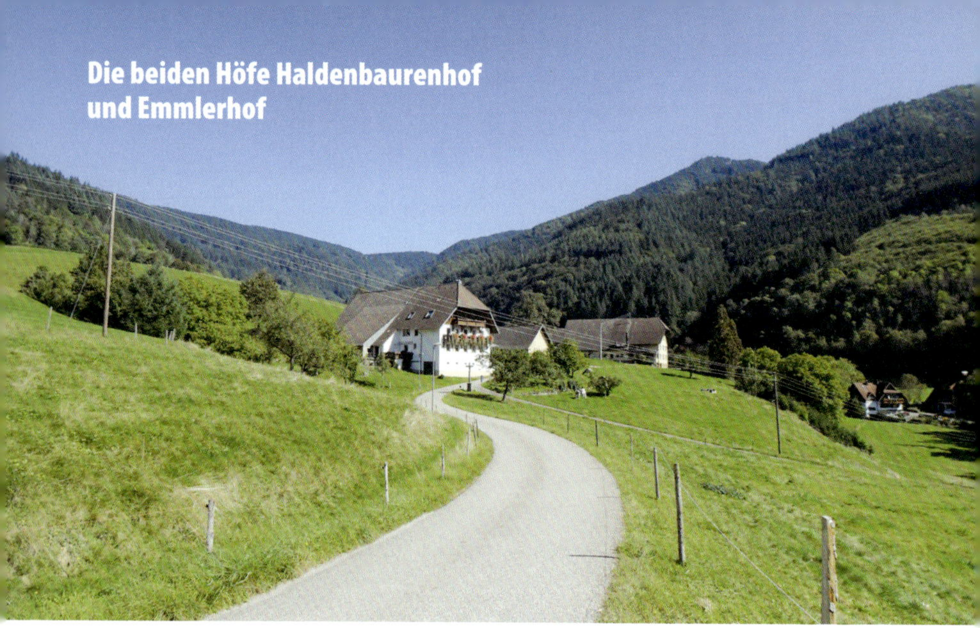

Die beiden Höfe Haldenbaurenhof und Emmlerhof

grasen auf den Weiden, typische Landluft dringt an unsere Nasen.

Bei einem Querweg schreiten wir rechts dem **Haldenbauren- und Emmlerhof** 4 entgegen. Ein **Getränkebrunnen** hält nicht nur Erfrischungen, sondern auch Schnaps, Essig, Öle und andere Kleinigkeiten zum Mitnehmen parat. Super Idee.

Wir folgen weiter unserer Markierung durch die Bilderbuchlandschaft, stoßen auf die Talstraße und gehen in das liebliche Tal hinein. Der quirlige Bach ist unser Begleiter. Nachdem wir ein kleines Wohngebiet passiert haben, folgen wir bei **Mittelhaslach** weiter dem Straßenverlauf. Vor uns erkennen wir bald das Hofgut bei der **Schwanenhofmühle** 5, das leider für die Öffentlichkeit nicht zugänglich ist, ein Schild »Privat« weist uns darauf hin. Schade, dass wir die Mühle nur von Weitem begutachten können. Kurz nach dem **Wehrle-Bauernhof** verlassen wir das Tal und wandern rechts hinauf in den Wald, jedoch nicht bevor wir einen kleinen **Abstecher** zu einer weiß getünchten **Kapelle** 6 unternommen haben. Wir sprechen ein kurzes Gebet und zünden gegen einen kleinen Obolus eine Kerze an.

Ein Wildbächlein begleitet unseren Weg, und nach einer Kehre erreichen wir bei einer Holzhütte einen Brunnen, an dem wir eine kleine Abkühlungspause einlegen. Wer mag, macht ein kühlendes Armbad. Laut Sebastian Kneipp ein wahrer Heilgenuss – es stärkt die Abwehrkräfte, fördert die Blutzirkulation, regt den Stoffwechsel an, erfrischt bei Abgeschlagenheit und Müdigkeit und hat überhaupt eine belebende Wirkung.

Erfrischt wandern wir im Bergwald am Hang entlang. Immer mal wieder lauschen wir in den Wald hinein und erfreuen uns am Lied der Singvögel. Unser Geruchssinn nimmt die unterschiedlichen Facetten aus Moos-, Holz- und Pflanzengerüchen intensiv wahr.

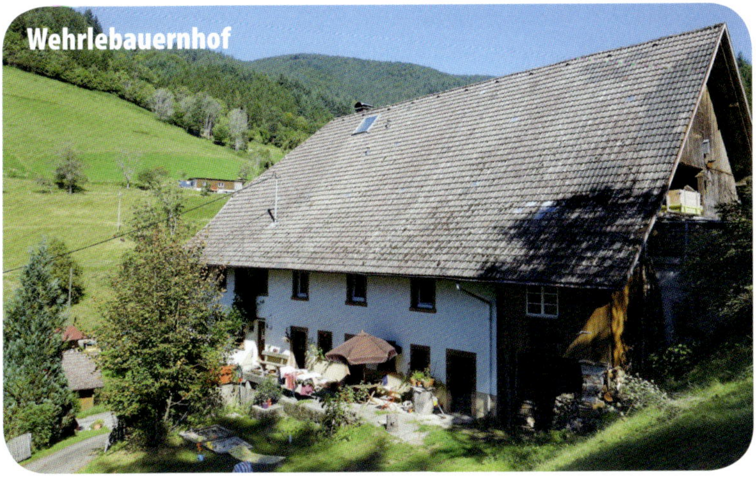
Wehrlebauernhof

Für die Seele

Vorbei an alten Mühlen und an Bauernhäusern erreichen wir den grandiosen Aussichtspunkt am Gummeneck, von dem der Blick hinübergeht zum Bergmassiv des Kandels.

Als wir das **Gummeneck** (510 m) 7 erreichen, machen wir einen kurzen, aber lohnenden Abstecher am Waldrand entlang zu einer aussichtsreichen Sitzbank und Himmelsliege.

Kurzerhand beschließen wir, hier unser Rucksackvesper zu verspeisen. Jenseits des Tales baut sich mächtig der Bergrücken des Kandels vor uns auf. Ein herrlicher Platz zum Verweilen!

Da das Bächlein recht wenig Wasser brachte, wurde oberhalb der ***Wehrlehofmühle*** *ein Teich angelegt, um den Wasserzufluss zur Mühle optimal steuern zu können. In trockenen Sommermonaten wurde dennoch nicht gemahlen, damit noch Wasser im Teich blieb.*

Zurück am Hauptweg, folgen wir dem **Unteren Neuenbergweg** hinab und biegen nach etwa 200 Metern scharf rechts ab. Steil geht es jetzt talwärts und neben dem Dobelbächle direkt zur restaurierten **Wehrlehofmühle** 8.

Toll, dass man das Innere der Mühle ansehen kann. Die Türen sind auch deshalb offen, da man sich dort per Selbstbedienung mit Eis und Getränken versorgen kann. Ein Eis kommt jetzt gerade recht und erfrischt von innen.

Nach dem kühlen Snack geht's locker weiter in Richtung Mühlbachschlucht. Wir durchwandern die

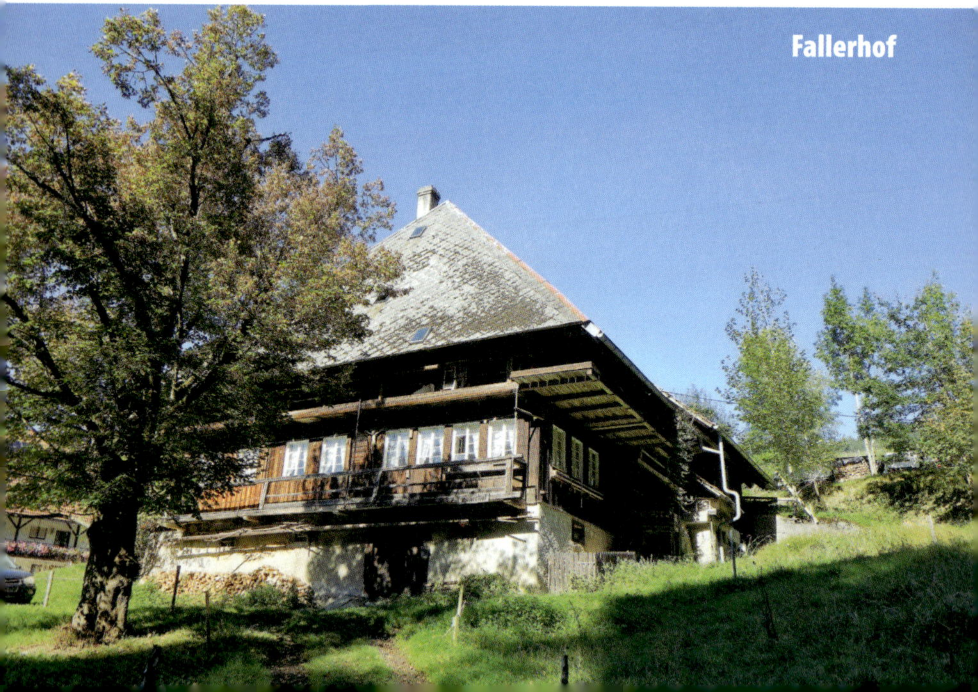
Fallerhof

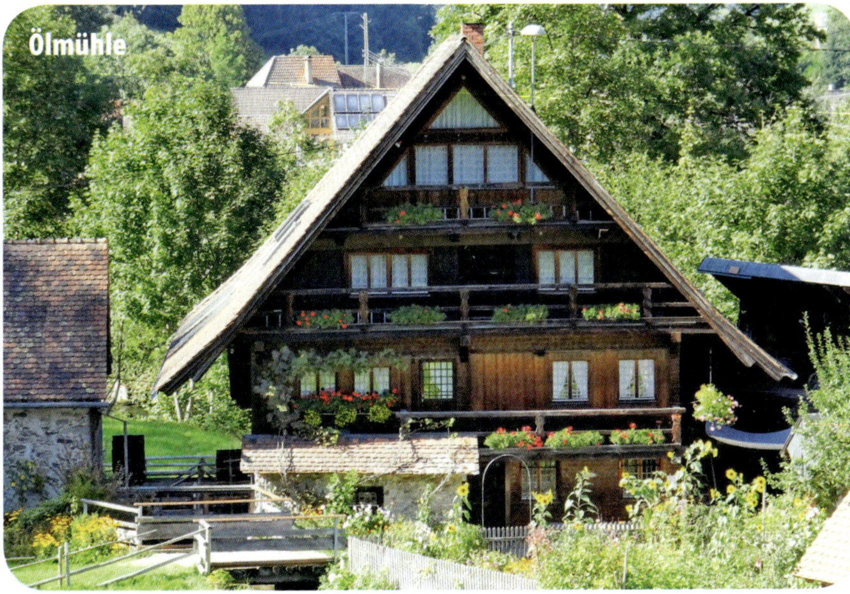

wildromantische Schlucht teils auf schmalen, abenteuerlichen Pfaden. Hier ist konzentriertes Gehen ratsam.

Im Talgrund biegen wir links zu ein paar Häusern ab. Kurze Zeit darauf wandern wir links hinauf zum stattlichen **Hugen-** und **Fallerhof**. Beim Standortpfosten Am Neuenberg folgen wir dem **Fallerhofweg**, der bald rechts zu einem idyllischen Wiesenpfad leitet. Beeindruckt von dem schönen Panoramablick durch das hübsche Simonswälder Tal, folgen wir weiter unserer Markierung. Beim Malerhäusle am **Unteren Felsen** gehen wir auf dem Fußweg neben der **Talstraße** nach links, bis wir bei der **historischen Ölmühle** 9 an der Wilden Gutach eintreffen, wo man nicht nur der Begeisterung für alte Technik frönen, sondern auch ein zünftiges Vesper bekommen kann.

Von hier führt uns ein Weg im leichten Bogen aufwärts, dann gehen wir rechts. Wir streifen einen **Kunstweg** mit modernen Skulpturen, der uns den Anstieg kurzweilig macht. Einige Minuten darauf leitet die

*Die **historische Ölmühle,** 1715 erbaut, wird von der Wilden Gutach und dem Mühlenkanal umflossen und steht wie auf einer Insel. Sie wurde 1974 vor dem Zerfall gerettet und nach und nach restauriert. 2002, nach 42 Jahren, wurde erstmals wieder Walnussöl hergestellt.*

Markierung halb rechts hinunter dem Tal entgegen. Wir queren die Wilde Gutach jedoch noch nicht an der Brennerbrücke. Erst am **Eiskeller** gehen wir über die Ochsenbrücke und wechseln die Uferseite. Unmittelbar nach der Brücke führt ein Weg links weiter. Eine Kuckucksuhr steht am Wegesrand, sogar ihr Kuckucksruf funktioniert – elektronisch auf Knopfdruck. Der **Minigolfplatz** signalisiert uns, dass wir unseren Ausgangspunkt fast erreicht haben.

Jetzt setzen wir unser Vorhaben, die **Kronen-** und die **Schlossmühle** ⑩ ausgiebig zu erkunden, in die Tat um. Und dann lassen wir im angrenzenden **Biergarten beim Minigolfplatz** ⑪ die tolle Tour ausgiebig und entspannt ausklingen. Sie hat alles geboten, was das Wandererherz begehrt: tolle Landschaft, Ausblicke und Historie.

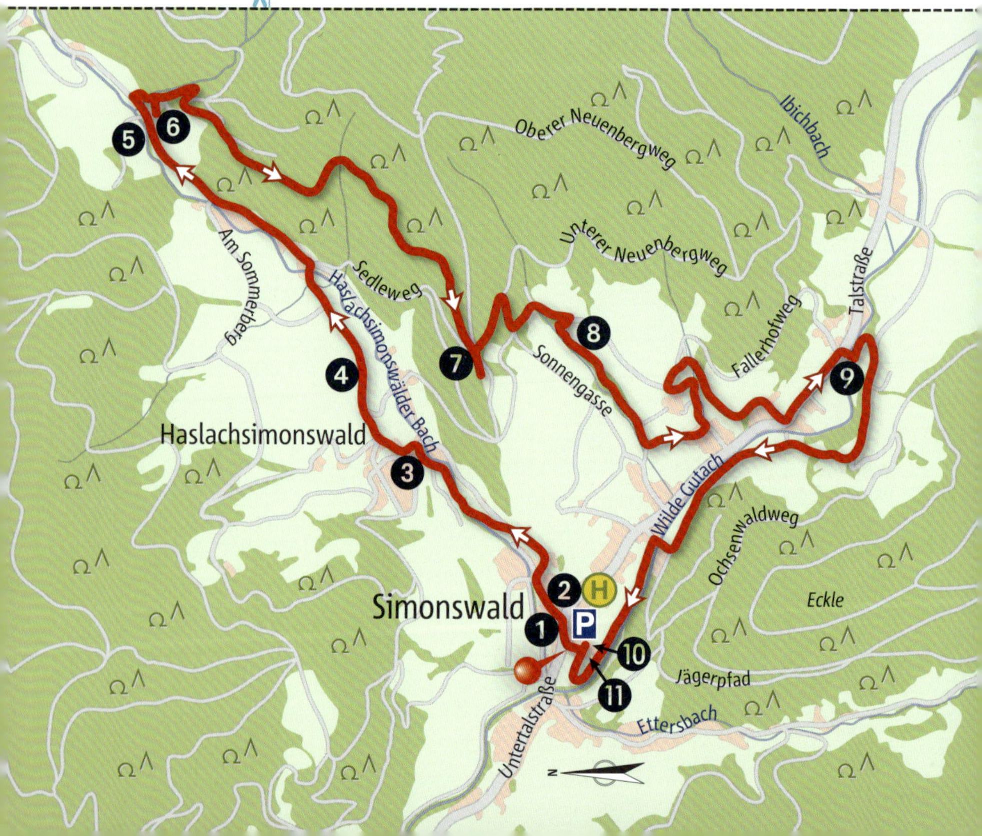

Alles auf einen Blick

WIE & WANN:

Im Tal des Haslachsimonswälder Bachs Wechsel von asphaltierten Strecken und weichen Pfaden; zum Gummeneck naturnahe Wege; in der Mühlbachschlucht schmaler Pfad, das Begehen erfordert ein wenig Konzentration; beste Zeit April bis November

HIN & WEG:

Auto: Parkplatz auf dem Sägplatz beim Kulturhaus, 79263 Simonswald (GPS: 48.099910, 8.055091)
ÖPNV: Ab Bleibach Bf Bus 7272 bis Simonswald Rathaus

ESSEN & ENTSPANNEN:

Krone-Post ❶ Talstraße 8, 79263 Simonswald, Tel. (0 76 83) 2 65, www.simonswaeldertal.de
Gasthaus zum Hirschen ❷ Talstraße 11, 79263 Simonswald, Tel. (0 76 83) 2 60, www.hirschen-simonswald.de
Gasthaus Ratsstüble ❸ Am Sommerberg 2, 79263 Simonswald, Tel. (0 76 83) 90 93 33, www.ratsstueble-simonswald.com
Getränkebrunnen am Emmlerhof ❹
Wehrlehofmühle ❽
Biergarten beim Minigolfplatz ⓫ Talstraße 7, 79263 Simonswald

ENTDECKEN & ERLEBEN:

Emmlerhof ❹ **Schwanenhofmühle** ❺
Kapelle ❻ **Gummeneck** ❼
Wehrlehofmühle ❽
Historische Ölmühle ❾ Talstraße 55, 79263 Simonswald, Tel. (0 76 83) 1 94 33 (Tourist-Information ZweiTälerLand), www.simonswald.de
Kronenmühle und Schlossmühle ❿

Entspannung ✱✱✱✱✱
Genuss ✱✱✱✱✱
Romantik ✱✱✱✱✱

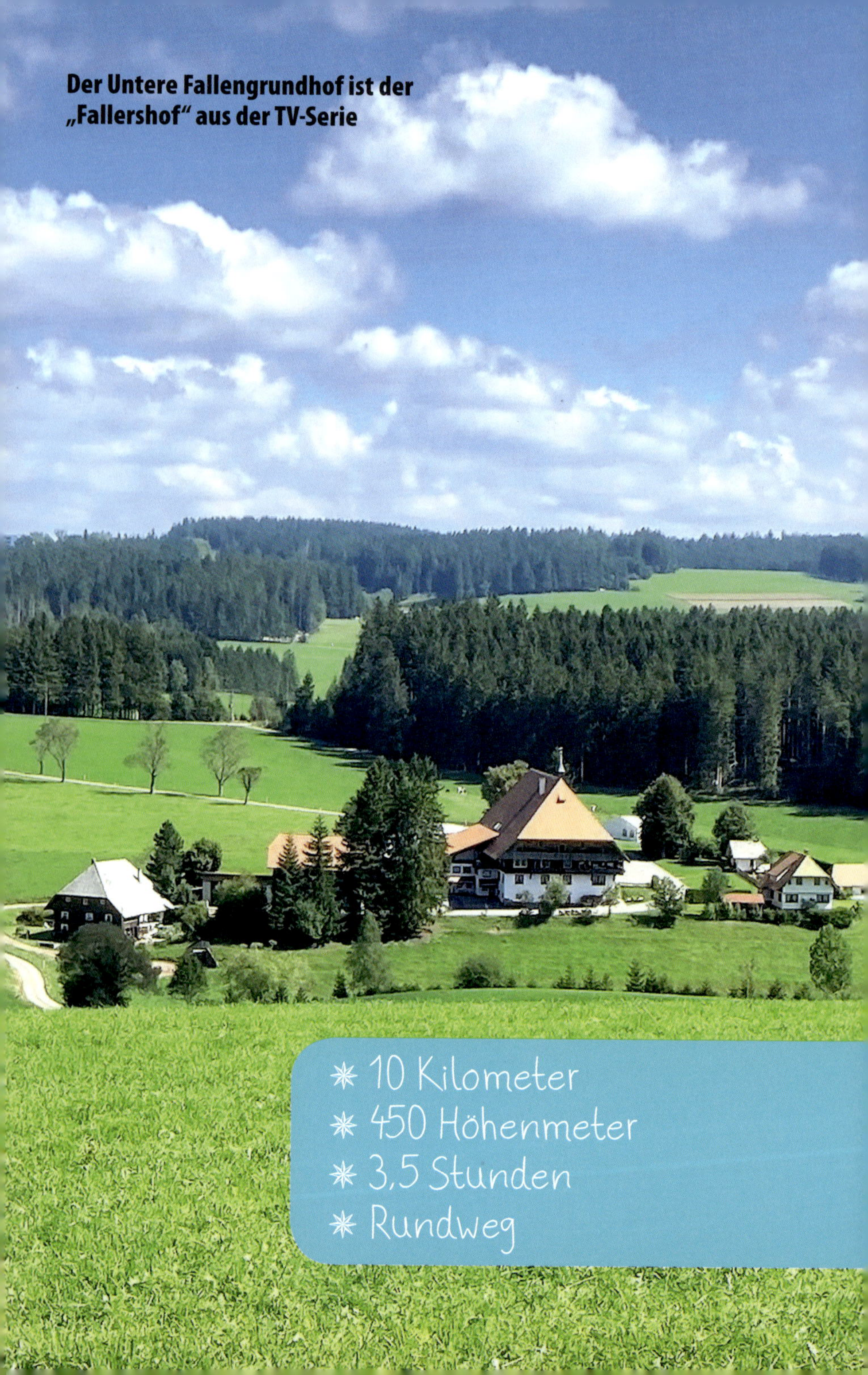

Der Untere Fallengrundhof ist der „Fallershof“ aus der TV-Serie

* 10 Kilometer
* 450 Höhenmeter
* 3,5 Stunden
* Rundweg

Heute beginnen wir unsere Wandertour am unteren Ortsrand von Gütenbach am **Wanderparkplatz Felsenkeller**. Sofort fällt unser Blick auf den Wegeschilder-Baum. Wir erkennen die Markierung der **Balzer-Herrgott-Runde**, die uns eine Sackgasse hinabführt. Neben einer metallenen Leitplanke laufen wir talwärts. Rechts oben auf dem Berg drehen sich Windräder. Beim Wegweiser **Am Kreuzfelsen** biegen wir halb links ab, der von unten kommende Talweg wird später unser Rückweg sein. Unser Blick schweift in die steilen Wiesenhänge, dort weiden Schafe.

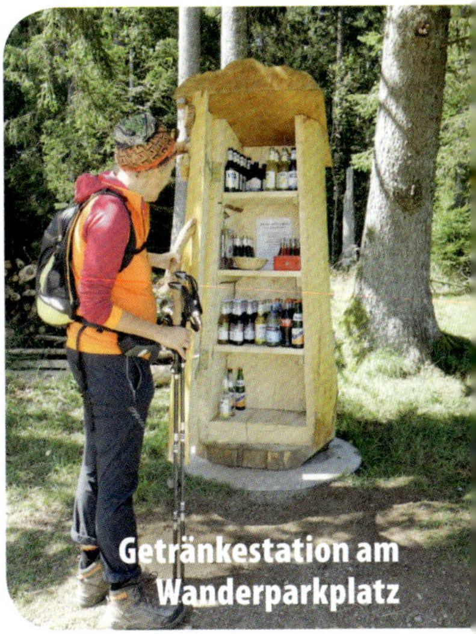

Getränkestation am Wanderparkplatz

Bald passieren wir ein einsam gelegenes Haus, das sich harmonisch in die Umgebung einfügt. Leicht bergan führt unser Weg, und kurz hinter einem Bauernhaus biegen wir vor einer Schranke links zum **Gaißenpfädle** (1) ab. Schmal führt der romantische Bergpfad durch den Teichwald hindurch. Ohne große Mühe folgen wir der **Gelbe-Raute**-Markierung. Das teils hoch gewachsene Grün kitzelt beim Vorbeistreifen sanft unsere Unterarme und Waden. Rasch stellt sich ein ganzheitliches Wanderfeeling ein. Wir bestaunen die von zartgrünem Moos bewachsenen Felsbrocken, die in einer eigenen Ordnung den Wegrand säumen, und atmen dabei den harzig-holzigen Duft der Tannenbäume ein. Fast könnte man meinen, in einem Zauberwald aus den Märchen der Kindertage gelandet zu sein.

Wie im Heimatfilm

Balzer Herrgott und Teichschlucht

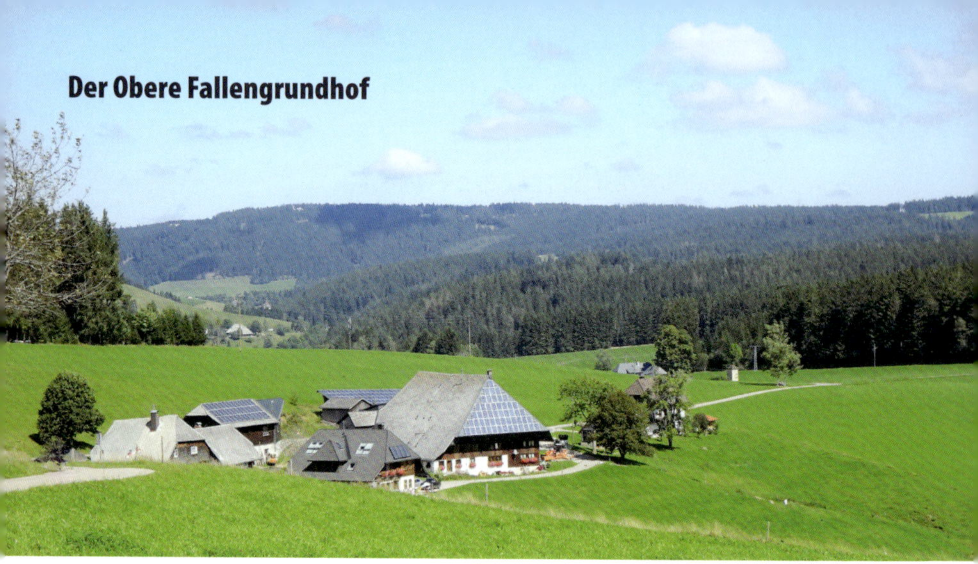
Der Obere Fallengrundhof

Nach dem Queren eines Forstwegs lässt die Steigung nach. Mit jedem Schritt steigert sich ein Gefühl der Entspannung, so gefällt uns das. Dann beginnt das Gaißenpfädle durch lichten Nadelwald wieder anzusteigen, dabei gibt es immer wieder schöne Aussichten auf die umliegenden Berge frei. Beim **Schanzhäusle** schweift der Fernblick sogar bis ins Gebiet des majestätischen Feldbergs. Als sich der Wald vollends öffnet, blenden uns die Sonnenstrahlen, während wir neben dem Waldrand rechts der grellen Mittagssonne entgegengehen. Der breite Weg führt aber wieder hinein in den schattigen Wald und bringt uns links hinüber zur Freifläche des **Wanderparkplatzes Balzer Herrgott**. An der **Selbstbedienungs-Getränkestation** ❷ erfrischen wir uns. Nach der kurzen Verschnaufpause geht's nach rechts auf einem asphaltierten Weg weiter. Von hier aus erkennen wir aus geringer Entfernung linker Hand den Oberen und Unteren Fallengrundhof. Der rechte Hof dient als dekorative Außenkulisse der TV-Serie »Die Fallers«. Voller Begeisterung zücken wir immer wieder den Fotoapparat und müssen aufpassen, in unserem Eifer den Rechtsabzweig zu einem Waldweg nicht zu verpassen.

Als wir wieder auf Spur sind, folgen wir der Ausschilderung zum **Balzer Herrgott**, hier wechseln sich

*Der Name **Mörderloch** erinnert an ein blutiges historisches Geschehen. Er geht vermutlich auf die Kämpfe gegen die Franzosen 1677/78 zurück. Deren Raubzügen fielen zahlreiche Einheimische zum Opfer, es ist die Rede von erschlagenen Glas- und Uhrenträgern.*

schöne Wiesen- und Waldabschnitte ab. So wandern wir gemütlich hinab zum eindrucksvollen **Naturdenkmal Balzer Herrgott** ③.

Wir nutzen die Gelegenheit, um in der Stille die letzten Jahre Revue passieren zu lassen. Wo sind wir noch nicht im Einklang mit unserer Seele? Wo gibt es eventuell etwas zu klären, Frieden zu schließen oder neue Dinge in Angriff zu nehmen? Nach einigen Minuten innerer Läuterung verlassen wir diesen einzigartigen Kraftort und fühlen uns erleichtert.

Am Wegweiser endet für uns die Balzer-Herrgott-Runde, und wir folgen der gelben Raute geradeaus weiter in Richtung **Mörderloch**. Im Abstieg passieren wir den Felsen Großer Hürst. Schon bald nimmt das Weglein alpinen Charakter an, und wir ziehen es vor, konzentriert zu gehen. Bald nachdem wir links versetzt einen feinschottrigen Forstweg gequert haben, öffnet sich talseitig der Wald. Mit schönem Blick gelangen wir hinab zum einsam gelegenen ehemaligen Bergbauernhaus **Mörderloch** ④, das heute ein Freizeitheim beherbergt.

Jetzt steigt unser Weg wieder leicht bergauf. In einer Rechtskehre achten wir auf den unscheinbaren Wanderpfad, der halb rechts abzweigt. Samtig moosgrüner Waldboden umgibt uns auf dem schmalen Weglein, bei dem abermals konzentriertes

*Zahllose Sagen und Mythen ranken sich um den **Balzer Herrgott,** eine aus Sandstein gefertigte Christusfigur, die in eine Weidbuche eingewachsen ist. Er ist nicht nur eines der bekanntesten Fotomotive des Schwarzwalds, sondern auch ein echtes Pilgerziel.*

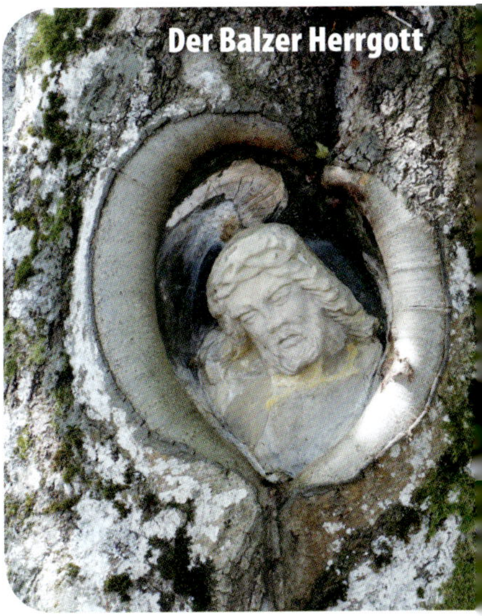
Der Balzer Herrgott

Für die Seele

Wir lernen eine Filmkulisse real kennen, erleben an einem Pilgerziel Momente der Ruhe und der Sammlung und schöpfen in einer wilden Schlucht neue Kraft.

Gehen erforderlich ist. Dann kommen wir wieder in freies Gelände und sind auch schon bei der kleinen, liebevoll gestalteten Holzhütte **Deichjockel** 5 angelangt. Weiter führt unser Weg nach links. Hier entdecken wir eine zauberhaft gelegene Holzhütte mit eigenem Brunnen. Oberhalb der Hütte laden Sitzbänke zur Wanderrast ein. Kurzerhand entscheiden wir, unser Rucksackvesper hier an diesem Wohlfühlplatz zu verzehren.

Frisch gestärkt geht's munter weiter. In zwei großen Kehren schreiten wir in den Wald und verlieren beständig an Höhe. Etwa 100 Meter nach einer Schranke wenden wir uns links und gehen neben einer Schlucht dem Tal entgegen. Der **Gutenwaldweg** bringt uns nach **Wildgutach** und zum Gutenhof. Etwa 5 Minuten lang laufen wir entlang einer wenig befahrenen Fahrstraße und passieren eine **Bushaltestelle** (Möglichkeit der Rückkehr zum Ausgangspunkt mit Bus 7272 – man verpasst dann allerdings ein sehr schönes Strecken-

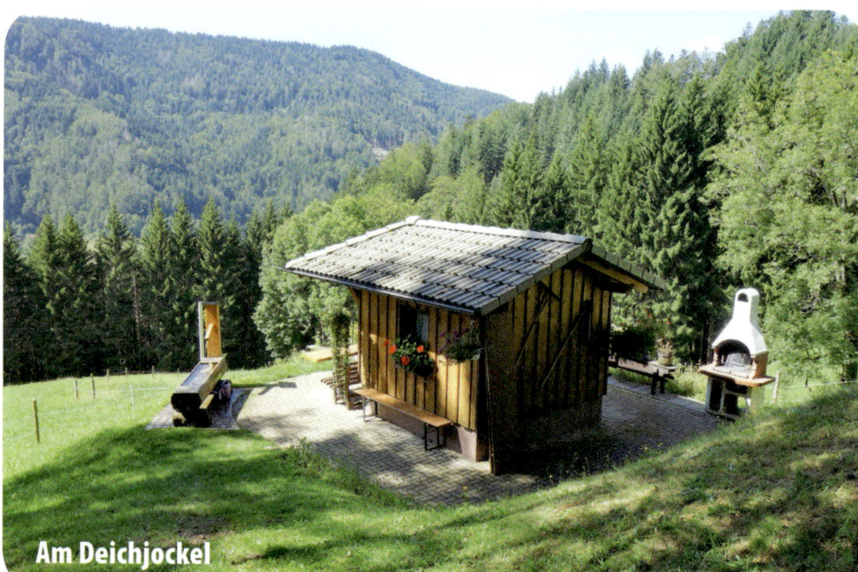

Am Deichjockel

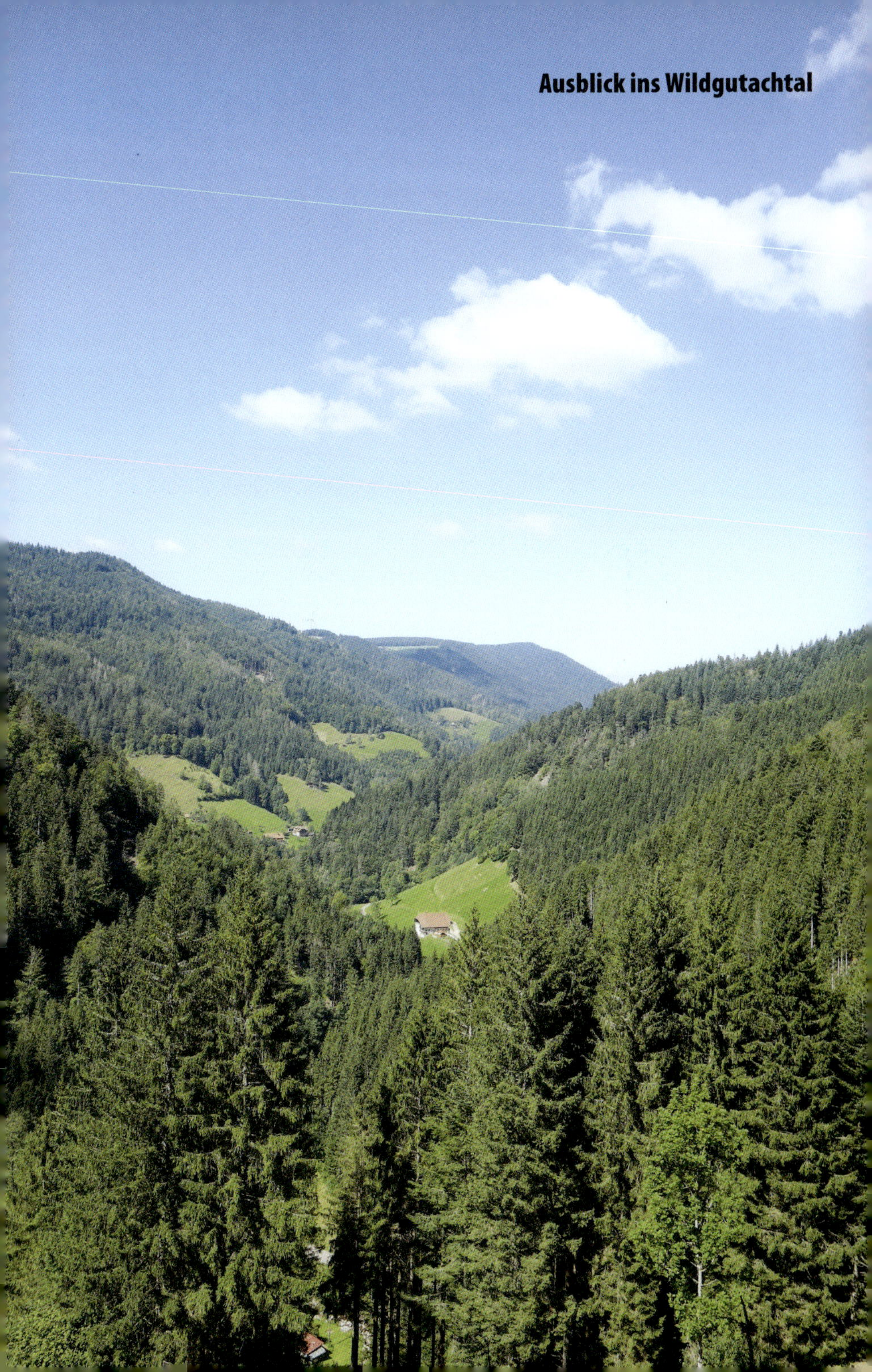

Ausblick ins Wildgutachtal

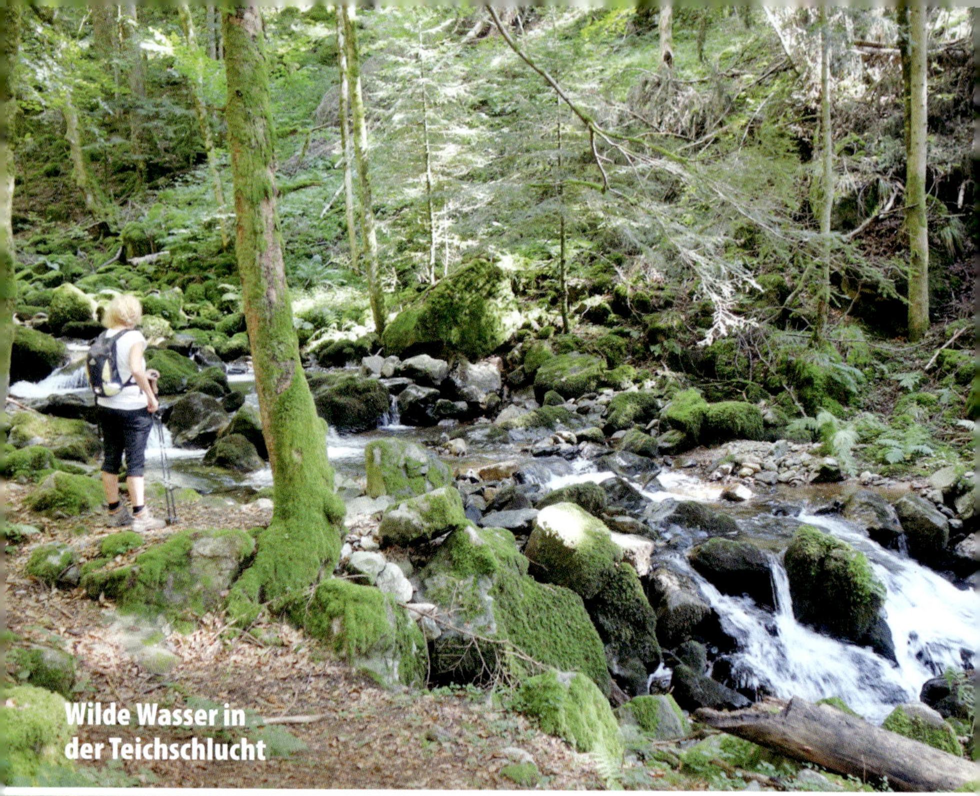

Wilde Wasser in der Teichschlucht

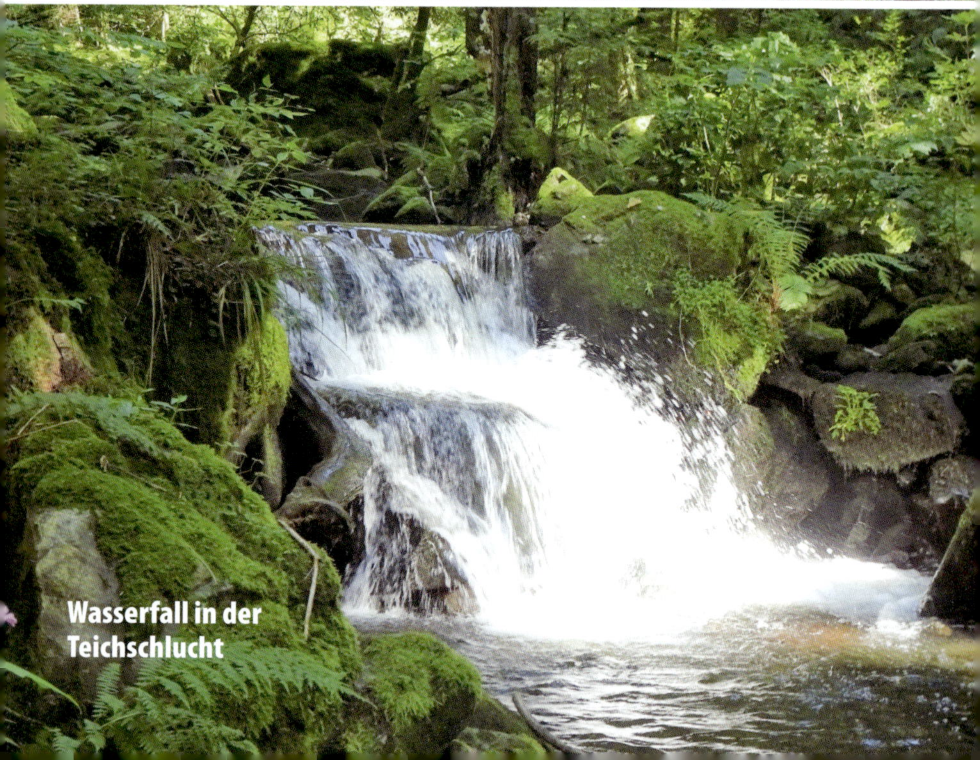

Wasserfall in der Teichschlucht

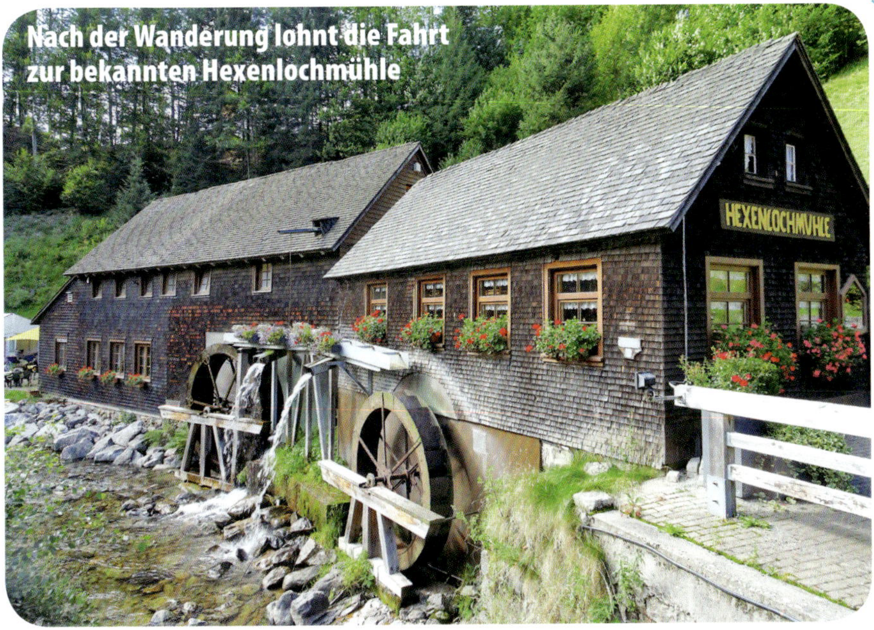

Nach der Wanderung lohnt die Fahrt zur bekannten Hexenlochmühle

stück). Bei der **Pfaffmühle** überqueren wir die Straße und den Teichbach. Dann wandern wir scharf rechts und folgen der Markierung in die **Teichschlucht** ❻. Jetzt geht's los, Meter um Meter steigt der naturnahe Weg bergan. Neben uns sprudelt, gluckst und rauscht der Wildbach zu Tal. All unsere Alltagslasten legen wir imaginär in das Wasser hinein und lassen sie davonschwimmen. Selbst an heißen Sommertagen ist hier in der Schlucht das Klima sehr angenehm. Vereinzelt liegen Baumstämme quer, übersät mit Moos. Gräser und Farne zeigen die unterschiedlichsten Grüntöne, ein spannendes Ton-in-Ton-Farbenspiel. Vereinzelte Sonnenstrahlen glitzern in den Kaskaden des Wassers und lassen sie in allen Regenbogenfarben aufleuchten. Das Naturschauspiel ist mit Worten kaum zu beschreiben, man muss es einfach selbst erleben.

Unser Weg führt unter einer Felsnase hindurch, dahinter erblicken wir einen herrlichen kleinen Wasserfall. Wir wandern an einer Geröllhalde vorbei. Stufen führen uns hinauf zu einem übermächtigen Felsen, an dem sich der Weg teilt. Wir allerdings bleiben auf unserem Weg in der Teichschlucht. Trotz der enormen Steigung haben wir die bereits erklommenen 140 Höhenmeter kaum gespürt, was wohl der Schönheit dieser Schlucht geschuldet ist.

Langsam lässt die Steigung nach. Auf einem Steg setzen wir sicher über den Wildbach. Jetzt hat uns die Zivilisation wieder. Noch einmal steigt unser Weg mächtig an, und wir gelangen auf direktem Weg zum Parkplatz am Felsenkeller.

Oben angekommen, werfen wir zufrieden einen letzten Blick auf die umliegenden Berge und treten kurz darauf den Heimweg, mit einem Abstecher zur Hexenlochmühle, an. Unser Fazit: Herrlich, schön war's!

Nach der Wanderung lohnt die Fahrt (etwa 10,5 Kilometer) über Wildgutach und eine einspurige Straße zur Hexenlochmühle mit ihren zwei Mühlrädern, eines der vielen Wahrzeichen des Schwarzwalds.

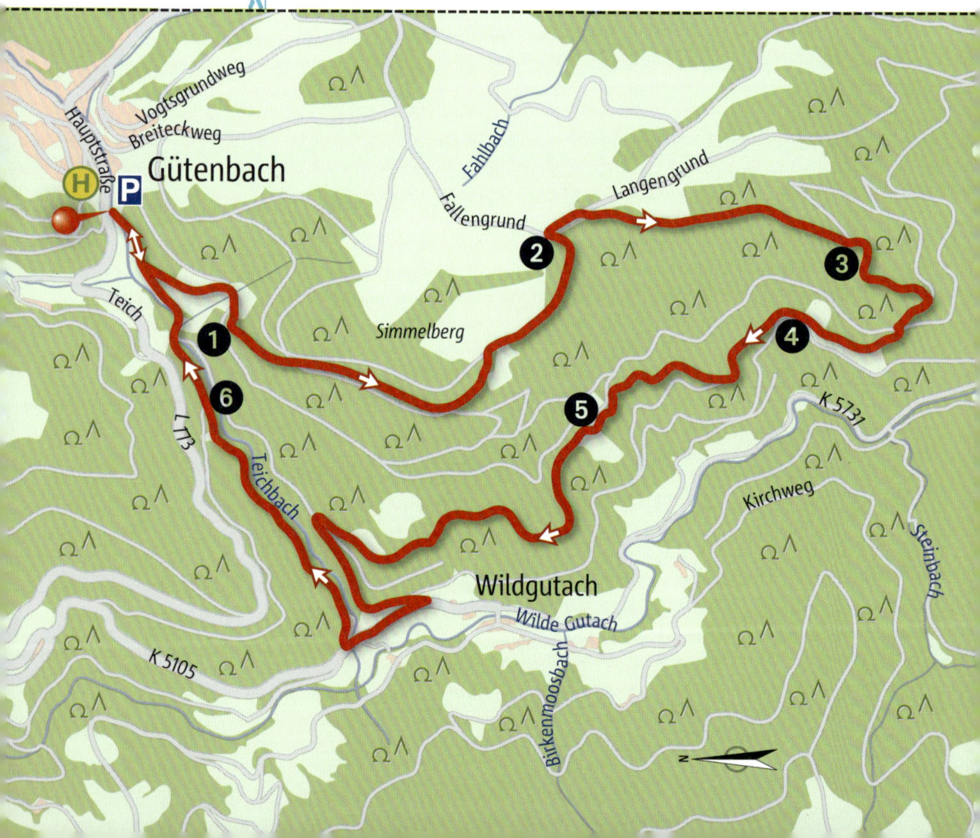

Alles auf einen Blick

WIE & WANN:
Teilweise schmale Pfade, aber durchweg gute Wegbeschaffenheit; beste Zeit Mai bis Mitte Oktober

HIN & WEG:
Auto: Parkplatz Felsenkeller, 78148 Gütenbach (GPS: 48.043185, 8.134261)
ÖPNV: Ab Bleibach Bf Bus 7272 bis Gütenbach Maierhof

ESSEN & ENTSPANNEN:
Selbstbedienungsautomat am Wanderparkplatz **Balzer Herrgott** ❷

ENTDECKEN & ERLEBEN:
Gaißenpfädle ❶
Naturdenkmal Balzer Herrgott ❸
Mörderloch ❹
Deichjockel ❺
Teichschlucht ❻

Entspannung ✱✱✱✱✱
Genuss ✱✱✱✱✱
Romantik ✱✱✱✱✱

Die GPS-Daten zu jeder Tour gibt es auf
www.droste-verlag.de

Auf dem YouTube-Kanal „Wanderkult mit Martin Kuhnle" gibt es Clips zu mehreren Touren dieses Buches.

Konzeption: Droste Verlag, Düsseldorf
Satz: Vollnhals Fotosatz, Neustadt a. d. Donau
Einbandgestaltung: Britta Rungwerth, Düsseldorf, unter Verwendung von Bildern von © Fotolia.com: Andrey Kuzmin, undrey, dabost, niroworld; © Britus/iStockphoto.com
Fotos: Alle Fotos Heidi Maria & Martin Kuhnle
Karten: Thorsten David, Bochum
Druck und Bindung: LUC GmbH, Greven

FSC www.fsc.org MIX Papier aus verantwortungsvollen Quellen FSC® C011279

ISBN 978-3-7700-2334-9
www.droste-verlag.de